改正入国管理法に対応！〔第2版〕

外国人雇用の実務必携Q&A
――基礎知識から相談対応まで――

本間邦弘・坂田早苗・大原慶子・渡　匡・西川豪康・福島継志　著

発行　民事法研究会

はしがき

　平成30（2018）年12月に成立した改正入国管理法により、新たな在留資格が加わり外国人労働者の受入れが大幅に緩和されることになりました。これにより、平成31（2019）年４月の改正法施行から５年間で約35万人の外国人労働者の受入れが予測されています。

　この背景には、日本における激しい少子高齢化があり、それが人口減少や労働力不足に直結し、業種を問わず人手不足は深刻な問題となっています。わが国では、これらの問題に対応するために「働き方改革」を強く進めていますが、世界でも類をみないスピードで進む少子高齢化や、ビジネスのグローバル化などへ対応するには外国人労働者の受入れ拡大が急務との判断がなされたものと思われます。

　本書の基となる書籍は、平成29（2017）年に「トラブル相談シリーズ」の『外国人雇用のトラブル相談Q&A』として発刊されました。

　しかし、本年（2019年）４月に、外国人労働者に関する大幅な法改正がなされ、また働き方改革関連法の改正などもあり、大幅な改訂が必要となりました。

　さらに本年５月には、新たに元号が「令和」とされ、まさに激変のスタートの年といえるのではないでしょうか。

　そこで、法律が施行された段階で皆様に情報を提供させていただくことが、急務であると考え、本年３月１日現在の法律や予測される法改正、情報を基に執筆しました。

　また、今後も多くの外国人労働者の方々を受け入れ、事業発展のために、ともに手を取り合って進むことを考慮し、書名を『外国人雇用の実務必携Q&A』と変更しました。本書を参考にしていただき、今後発表される新たな情報や公的な見解などを加えながら、正しい知識を得ていただくことを念願しております。

はしがき

　今回の改訂では、働き方改革を見据えた内容についても触れ、また執筆には初版同様、法律から実務までを熟知した弁護士、行政書士、社会保険労務士が担当し、また新たに税理士と社会保険労務士1名が加わりました。これにより、取り上げる事例や最新情報などが幅広くなり、本書が外国人の雇用に関する基礎知識から実務対応について、初めて読む方から専門家にも役立てるものと確信します。

　トラブルなど問題解決のためには、1つの事項を深く掘り下げることも重要ですが、雇用トラブルなどについては、専門分野を超えて横断的に理解し対応する中で、解決に至ることも多いといえるのではないでしょうか。本書の執筆者として、専門分野の異なる士業が連携した点もここにあります。

　企業や経営者が、外国人労働者の雇用をスムーズに行えるように、また国籍を問わず働く皆様が充実した毎日を送るために、本書が少しでもお役に立てることを、心より願っております。

　平成31（2019）年4月

執筆者を代表して　社会保険労務士　本間　邦弘

『外国人雇用の実務必携 Q&A〔第2版〕』

目 次

第❶章　外国人労働者の採用と活用の基礎知識

Q1 外国人労働者の受入れに関する日本政府の考え方 ………………… 2

Q2 入国管理法はどのように改正されたか ………………………… 9

Q3 わが国における外国人労働者の状況 ……………………………19

Q4 外国人労働者の雇用で適用される法律 …………………………26

Q5 外国人労働者との紛争解決手段 …………………………………30

Q6 採用の際に考慮すべき労働条件 …………………………………37

Q7 「特定技能」とはどのような在留資格か …………………………41

Q8 採用前に確認しておきたいこと①──これから日本に在留する
外国人 ………………………………………………………………53

Q9 採用前に確認しておきたいこと②──すでに日本に在留してい
る外国人 ……………………………………………………………59

Q10 外国人の雇用が認められる会社の条件 …………………………66

Q11 技能実習制度とはどのような制度か ……………………………69

Q12 外国人労働者に関連する法律 ……………………………………77

Q13 日本に居住する際の注意点 ………………………………………80

Q14 日本へ帰化するための手続 ………………………………………86

第❷章　就労資格や募集・面接・内定時の相談事例

Q15 就労に必要な資格取得と内定取消しの対応 ……………………96

Q16 留学生アルバイトが資格外活動許可証を偽造していた場合 …… 101

3

目　次

《コラム１》　年末に行われる追いかけっこ……………………… 109

Q17　不法就労に関する雇用主の刑事責任 …………………… 110

Q18　募集の際の注意点 ………………………………………… 116

Q19　面接時の注意点 …………………………………………… 121

Q20　出勤予定日に出勤しなかった場合の内定取消し ……… 124

第3章　採用時の相談事例

Q21　採用時に交付しなければならない書類 ………………… 130

Q22　採用時に提出を求めるべき書類（マイナンバーなど）…… 135

《コラム２》　誓約書を提出せず解雇が有効とされた裁判例…… 138

Q23　身元保証人の意義と責任 ………………………………… 139

《コラム３》「身元保証人？聞いてないよ」とならないために… 142

Q24　事業主の健康診断実施義務 ……………………………… 143

Q25　試用期間の意義と注意点 ………………………………… 146

Q26　ハローワークへの外国人労働者雇用状況の報告 ……… 150

第4章　労働条件をめぐる相談事例

Q27　就業規則や諸規程の作成と周知 ………………………… 154

Q28　マイナンバー制でダブルワークが判明するか ………… 159

《コラム４》　１通の封書でダブルワークが判明することも…… 161

第5章　労働環境をめぐる相談事例

Q29　ストレスチェックの実施義務 …………………………… 164

Q30　メンタルヘルス不調者への対応 ………………………… 168

4

目 次

Q31 時間外労働や休日労働で注意すべき点 ……………………… 173

Q32 過重労働防止と事業主の義務 ……………………………… 177

Q33 パートタイマーへの年次有給休暇の付与 ………………… 181

Q34 育児休業および介護休業の取得 …………………………… 186

Q35 セクシュアル・ハラスメント（セクハラ）……………… 190

《コラム5》 下請会社の社長が、元請会社にセクハラ防止を
直談判…………………………………………………… 193

Q36 パワー・ハラスメント（パワハラ）、その他のハラスメント ……194

Q37 社宅入居者が行方不明になった場合の対応 ……………… 198

《コラム6》 退職した外国人労働者の荷物を片づけたところ、
高価な品物がなくなったと大騒ぎ………………… 200

第6章　社会保険をめぐる相談事例

Q38 雇用保険の加入義務 ………………………………………… 202

Q39 アルバイトにも労災の適用があるか ……………………… 205

Q40 隠れて自転車通勤をしてけがをした場合の労災適用の可否 ……209

Q41 海外出張中のけがの労災適用の可否 ……………………… 212

Q42 労災申請をしないように頼まれた場合の対応 …………… 216

Q43 海外に住む親族も健康保険の扶養にできるか …………… 219

Q44 自国（海外）での出産に給付金は支給されるか ………… 223

Q45 在職老齢年金と支給停止 …………………………………… 227

Q46 社会保険未加入と年金事務所の調査 ……………………… 230

《コラム7》 傷病手当金を申請、しかし、金額が半分だけ、
なぜ？………………………………………………… 234

Q47 社会保険未加入の従業員への補償 ………………………… 235

5

目　次

第7章　労働時間をめぐる相談事例

Q48 変形労働時間制と割増賃金 ……………………………… 240

Q49 フレックスタイム制・みなし労働時間制 ……………… 244

Q50 サービス残業代の請求と例外など ……………………… 248

第8章　懲戒をめぐる相談事例

Q51 懲戒処分はどのようなときに科すことができるか ……… 254

Q52 住民税の滞納と懲戒の可否 ……………………………… 257

《コラム8》　外国人講師が住民税を滞納して差押え、その時

の言葉は？ …………………………………………… 259

Q53 懲戒解雇はどのようなときに科すことができるか ……… 260

第9章　休職、退職・解雇をめぐる相談事例

Q54 けがで長期欠勤している従業員への休職命令 ………………… 264

Q55 労災で休職中の従業員の報告義務 ……………………… 267

《コラム9》　労災で休んで、飲食店でこっそりアルバイト…… 269

Q56 従業員からの突然の退職の申出と対応例 ……………… 270

Q57 競業避止義務、退職後の守秘義務など ………………… 273

Q58 普通解雇はどのようなときにできるか ………………… 278

第10章　税務・控除をめぐる相談事例

Q59 日本人労働者と源泉徴収方法の違いはあるか ………………… 284

目　次

Q60 外国人労働者の家族が海外にいても扶養控除が受けられるか … 287

第11章　その他の相談事例

Q61 派遣社員を正規従業員とする場合の手続 ………………………… 292

Q62 工場の作業員を個人事業主とした場合のリスク ……………… 296

Q63 従業員が起こした交通事故と使用者責任 ……………………… 300

Q64 労基署の調査と行政指導への対応 ……………………………… 304

Q65 「あっせん」の申立てと対応 …………………………………… 307

資　料　外国人労働者の雇用管理の改善に関して事業主が適切に対処
　　　　するための指針（要約）………………………………………… 311

7

凡例

《凡　例》

[法令・指針]

育児介護休業法	育児休業、介護休業等育児又は家族介護を行う労働者の福祉に関する法律
男女雇用機会均等法	雇用の分野における男女の均等な機会及び待遇の確保等に関する法律
入国管理法	出入国管理及び難民認定法
技能実習法	外国人の技能実習の適正な実施及び技能実習生の保護に関する法律
入管特例法	日本国との平和条約に基づき日本の国籍を離脱した者等の出入国管理に関する特例法
パートタイム労働法	短時間労働者の雇用管理の改善等に関する法律
風営法	風俗営業等の規制及び業務の適正化等に関する法律
通則法	法の適用に関する通則法
マイナンバー法	行政手続における特定の個人を識別するための番号の利用等に関する法律
労災保険法	労働者災害補償保険法
労働者派遣法	労働者派遣事業の適正な運営の確保及び派遣労働者の保護等に関する法律
労働施策総合推進法	労働施策の総合的な推進並びに労働者の雇用の安定及び職業生活の充実等に関する法律
外国人指針	外国人労働者の雇用管理の改善等に関して事業主が適切に対処するための指針
基本方針	特定技能の在留資格に係る制度の運用に関する基本方針

凡 例

[判例集・文献]

民集	最高裁判所民事判例集
高刑集	高等裁判所刑事判例集
判時	判例時報
判タ	判例タイムズ
労判	労働判例
金判	金融・商事判例
ジュリ	ジュリスト
自保ジャーナル	自動車保険ジャーナル

[その他]

労基署	労働基準監督署
労働局	都道府県労働局
ハローワーク	公共職業安定所
マイナンバー	個人番号

第1章

外国人労働者の採用と
活用の基礎知識

第1章　外国人労働者の採用と活用の基礎知識

Q1 外国人労働者の受入れに関する日本政府の考え方

外国人労働者の受入れについて、現在の日本政府の方針を教えてください。

☞ ここがポイント

① 政府は、平成30（2018）年入国管理法改正により、在留資格「特定技能」を設けることによって、外国人労働者の受入れを拡大しようとしている。
② 外国人労働者の受入れ範囲の拡大は、わが国の産業、労働市場、医療・社会保障、教育、地域社会および治安等国民生活への影響も踏まえ、昨今の深刻な人手不足を受けて、即戦力となる外国人材を幅広く受け入れていく仕組みを構築する方向に政策変更が行われた（詳細はQ7参照）。
③ 「高度外国人材」の受入れについても、積極的な施策を行っている。
④ 技能実習生を含めた外国人労働者の雇用管理の改善に取り組むとともに、不法就労の取締りに力を入れている。

1　専門的・技術的分野と評価されない外国人の受入れについての政策シフト

　第5次出入国管理基本計画は、日本の少子高齢化への対応として、出生率の向上、生産性の向上、潜在的労働力の活用等の取組みを前提として今後の外国人受入れのあり方を本格的に検討すべきときがきているとしています。しかしながら、専門的・技術的分野と評価されない外国人の受入れについては、経済的効果、社会的コスト、産業構造、適切な仕組み、環境整備、治安等の幅広い観点から、国民的コンセンサスを踏まえつつ政府全体で検討する必要があるとして、慎重な姿勢をみせていました。しかし、平成30（2018）年12月8日に成立した改正入国管理法により、不足する人材の確保を図るべき産業分野（「特定産業分野」）に属する相当程度の知識もしくは経験を要する技能または熟練した技能を要する業務に従事することができる新たな在留資格として「特定技能」を創設し、特定の産業分野において、専門的・技術

2

的分野と評価されない業務に従事する外国人の受入れを認めることとしました。深刻な人手不足に対する対策として、外国人材受入れに関する従来の方針を転換するものであるといえます。在留資格「特定技能」についてはＱ２およびＱ７の解説を参照してください。

2　高度外国人材の積極的な受入れ

(1)　出入国管理上の施策——高度人材ポイント制の導入など

　法務大臣は、入国管理法に基づき、外国人の入国および在留の管理に関する施策の基本となるべき計画（「出入国管理基本計画」）を定めています。平成22（2010）年に策定された第４次出入国管理基本計画では、「本格的な人口減少時代が到来する中、我が国の社会が活力を維持しつつ、持続的に発展するとともに、アジア地域の活力を取り込んでいくとの観点から、積極的な外国人の受入れ施策を推進していく」こと等が基本方針とされました。法務省は、その具体的な施策の１つとして、高度外国人材の受入れを促進するため、平成24（2012）年５月に高度人材ポイント制を導入しました。

　高度人材ポイント制は、高度外国人材について、それぞれの特性に応じて「学歴」、「職歴」、「年収」などの項目ごとにポイントが設けられ、そのポイントの合計が一定点数に達した場合に、当該外国人に対し、永住許可申請までの期間短縮、複合的な在留活動の許容等の出入国管理上の優遇措置が与えられます。平成29（2017）年４月からは高度人材ポイント制をより活用しやすいものとするため、高度外国人材の永住許可申請のために必要な継続した在留期間を従前の５年から３年（ポイントの合計が80点以上の特に高度な能力を有する人材については１年）に短縮する「日本版高度外国人材グリーンカード」が創設されたほか、ポイント加算項目の追加が行われています。

　さらに、平成27（2015）年に策定された第５次出入国管理基本計画では、具体的な施策として、現行の在留資格や上陸許可基準に該当しないものであっても、専門的、技術的分野と評価できるものについて在留資格や上陸許可

第1章　外国人労働者の採用と活用の基礎知識

基準の見直しを行い、受入れを推進すること、上述の高度人材ポイント制等の効果的な広報を実施すること、将来の高度人材になりうる留学生のわが国への就職支援の取組みを継続することなどが盛り込まれています。

平成29（2017）年6月9日に閣議決定された「未来投資戦略2017」では、高度外国人材のさらなる呼込みを目的として、高度外国人材の在留資格認定申請を原則10業務日以内に審査する「高度外国人ビザ・ファストトラック」の導入、日本の入管制度や外国人の生活環境や就労環境の改善状況についての積極的な広報活動を行うこと、および高度外国人材を積極的に受け入れるための就労環境の整備を促すことなどを行うとしています。また、平成30（2018）年6月15日に閣議決定された「未来投資戦略2018」によれば、外国人留学生の国内での就職の促進のため、情報発信などの取組みを行うことや入国・在留管理制度などの改善を行うことなどを通じ、高度外国人材の認定を令和2（2020）年末までに1万人、令和4（2022）年末までに2万人、および令和2（2020）年までに外国人留学生の受入れを30万人にすることを目指すとしています。

（2）就業促進のための施策——外国人雇用サービスセンターの設置

高度外国人材の就業促進に関し、厚生労働省は、「外国人雇用サービスセンター」を東京、大阪、名古屋に設置しています。同センターでは、日本での就職を希望する留学生と専門的・技術的分野の在留資格を有し、日本国内で転職を希望する外国人を対象に、大学や企業と連携して、就職に向けた各種情報の提供やセミナーなどを開催しています。また、平成29（2017）年の国家戦略特別区域法改正により、外国人を雇用しようとする事業主に対する援助として、国家戦略特別区域会議の下に、専門の弁護士・行政書士などで構成される相談センターを設置し、企業等に対し各種相談や情報提供等を行うとともに、在留資格の許可・不許可に係る具体的事例の整理・分析を行うとしています。

4

3 緊急に対応が必要な分野等における外国人の受入れ

(1) 東京オリンピック・パラリンピックに対応するための建設分野における外国人労働者の受入れ

平成26（2014）年4月に「建設分野における外国人材の活用に係る緊急措置を検討する閣僚会議」において、東日本大震災の復興事業の加速化や令和2（2020）年の東京オリンピック・パラリンピック関連の建設需要に対応するための時限的措置として建設分野において外国人の受入れを実施することが決定され、平成27（2015）年4月から受入れが開始されました。この点について、第5次出入国管理基本計画では、法務省として、関係省庁と連携して適正かつ円滑な受入れを行っていくことが記載されています。

(2) 国家戦略特区における家事支援人材等の受入れ

(a) 「国家戦略特別区域」

「国家戦略特別区域」（国家戦略特区）は、安倍内閣の成長戦略の柱の1つとされており、当該区域において、産業の国際競争力の強化に資する事業または国際的な経済活動に関連する居住者、来訪者もしくは滞在者を増加させるための市街地の整備に関する事業、その他の国際的な経済活動の拠点の形成に資する事業を実施することにより、わが国の経済社会の活力の向上および持続的発展に相当程度寄与することが見込まれる区域として、国が指定する区域をいいます（国家戦略特別区域法2条1項）。

平成27（2015）年の国家戦略特別区域法改正により、外国人労働者の受入れに関連して、国家戦略特区において活用できる規制緩和措置として、家事支援外国人材受入事業と創業外国人材受入促進事業に関する措置が導入されました。また、平成29（2017）年国家戦略特別区域法改正により、外国人海外需要開拓支援等活動促進事業（いわゆるクールジャパン・インバウンド外国人材の受入れ・就労促進に関する事業）、および、農業支援外国人受入事業に関する措置が導入されました。

5

（b） 家事支援外国人材受入事業

家事支援外国人材受入事業に関する規制緩和は、女性の活躍推進等のため、地方自治体等による一定の管理体制の下、家事支援サービスを提供する企業に雇用される外国人の入国や在留を可能にするもので、神奈川県などで導入されています。

（c） 創業外国人材受入促進事業

創業外国人材受入促進事業に関する規制緩和は、創業人材について、地方自治体による事業計画の審査等を要件に、「経営・管理」の在留資格の基準を緩和するもので、東京都などで導入されています。また、「未来投資戦略2018」によれば、外国人起業家のさらなる受入れ拡大のため、新たに最大1年間の起業に向けた準備のための在留資格を付与することなど、起業活動を支援する「スタートアップ・プログラム（仮称）」を開始することを予定しています。

（d） 外国人海外需要開拓支援等活動促進事業

外国人海外需要開拓支援等活動促進事業とは、いわゆるクールジャパンやインバウンド対応等に係る専門性を有する外国人材の受入れ・就労の促進を目的に、関係行政機関との協議など一定の要件を満たすことを条件に「技術・人文知識・国際業務」または「技能」の在留資格に係る審査の特例を設けることを認め、クールジャパンやインバウンド対応分野の外国人を柔軟かつ適切に入国、在留および就労する機会の拡大を図るものになります。平成31（2019）年3月までに公表されている情報によれば、平成29（2017）年9月15日、大阪府が、内閣府地方創生推進事務局に対し、調理・製菓、理美容分野を学ぶ留学生が、養成施設を修了し、免許を取得することによって就労が可能となるよう、在留資格の規制緩和を提案したとのことです。

（e） 農業支援外国人受入事業

外国人農業支援人材に関する規制緩和は、農業の成長産業化に必要な労働力の確保等による競争力強化を目的とし、特定機関が外国人農業支援人材と

雇用契約を締結し、その後、特定機関が農業経営を行う個人または法人と労働者派遣契約を締結することで、農業経営を行う個人または法人の指示の下、外国人農業支援人材を農業支援活動に従事させることを認める制度で、平成31（2019）年3月時点では、京都府、新潟市などで導入されています。

4　外国人の雇用管理の改善

(1)　外国人指針の策定

外国人の雇用管理の改善および再就職支援に関して、厚生労働大臣は、事業主が講じるべき措置を具体化した「外国人労働者の雇用管理の改善等に関して事業主が適切に対処するための指針」（平成19年厚生労働省告示第276号。「外国人指針」）を定めました。

外国人指針においては、事業主が日本の労働関係法規を遵守するよう、外国人労働者の募集および採用の適正化、適正な労働条件の確保、安全衛生の確保、雇用保険・労災保険・健康保険および厚生年金保険の適用、適切な人事管理、教育訓練、福利厚生等、並びに解雇の予防および再就職援助について定めています。厚生労働省は、外国人指針に基づき、事業所の指導を行っています。平成31（2019）年3月時点では労働政策審議会（職業安定分科会雇用対策基本問題部会）において、外国人指針の見直しが検討されています。

(2)　技能実習制度の適正化

技能実習制度は、発展途上国等への技能等の移転による国際貢献を目的として、外国人が「技能実習」の在留資格をもって日本に在留し、技能等を修得する制度です。しかし、技能実習制度が外国人を単純労働、低賃金労働として雇うのに利用されることが多いため、法務省と厚生労働省は制度の見直しを行い、平成28（2016）年11月に外国人の技能実習の適正な実施及び技能実習生の保護に関する法律が成立しました。この法律では、外国人の技能実習における技能等の適正な修得等の確保および技能実習生の保護を図るため、技能実習を実施する者および実施を監理する者並びに技能実習計画について

の許可等の制度を設け、これらに関する事務を行う外国人技能実習機構を設ける等の所要の措置を講ずることが定められています。

また、厚生労働省では、技能実習生に対して労働基準法等の労働基準関係各法が適用になることを前提として、事業場や監理団体に対し監督指導を行っています（厚生労働省労働基準局長通達「技能実習生の労働条件の確保について」（平成24（2012）年10月26日、基発1026第3号））。

技能実習制度については、詳しくはQ11を参照してください。

5　不法就労の取締り

法務省は、第5次出入国管理基本計画において、不法滞在者を積極的に摘発していくとしています。さらに、同計画では、偽装婚、偽装留学等、身分や活動目的を偽って上陸許可等を受け、在留資格に該当する活動を行うことなく不法就労を行うなどするいわゆる偽装滞在者についても、中長期在留者による届出情報や外国人雇用状況届出情報等を活用して積極的に対策を講じていく必要があるとしています。

6　日系4世の受入れ

平成30（2018）年7月1日から、日系4世の外国人を対象とし、年齢などの一定の要件を満たせば「特定活動」の在留資格が付与され、当該在留資格に基づき就労することが認められるようになりました。従来、日系2世や日系3世は「定住者」の在留資格が付与され、これにより日本で就労することが認められていましたが、日系4世については、「定住者」の在留資格が付与されるのは、定住者の在留資格をもって在留する外国人の扶養を受けて生活する未成年で未婚の実子に限られていることから、日系2世および3世に比べ、「定住者」の在留資格の取得が困難であったところ、日系4世を対象とした「特定活動」の在留資格を創設し、日系4世の外国人が日本において就労できる在留資格が増えました。　　　　　　　　　（大原　慶子／近藤　陽子）

8

Q2 入国管理法はどのように改正されたか

平成30（2018）年入国管理法改正について教えてください。

☞ ここがポイント

① 平成30（2018）年入国管理法改正により、新たな在留資格として、「特定技能」が設けられた。

② 特定技能の在留資格を有する外国人の就労が認められるのは特定産業分野のみである。

③ 特定技能の在留資格には「特定技能1号」および「特定技能2号」があり、両者は従事できる業務、最大滞在年数、家族滞在の可否などに違いがある。平成31（2019）年3月時点では、当面の間は特定技能2号の在留資格は付与されない予定である。

④ 特定技能の在留資格を有する外国人を雇用するためには、雇用契約書は法務省令で定める基準を満たす必要があるなどさまざまな要件を満たす必要がある。

1 平成30（2018）年入国管理法改正の概要

平成30（2018）年12月8日、出入国管理及び難民認定法及び法務省設置法の一部を改正する法律（以下、改正された法律を「改正法」といいます）が成立し、同月12日に公布されました。施行日は一部の規定を除き、平成31（2019）年4月1日となっています。

改正法の大きな変更点としては、新たな在留資格として「特定技能」が設けられたことです。その他の変更点としては、従前の入国管理局に代わり、法務省の外局として出入国管理庁を置くことなどがあります。本稿では在留資格「特定技能」について説明をします。

9

第1章 外国人労働者の採用と活用の基礎知識

2 在留資格「特定技能」

(1) 概 要

在留資格「特定技能」は「特定産業分野」における業務に従事する外国人を受け入れるための在留資格で、「特定技能1号」と「特定技能2号」があります。

(2) 特定産業分野

特定技能の在留資格は深刻化する人手不足を解消するためのものであり、特定技能の在留資格を有する外国人を受け入れることができる産業分野は、「特定産業分野」に限られます。

改正法上、「特定産業分野」は、「人材を確保することが困難な状況にあるため外国人により不足する人材の確保を図るべき産業上の分野」と定義され、具体的にどの産業分野が特定産業分野に該当するかは法務省令で定められています（改正法別表第1の2）。平成31（2019）年3月15日、「出入国管理及び難民認定法別表第1の2の表の特定技能の項の下欄に規定する産業上の分野等を定める省令」（法務省令第6号）が公布され、それによれば、①介護分野、②ビルクリーニング分野、③素形材産業分野、④産業機械製造業分野、⑤電気・電子情報関連産業分野、⑥建設分野、⑦造船・舶用工業分野、⑧自動車整備分野、⑨航空分野、⑩宿泊分野、⑪農業分野、⑫漁業分野、⑬飲食料品製造業分野、⑭外食業分野を特定産業分野があがっています。

(3) 特定技能1号および特定技能2号の違い

特定技能1号および特定技能2号の大きな違いとしては、①従事する業務、②最大滞在年数、および③家族帯同の可否があげられます。

(a) 従事する業務

外国人は、特定産業分野において、特定技能1号では「相当程度の知識又は経験を必要とする技能を要する業務」に従事することができ、特定技能2号では「熟練した技能を要する業務」（いずれも改正法別表第1の2）に従事

10

Q2　入国管理法はどのように改正されたか

することができます。

　「相当程度の知識又は経験を必要とする技能を要する業務」および「熟練した技能を要する業務」の具体的な内容は法務省令で定められています（いずれも改正法別表第1の2）。「出入国管理及び難民認定法別表第1の2の表の特定技能の項の下欄に規定する産業上の分野等を定める省令」によれば、「相当程度の知識又は経験を必要とする技能」および「熟練した技能」は「それぞれ当該分野（……）に係る分野別運用方針及び運用要領（……）で定める水準を満たす技能」となっています。なお、特定技能の在留資格に係る制度の運用に関する基本方針（平成30（2018）年12月25日閣議決定。以下、「基本方針」といいます）によれば、「相当程度の知識又は経験を必要とする技能」とは、「相当期間の実務経験等を要する技能であって、特段の育成・訓練を受けることなく直ちに一定程度の業務を遂行できる水準のもの」をいうとされ、「熟練した技能」とは、「長年の実務経験等により身につけた熟達した技能をいい、現行の専門的・技術的分野の在留資格を有する外国人と同等又はそれ以上の高い専門性・技能を要する技能であって、例えば自らの判断により高度に専門的・技術的な業務を遂行できる、又は監督者として業務を統括しつつ、熟練した技能で業務を遂行できる水準のもの」であるとされています。

　外国人が上記技能を有するか否かは、各特定産業分野ごとに実施される試験などで確認することになっています（なお、特定技能1号に関しては、これに加え、特定産業分野ごとに業務上必要な日本語能力を有しているか否かを試験等で確認することになっています）。基本方針によれば、特定技能1号に関しては、第2号技能実習（技能実習制度の解説についてはQ11を参照してください）を修了した外国人については、上記試験などを免除し、当該外国人は「相当程度の知識又は経験を必要とする技能」および特定技能1号に必要な能力を有するものとして、取り扱うとされています。

　なお、平成31（2019）年3月までの報道等によれば、特定技能2号に関す

11

第1章　外国人労働者の採用と活用の基礎知識

る技能試験は、令和3（2021）年度以降、建設業および造船・舶用工業分野において、実施される予定とあり、当面の間は特定技能2号の在留資格は付与されず、特定技能1号の在留資格のみが付与されることが想定されます。[*1]

(b)　最大滞在年数

外国人が特定技能1号の在留資格で日本に在留できる期間は、通算して5年を超えることができないのに対して、特定技能2号の在留資格にはそのような制限はありません。

(c)　家族帯同の可否

特定技能2号の在留資格を有する外国人については、当該外国人の配偶者および子に対しては、要件を満たせば在留資格「家族滞在」の在留資格が付与されますが、特定技能1号の在留資格の外国人の配偶者および子に対しては家族滞在の在留資格は付与されません。

(4)　特定技能と技能実習の在留資格の違い

Q3で詳述していますが、身分に基づく在留資格を除くと、現在日本で働く外国人の在留資格は、留学生の資格外活動と技能実習、専門的・技術的分野となっています。技能実習も特定技能1号も、家族の帯同不可、最長5年の点は同様ですが、特定技能は、特定産業分野においては一定の要件を満たせば誰でも即働くことが可能となり、対象の業種なら転職が可能となります。一方で、技能実習は外国人の研修のための制度であり、原則として転職は認められていません。技能実習は、多くが製造業に就労しており、そもそもの目的が、国際貢献のため、開発途上国等の外国人を日本で一定期間（最長5年間）に限り受け入れ、OJTを通じて技能を移転する制度でしたが、特定技能は、日本の人手不足を補うため、即戦力となる外国人材を幅広く受け入れていく仕組みとして導入する在留資格といえます。

＊1　平成31（2019）年3月15日現在、当該方針が変更されたとの報道はありません。

3 「特定技能」にかかわる制度の整備

(1) 基本方針および分野別運用方針

改正法では、特定技能の在留資格に係る制度の適切な運用を図るため、基本方針を定めることになっているほか（改正法2条の3）、特定技能の対象となっている産業上の分野における特定技能の在留資格に係る制度の運用に関する方針（以下、「分野別運用方針」といいます）を定めることになっています（改正法2条の4）。基本方針は特定技能の在留資格の運用に関し分野横断的な方針について規定し、分野別運用方針は特定産業分野ごとに、外国人の受入れ見込み数*2、当該特定産業分野において求められる人材の基準、その他重要事項について規定したものであり、基本方針および分野別運用方針ともに、平成30（2018）年12月25日に閣議決定されています（〔表1〕参照）。なお、基本方針および分野別運用方針は改正法施行後2年を目途に、検討を加え、必要に応じ、見直されることが予定されています。

(2) 特定技能雇用契約

特定技能の活動を行おうとする外国人との間で締結する雇用に関する契約（以下、「特定技能雇用契約」といいます）は法務省令で定める基準に適合する必要があるとされています（改正法2条の5第1項）。同基準は、平成31（2019）年3月15日、「特定技能雇用契約及び1号特定技能外国人支援計画の基準等を定める省令」（法務省令第5号）として定められました。

(3) 特定技能所属機関（特定技能外国人雇用主）

特定技能雇用契約の相手方となる公私の機関（法令では「特定技能所属機関」と呼んでいますが、ここでは、「特定技能外国人雇用主」といいます）は法務省で定める基準に適合する必要があります（改正法2条の5第3項）。

＊2　衆議院および参議院の附帯決議により、政府の受入れ見込み数は当該分野の雇用情勢全般にかかわる事項について大きな変化が生じない限り、受入数の上限として運用することとされています。

第1章 外国人労働者の採用と活用の基礎知識

〔表1〕 分野別運用方針について（14分野）

	分野	1 人手不足状況 受入れ見込数（5年間の最大値）	2 人材基準		3 その他重要事項	
			技能試験	日本語試験	従事する業務	雇用形態
厚労省	介護	60,000人	介護技能評価試験(仮)【新設】等	日本語能力判定テスト(仮)等（上記に加えて）介護日本語評価試験(仮)等	・身体介護等（利用者の心身の状況に応じた入浴、食事、排せつの介助等）のほか、これに付随する支援業務（レクリエーションの実施、機能訓練の補助等） (注)訪問系サービスは対象外 〔1試験区分〕	直接
	ビルクリーニング	37,000人	ビルクリーニング分野特定技能1号評価試験【新設】	日本語能力判定テスト(仮)等	・建築物内部の清掃 〔1試験区分〕	直接
経産省	素形材産業	21,500人	製造分野特定技能1号評価試験(仮)【新設】	日本語能力判定テスト(仮)等	・鋳造　・金属プレス加工 ・仕上げ　・溶接　・鍛造 ・工場板金　・機械検査 ・ダイカスト　・めっき ・機械保全　・機械加工 ・アルミニウム陽極酸化処理 ・塗装 〔13試験区分〕	直接
	産業機械製造業	5,250人	製造分野特定技能1号評価試験(仮)【新設】	日本語能力判定テスト(仮)等	・鋳造　・塗装　・仕上げ ・電気機器組立て　・溶接 ・鍛造　・鉄工　・機械検査 ・プリント配線板製造 ・工業包装　・ダイカスト ・工場板金　・機械保全 ・プラスチック成形　・機械加工 ・めっき　・電子機器組立て ・金属プレス加工 〔18試験区分〕	直接
	電気・電子情報関連産業	4,700人	製造分野特定技能1号評価試験(仮)【新設】	日本語能力判定テスト(仮)等	・機械加工　・仕上げ ・プリント配線板製造　・工業包装 ・金属プレス加工　・機械保全 ・プラスチック成形　・工場板金 ・電子機器組立て　・塗装 ・めっき　・電気機器組立て　・溶接 〔13試験区分〕	直接

14

Q2 入国管理法はどのように改正されたか

	分野	人数	試験	日本語	業務内容	受入形態
国交省	建設	40,000人	建設分野特定技能1号評価試験(仮)【新設】等	日本語能力判定テスト(仮)等	・型枠施工　・土工 ・内装仕上げ／表装　・左官 ・屋根ふき　・コンクリート圧送 ・電気通信　・トンネル推進工 ・鉄筋施工　・建設機械施工 ・鉄筋継手 〔11試験区分〕	直接
	造船・舶用工業	13,000人	造船・舶用工業分野特定技能1号試験(仮)【新設】等	日本語能力判定テスト(仮)等	・溶接　・仕上げ　・塗装 ・機械加工　・鉄工 ・電気機器組立て 〔6試験区分〕	直接
	自動車整備	7,000人	自動車整備特定技能評価試験(仮)【新設】等	日本語能力判定テスト(仮)等	・自動車の日常点検整備、定期点検整備、分解整備 〔1試験区分〕	直接
	航空	2,200人	航空分野技能評価試験(空港グランドハンドリング又は航空機整備)(仮)【新設】	日本語能力判定テスト(仮)等	・空港グランドハンドリング（地上走行支援業務、手荷物・貨物取扱業務等） ・航空機整備（機体、装備品等の整備業務等） 〔2試験区分〕	直接
	宿泊	22,000人	宿泊業技能測定試験(仮)【新設】	日本語能力判定テスト(仮)等	・フロント、企画・広報、接客、レストランサービス等の宿泊サービスの提供 〔1試験区分〕	直接
農水省	農業	36,500人	農業技能測定試験(耕種農業全般又は畜産農業全般)(仮)【新設】	日本語能力判定テスト(仮)等	・耕種農業全般（栽培管理、農産物の集出荷・選別等） ・畜産農業全般（飼養管理、畜産物の集出荷・選別等） 〔2試験区分〕	直接派遣
	漁業	9,000人	漁業技能測定試験(漁業又は養殖業)(仮)【新設】	日本語能力判定テスト(仮)等	・漁業（漁具の製作・補修、水産動植物の探索、漁具・漁労機械の操作、水産動植物の採捕、漁獲物の処理・保蔵、安全衛生の確保等） ・養殖業（養殖資材の製作・補修・管理、養殖水産動植物の育成管理・収獲（穫）・処理、安全衛生の確保等） 〔2試験区分〕	直接派遣
	飲食料品製造業	34,000人	飲食料品製造業技能測定試験(仮)【新設】	日本語能力判定テスト(仮)等	・飲食料品製造業全般（飲食料品（酒類を除く）の製造・加工、安全衛生） 〔1試験区分〕	直接
	外食業	53,000人	外食業技能測定試験(仮)【新設】	日本語能力判定テスト(仮)等	・外食業全般（飲食物調理、接客、店舗管理） 〔1試験区分〕	直接

第1章 外国人労働者の採用と活用の基礎知識

	分野	3　その他重要事項
		受入れ機関に対して特に課す条件
厚労省	介護	・厚労省が組織する協議会に参加し、必要な協力を行うこと ・厚労省が行う調査又は指導に対し、必要な協力を行うこと ・事業所単位での受入れ人数枠の設定
	ビルクリーニング	・厚労省が組織する協議会に参加し、必要な協力を行うこと ・厚労省が行う調査又は指導に対し、必要な協力を行うこと ・「建築物清掃業」又は「建築物環境衛生総合管理業」の登録を受けていること
経産省	素形材産業	・経産省が組織する協議会に参加し、必要な協力を行うこと ・経産省が行う調査又は指導に対し、必要な協力を行うこと
	産業機械製造業	・経産省が組織する協議会に参加し、必要な協力を行うこと ・経産省が行う調査又は指導に対し、必要な協力を行うこと
	電気・電子情報関連産業	・経産省が組織する協議会に参加し、必要な協力を行うこと ・経産省が行う調査又は指導に対し、必要な協力を行うこと
国交省	建設	・外国人の受入れに関する建設業者団体に所属すること ・国交省が行う調査又は指導に対し、必要な協力を行うこと ・建設業法の許可を受けていること ・日本人と同等以上の報酬を安定的に支払い、技能習熟に応じて昇給を行う契約を締結していること ・雇用契約に係る重要事項について、母国語で書面を交付して説明すること ・受入れ建設企業単位での受入れ人数枠の設定 ・報酬等を記載した「建設特定技能受入計画」について、国交省の認定を受けること ・国交省等により、認定を受けた「建設特定技能受入計画」を適正に履行していることの確認を受けること ・特定技能外国人を建設キャリアアップシステムに登録すること　等
	造船・舶用工業	・国交省が組織する協議会に参加し、必要な協力を行うこと ・国交省が行う調査又は指導に対し、必要な協力を行うこと ・登録支援機関に支援計画の実施を委託するに当たっては、上記条件を満たす登録支援機関に委託すること
	自動車整備	・国交省が組織する協議会に参加し、必要な協力を行うこと ・国交省が行う調査又は指導に対し、必要な協力を行うこと ・登録支援機関に支援計画の実施を委託するに当たっては、上記条件等を満たす登録支援機関に委託すること ・道路運送車両法に基づく認証を受けた事業場であること
	航空	・国交省が組織する協議会に参加し、必要な協力を行うこと ・国交省が行う調査又は指導に対し、必要な協力を行うこと ・登録支援機関に支援計画の実施を委託するに当たっては、上記条件を満たす登録支援機関に委託すること ・空港管理規則に基づく構内営業承認等を受けた事業者又は航空法に基づく航空機整備等に係る認定事業場等であること
	宿泊	・国交省が組織する協議会に参加し、必要な協力を行うこと ・国交省が行う調査又は指導に対し、必要な協力を行うこと ・登録支援機関に支援計画の実施を委託するに当たっては、上記条件を満たす登録支援機関に委託すること ・「旅館・ホテル営業」の許可を受けた者であること

		・風俗営業関連の施設に該当しないこと ・風俗営業関連の接待を行わせないこと
農水省	農業	・農水省が組織する協議会に参加し、必要な協力を行うこと ・農水省が行う調査又は指導に対し、必要な協力を行うこと ・登録支援機関に支援計画の実施を委託するに当たっては、協議会に対し必要な協力を行う登録支援機関に委託すること ・労働者を一定期間以上雇用した経験がある農業経営体であること
	漁業	・農水省が組織する協議会に参加し、必要な協力を行うこと ・農水省が行う調査又は指導に対し、必要な協力を行うこと ・農水省が組織する協議会において協議が調った措置を講じること ・登録支援機関に支援計画の実施を委託するに当たっては、分野固有の基準に適合している登録支援機関に限ること
	飲食料品製造業	・農水省が組織する協議会に参加し、必要な協力を行うこと ・農水省が行う調査又は指導に対し、必要な協力を行うこと
	外食業	・農水省が組織する協議会に参加し、必要な協力を行うこと ・農水省が行う調査又は指導に対し、必要な協力を行うこと ・風俗営業関連の営業所に就労させないこと ・風俗営業関連の接待を行わせないこと

(注)　平成31（2019）年4月1日から制度の運用を開始予定
(出典)　特定技能の在留資格に係る制度の運用に関する方針（分野別運用方針）概要

　特定技能外国人雇用主は、特定技能1号にかかわる活動を行う外国人と特定技能雇用契約を締結する際には、法務省令で定めるところにより、当該特定技能外国人雇用主が当該外国人に対して行う、当該外国人が当該活動を安定的かつ円滑に行うことができるようにするための職業生活上、日常生活上または社会生活上の支援の実施に関する計画（以下、「1号特定技能外国人支援計画」といいます）を作成する義務があり（改正法2条の5第6項）、これに基づき、当該特定技能外国人雇用主は、1号特定技能外国人支援計画を実施する必要があります（改正法19条の22第1項）。なお、特定技能雇用契約の相手方となる公私の特定技能外国人雇用主は、出入国在留管理庁長官の登録を受けた登録支援機関に対して、1号特定技能外国人支援の全部または一部を委託することができます（改正法19条の22第2項、改正法19条の23第1項）。登録支援機関は、特定技能外国人雇用主に代わって支援計画の実施を行う機関です。登録支援機関となるためには登録支援機関になろうとする個人または団体が、2年以内に報酬を得る目的で、業として、外国人に関する各種相談業務に従事した経験を有することなど一定の要件を満たすことと、登録が必

第1章 外国人労働者の採用と活用の基礎知識

要です。

　特定技能外国人雇用主に関する基準は、平成31（2019）年3月15日、「特定技能雇用契約及び1号特定技能外国人支援計画の基準等を定める省令」（法務省令第5号）に定められています。

　特定技能外国人雇用主は、特定技能雇用契約や1号特定技能外国人支援計画を変更などをする場合には届出が義務づけられている（改正法19条の18第1項）ほか、特定技能外国人雇用主が受け入れている特定技能外国人の氏名およびその活動の内容などを定期的に届け出る必要があります（改正法19条の18第2項）。

（大原　慶子／渡　匡）

Q3　わが国における外国人労働者の状況

Q3 わが国における外国人労働者の状況

わが国における外国人労働者の状況を教えてください。

☞ ここがポイント

① 平成30（2018）年10月末現在、外国人労働者の数は過去最高の数字となっている。

② 平成30（2018）年10月末現在、外国人労働者在留資格別の割合は、「身分に基づく在留資格」が最も多く33.9%、次に「資格外活動」が23.5%、「技能実習」が21.1%、「専門的・技術的分野の在留資格」が19.0%、「特定活動」が2.4%となっている。

③ 現状では、高度外国人材の登用は多くはないと思われるが、今後、政策やグローバル化により高度外国人材の登用が増える可能性がある。

1　外国人労働者の数

(1)　「外国人雇用状況」の届出状況

外国人（特別永住者および在留資格「外交」・「公用」を除く）を雇い入れた場合、または、雇用する外国人が離職した場合には、事業主は法律で定められた事項を厚生労働大臣へ届け出なければなりません（「外国人雇用状況の届出」、労働施策総合推進法28条）。厚生労働省は、この届出を「外国人雇用状況の届出状況」として、毎年公表しています。外国人雇用状況の届出についての詳細はQ26の解説を参照してください。

(2)　外国人労働者および外国人を雇用している事業所数

〔表2〕は、厚生労働省が発表した外国人雇用状況の届出状況の過去3年分のうち、外国人労働者および外国人を雇用している事業者数をまとめたものです。

〔表2〕によれば、平成30（2018）年10月末日時点における外国人労働者は146万463人であり、これは平成19（2007）年に外国人雇用状況の届出を義

19

第1章　外国人労働者の採用と活用の基礎知識

〔表2〕　過去3年間の外国人労働者および外国人を雇用している事業所数

	平成28 （2016）年	平成29（2017）年	平成30（2018）年
		前年との差（割合）	前年との差（割合）
外国人労働者数	108万3769人	127万8670人	146万463人
		19万4901人（18.0%）	18万1793人（14.2%）
外国人を雇用している事業所数	17万2798カ所	19万4595カ所	21万6348カ所
		2万4797カ所（12.6%）	2万1753カ所（11.2%）

厚生労働省「外国人雇用状況の届出状況表一覧」（各年10月末現在）の数値を用いて作成。

務づけてから、過去最高の数値です。

　厚生労働省は、この増加の理由として、政府が進めている高度外国人材や留学生の受入れが進んでいること、雇用情勢の改善から就労に制限のない身分に基づく在留資格の外国人労働者が増加していること、技能実習制度の活用が進んでいること等をあげています（厚生労働省「『外国人雇用状況』の届出状況まとめ（平成30年10月末現在）」（本文）1頁）。

2　外国人労働者の在留資格別の割合など

(1)　外国人労働者の在留資格別の割合

〈図1〉は、厚生労働省が作成した外国人労働者の在留資格別の割合を円グラフで示したものです。届出のあった外国人労働者を在留資格別に分類し、割合の大きいものから順にあげると、①「身分に基づく在留資格」（33.9%）、②「資格外活動」（23.5%）、③「技能実習」（21.1%）、④「専門的・技術的分野の在留資格」（19.0%）、⑤「特定活動」（2.4%）などとなっています。

(2)　各グループの特徴および在留資格別・産業別外国人労働者数

(a)　「身分に基づく在留資格」

「身分に基づく在留資格」とは、「永住者」、「日本人の配偶者等」、「永住者の配偶者等」、「定住者」を指し、就労できる範囲に制限がなく、専門的な知

20

識や技能が必要とされない労働、いわゆる単純労働も行うことが認められています。なお、在留期間に関しては、「身分に基づく在留資格」のうち、「永住者」の在留資格には在留期間の制限はありませんが、「日本人の配偶者等」、「永住者の配偶者等」、「定住者」は最長5年の在留期間が認められ、在留期間の更新も可能です。

　(b) **「資格外活動」**

　「資格外活動」とは、在留資格で許可された活動以外に、収

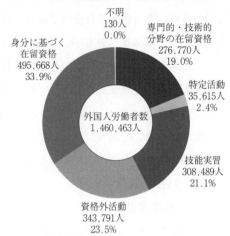

〈図1〉　在留資格別外国人労働者の割合

（出典）　厚生労働省「『外国人雇用状況』の届出状況まとめ（本文）（平成30年10月末現在）」4頁。

入を伴う事業を運営する活動、または、報酬を受ける活動を行うことの許可を受けて行う就労を指します。就労先や業務内容を含め、個別に指定される場合（個別許可）と1週間28時間以内の就業であることおよび活動場所において風俗営業等が営まれていないことを条件に、就労先や業務内容など個別に指定されない場合（包括的許可）があります。このうち、包括的許可の場合には単純労働も行うことができますが、包括的許可は、「留学」や「家族滞在」の在留資格を有する外国人などにのみ例外的に認められています。

　なお、資格外活動許可は外国人が現に有している在留資格に付随して認められる許可ですので、その在留資格が更新された場合には、あらためて資格外活動許可を受ける必要があることに注意が必要です。資格外活動許可についての詳細はQ16の解説を参照してください。

　ちなみに、資格外活動許可を受け、就労している外国人労働者34万3791人のうち、「留学」の在留資格を有している外国人は29万8461人おり、「資格外

活動」の外国人労働者の大多数を占めています。「留学」の在留資格を保有している外国人労働者で資格外活動許可を受け就労している者の多くは宿泊業・飲食サービス業（36.6％）、卸売業・小売業（20.6％）に就労し、飲食店やコンビニエンスストアなどの小売業における単純労働分野への外国人労働力の受入れを一定程度認めることとなっています。また、独立行政法人日本学生支援機構（JASSO）の調査によれば、留学生のアルバイトの職種のうち、約45％が飲食業、約26％がコンビニエンスストアなどの営業販売業で、その約7割が生活費のためにしているとされています（同「平成27年度　私費外国人留学生生活実態調査　概要」）。

　(c)　「技能実習」

「技能実習」とは、技能実習制度下で就労することを指します。技能実習の在留資格は、技能実習制度の下、外国人が日本に在留し、技能等を習得するためのものです。平成29（2017）年11月1日に施行された「外国人の技能実習の適正な実施及び技能実習生の保護に関する法律」によれば、技能実習生は最大5年間日本に滞在することができます。技能実習制度の詳細については、Q11の解説を参照してください。

　技能実習の多くが製造業（60.3％）に就労していますが、これは技能等の取得が可能な製造業に就労する外国人が多くなっているからであると思われます。

　(d)　「専門的・技術的分野の在留資格」

「専門的・技術的分野の在留資格」はさまざまな専門的な知識・技能を有する外国人が有する在留資格を集めたもので、「教授」、「芸術」、「宗教」、「報道」、「高度専門職1号・2号」、「経営・管理」、「法律・会計業務」、「医療」、「研究」、「教育」、「技術・人文知識・国際業務」、「企業内転勤」「興行」、「技能」の在留資格が該当します。

　在留資格の多くは最長5年在留することが可能であり、在留期間の更新も可能です。なお、「専門的・技術的分野の在留資格」では単純労働を行うこ

とは認められていません。

専門的・技術的分野の在留資格を有する外国人が就業している業種で多いものは、製造業（16.8%）、情報通信業（15.9%）、卸売業・小売業（13.9%）、サービス業（他に分類されないもの）（11.7%）となっています。

(e) 「特定活動」

「特定活動」とは法務大臣が個々の外国人について特に指定する活動をいい、その具体的内容は特定活動告示（出入国管理及び難民認定法第7条第1項第2号の規定に基づき同法別表第1の5の表の下欄に掲げる活動を定める件）で定められています。

指定されている活動はさまざまであり、Q1の解説にある東京オリンピック・パラリンピックに対応するための建設分野で受け入れられる外国人および国家戦略特区における家事支援人材として受け入れられる外国人は、「特定活動」の在留資格が付与されることになります。

特定活動の外国人が就労している産業のうち、多いものをあげると、サービス業（他に分類されないもの）（23.9%）、製造業（21.7%）、宿泊業、飲食サービス業（14.5%）、医療福祉（10.0%）となっています。

3　企業における高度外国人材活用の現状

⑴　高度外国人材活用のメリットおよび重要性

厚生労働省によれば、「専門的・技術分野の在留資格」を有する高度の専門的な知識または技術を有する外国人（「高度外国人材」）を活用するメリットの例として、①海外との取引におけるネットワークの構築・拡大により、グローバル経営を推進できる、②日本人にはない外国人ならではの能力・発想を取り入れることができる、③国内の外国人向けサービス需要の高まりに対応でき、ビジネスの競争力強化につながる、④国籍に関係なく、優秀な人材を確保することができる、⑤組織の多様化・日本人社員への国際化によい影響を及ぼすことができることをあげています（厚生労働省「高度外国人材活

第1章　外国人労働者の採用と活用の基礎知識

用のための実践マニュアル～活用・定着で悩んでいる方へ～」4頁）。

　厚生労働省雇用政策研究会も「日本経済の更なる活性化を図り、競争力を高めていくには、優秀な外国人材を我が国に積極的に呼びこむことが重要である」と述べています（同雇用政策研究会「平成27年度雇用政策研究会報告書」）。このように、企業が今後も競争力を高め、自らの事業を発展させるためには、高度外国人材を活用することは重要であるといえます。

(2)　高度外国人材活用をめぐる現状

(a)　日本に在留する高度外国人材の数が少ないこと

　まず、厚生労働省は高度外国人材の受入れが着実に増えていると述べていますが、日本に在留する高度外国人材の数は多くありません。高度外国人材は、在留資格でいえば、「専門的・技術的分野の在留資格」を有する外国人に相当するものと考えられるところ、平成30（2018）年10月末現在の専門的・技術的分野の在留資格の人数は27万6770人であり、外国人労働者の約19.0％にすぎません。

(b)　日本企業の多くが高度外国人材を活用していないこと

　平成25（2013）年に独立行政法人労働政策研究・研修機構が行った調査（同「企業における高度外国人材の受入と活用に関する調査」）によれば、「高度外国人材又は外国人の高度人材」を一度も採用したことがない企業は71.2％となっています。

　「高度外国人材又は外国人の高度人材」を一度も採用していないことの理由として、日本企業は高度外国人材を雇用する必要性を感じていないことや必要性を認識していたとしても言語の問題や就労環境など高度外国人材を活用することができる体制がないことをあげています。

(c)　高度外国人材の今後

　前述のように、現在日本に在留する高度外国人材は多くなく、また、日本企業の多くは高度外国人材をあまり活用していないかまたは活用する予定がないと考えていますが、今後は日本に在留する高度外国人材の数が増え、高

度外国人材を活用する日本企業も増える可能性が十分にあります。

Q1にあるように、日本政府は高度外国人材の積極的な受入れを行っているほか、安倍内閣が閣議決定した「未来投資戦略2018」によれば今後、外国人留学生などの国内就職の促進などを通じ、令和2（2020）年末までに1万人の高度外国人材の認定、さらに令和4（2022）年末までに、2万人の高度外国人材の認定を目指すとされています。そのため、今後も高度外国人材が増加することが予想されます。

また、グローバル化が進むにつれ、事業に外国の企業や外国人が関係することが今以上に多くなることで、現在、外国の企業や外国人を相手にしている企業にとっては高度外国人材を活用するメリットはさらに大きくなります。そして、現在、事業に外国の企業や外国人が関係しない企業であっても、今後その事業に外国の企業や外国人が関係してくることは十分考えられ、これらの企業も高度外国人材を活用する必要性が出てくると思われます。

なお、平成30（2018）年入国管理法改正によって、新たな在留資格として「特定技能」が設けられ、日本政府は特定の産業分野において高度外国人材ではない外国人の受入れを認めることになりましたが、これまで述べてきたように日本政府は引き続き高度外国人材を受け入れるための政策を積極的に行っていることから高度外国人材の受入れの促進を行わなくなったというわけではないため、日本において、高度外国人材が今以上に増加することが予想され、グローバル化などに伴い企業もまた高度外国人材を活用する必要性が今以上に生じることから、今後、企業が高度外国人材を活用することが多くなると思われます。

（大原　慶子／渡　匡）

第1章　外国人労働者の採用と活用の基礎知識

Q4 外国人労働者の雇用で適用される法律

外国人労働者を雇用する場合、雇用契約や労務管理等にはどこの国の法が適用されるのでしょうか。

> ☞ **ここがポイント**
>
> ① 当事者が雇用契約に日本法以外の法を適用すると合意した場合でも日本の公法または絶対的強行規定（労働基準法などの労働者保護法規）が適用される。
> ② 使用者と労働者との間に合意がなければ、原則として日本法が適用され、日本法以外を選択する合意がある場合でも、労働者が日本法の相対的強行規定の適用を希望したときは、当該相対的強行規定が適用されることになる。
> ③ 使用者としては、雇用契約に定めた準拠法や絶対的強行規定であるか相対的強行規定であるかにかかわらず、日本法の強行規定を遵守しておくべきといえる。

1 公法または絶対的強行規定の適用

(1) 公法または絶対的強行規定は当事者の意思にかかわらず適用される

公法（国家と使用者との関係を規律する法）や絶対的強行規定（使用者と労働者の関係を規律する強行規定の中でも特に公序性が強いもの）については、当事者の合意によっても適用を免れることはできず、それぞれの法規の条文や立法趣旨から、その適用範囲を判断していくものとされています。

公法とは、刑法、行政法等の国と私人の関係を規律する法をいいます。絶対的強行規定とは、国際的な私人間の紛争において、準拠法（問題となっている法律関係に適用される国の法）にかかわらず適用される公序性の強い法廷地の法規をいいます。

(2) 公法または絶対的強行規定の範囲

一般に、以下のような労働者保護に関する法は公法または絶対的強行規定とされています。つまり、これらの法は、雇用契約に日本法以外の法を適用

26

すると定められている場合であっても、日本において労務が提供される場合に適用されるものと解されています。

① 労働基準法

② 最低賃金法

③ 労働安全衛生法

④ 労働者派遣法

⑤ 雇用保険法

⑥ 労災保険法

⑦ 健康保険法

⑧ 厚生年金保険法等

　また、労働施策総合推進法に基づき外国人労働者の雇用管理に関して厚生労働大臣が定めた「外国人指針」も、外国人労働者について、事業主がこれらの法律を遵守しなければならないことを定めています。改正入国管理法および同法に基づく法務省令にも、特定技能雇用契約についてさまざまな基準が設けられています（「特定技能雇用契約及び1号特定技能外国人支援計画の基準等を定める省令」（法務省令第5号）〈http://www.moj.go.jp/content/001288310. pdf〉）。労働局や労基署といった行政監督機関も、これらの法律が外国人労働者の雇用にも適用されることを前提とした指導・監督を行っています。

　これらの法は、法に基づき国家が使用者を監督したり罰則を科したりする公法の側面をもつ一方で、使用者と労働者の間の雇用条件を規律するものでもあります。したがって、使用者と日本で働く外国人労働者との間で雇用に関して争いが生じた場合、裁判所は当事者の意思にかかわらず、絶対的強行規定とされるこれらの法を適用するものと考えられます。

　ただし、労働契約法など上記以外の使用者と労働者の関係を規律する労働関係の法について、絶対的強行規定が含まれるのか、含まれるとして具体的にどの規定が絶対的強行規定となるのか、裁判例や学説上必ずしも明らかになっていません。一部の論者は解雇権濫用法理を明文化した労働契約法16条

第1章 外国人労働者の採用と活用の基礎知識

などは絶対的強行規定に含まれないとしていますが、この点について判断した裁判例はなく、今後の裁判例や学説の展開を注意してみていく必要があります。

2 契約準拠法——公法または絶対的強行規定以外の雇用条件に適用される法

(1) 使用者と労働者との間に特に合意がなければ日本法が適用される

一方、公法または絶対的強行規定以外の雇用条件についてどこの国の法が適用されるかは、「法の適用に関する通則法」（通則法）に基づいて決定されます。通則法は、契約の成立および効力について、当事者が当該契約の当時に選択した地の法によることを原則としています（7条）。そのような当事者の法選択がない場合の準拠法は、当該法律行為の当時において当該法律行為に最も密接な関係がある地の法によるとされています（同法8条1項）。労働契約の成立および効力については、当該労働契約において労務を提供すべき地の法が最密接関係地の法と推定されます（同法12条3項）。したがって、日本で外国人労働者が労務を提供する場合、特別な事情がない限りは日本が最密接関係地とされ、雇用契約の準拠法は日本法とされます。改正入国管理法に基づく法務省令においては、特定技能雇用契約は、労働基準法その他の労働法令の規定に適合していることが必要と定められています（特定技能雇用契約及び1号特定技能外国人支援計画の基準等を定める省令）。

(2) 当事者が日本法以外の法を選択した場合でも、労働者が希望すれば日本法の相対的強行規定が適用される

日本において労働者を雇用する場合でも、たとえば、日本に支店を有する外国会社がその本店所在地の法を準拠法とする場合等、日本法以外の法を雇用契約の準拠法とする場合があります。このように当事者が最密接関係地である日本以外の法を選択した場合でも、労働契約に関しては、労働者が当該最密接関係地の法である日本法のうち特定の相対的強行規定を適用してほし

い旨の意思を使用者に対し表示したときは、当該労働契約の成立および効力に関し、当事者が選択した外国の法律ではなく、労働者により特定された日本の労働法の相対的強行規定が適用されます（通則法12条1項）。

　つまり、日本法以外の法を雇用契約の準拠法とする場合でも、労働者が希望すれば、最密接関係地である日本の法の相対的強行規定が適用されることになりますので注意が必要です。たとえば、解雇権濫用法理を明文化した労働契約法16条は、上述のとおり絶対的強行規定ではないとしても、少なくとも相対的強行規定に当たることには異論ありません。したがって、解雇権濫用法理は、雇用契約の準拠法が日本法でなくとも労働者が希望すれば適用されることになります。

(3) 使用者の対応

　前述のとおり、日本の公法または絶対的強行規定については、当事者が選択した準拠法にかかわらず、日本における外国人の雇用に適用されます。そこで、使用者においては、雇用条件の決定や日々の労務管理においてこれらを遵守する必要があります。また、絶対的強行規定と相対的強行規定の区別は必ずしも明確ではないものの、相対的強行規定も労働者が権利を主張すれば当該規定が適用されることになります。したがって、使用者としては、雇用契約に定めた準拠法にかかわらず、日本法の強行規定はすべて適用される可能性が高いことを前提に、日本法の強行規定を遵守しておくべきであるといえます。

3　外国での裁判や仲裁の場合

　上記1および2の絶対的強行規定や通則法の説明は、日本の裁判所における民事裁判を想定したものです。使用者と外国人労働者の間で、日本以外の地で裁判や仲裁がなされる場合、雇用契約の準拠法は、当該裁判所や仲裁廷に適用される抵触法に関する規則（国際私法）に従って判断されることになります。

（大原　慶子／近藤　陽子）

第1章 外国人労働者の採用と活用の基礎知識

Q5 外国人労働者との紛争解決手段

外国人労働者を採用しようとしたところ、その労働者から、当社との紛争解決手段について、出身国の裁判所による裁判か日本での英語による仲裁を雇用契約に定めてほしいとの要望がありました。そのような定めを入れることはできますか。また、そのような定めを入れた場合、当社にどのようなリスクがありますか。

☞ ここがポイント

① 雇用に関連した将来の紛争について外国人労働者の出身国の裁判所にのみ訴えを提起できるとの採用時の合意（専属管轄の合意）は、労働者にその合意を適用する意思がなければ適用されない。
② 外国の裁判所において訴訟を遂行する場合、日本の裁判所での判断と異なるリスク、勝訴判決を実現できないリスク、弁護士費用・翻訳・通訳・交通費等のコストなどを考える必要がある。
③ 雇用契約書において、将来において生じる個別労働紛争について日本における仲裁合意を定めても、仲裁法附則4条により無効となる。

1 国際裁判管轄の合意

(1) 外国人の出身国の裁判所に訴えを提起する旨の合意をすることができるか

外国人労働者との間で紛争が生じた場合に、外国人の出身国の裁判所に訴えを提起することを雇用契約で定めることは認められますが、そのような合意は、一定の場合にのみその効力を有します。外国人の出身国の裁判所に訴えを提起するという合意をするか否かの判断にあたっては、当該裁判所での判断が日本の裁判所での判断と異なるリスク、勝訴判決を実現することができないリスクや当該裁判所で訴訟を行うことに伴うコストを考慮する必要があります。

30

Q5　外国人労働者との紛争解決手段

⑵　**労務提供地以外の裁判所を管轄裁判所とする合意は、訴え提起の時点で労働者にこれを適用する意思がなければ無効となる**

日本の民事訴訟法上、当事者は、合意により、当事者がいずれの国の裁判所に訴えを提起することができるか（国際裁判管轄）について定めることができます（3条の7第1項）。しかし、将来において生ずる個別労働関係民事紛争を対象とする国際裁判管轄の合意の場合は、次に掲げる場合に限り、その効力を有するとされています（3条の7第6項）。

①　ⓐ労働契約の終了のときにされた合意であって、かつ、ⓑそのときにおける労務の提供の地がある国の裁判所に訴えを提起することができる旨を定めたものであるとき。

　　なお、その国の裁判所にのみ訴えを提起することができる旨の合意（専属管轄の合意）については、労働者が専属的裁判管轄を主張しない限り、その国以外の国の裁判所にも訴えを提起することを妨げない旨の合意とみなされます。

②　ⓐ労働者が当該合意に基づき合意された国の裁判所に訴えを提起したとき、または、ⓑ事業主が日本もしくは外国の裁判所に訴えを提起した場合において、労働者が当該合意を援用したとき。

つまり、労務提供地が日本である場合、採用時に使用者と外国人労働者が雇用に関連した紛争について外国人労働者の出身国の裁判所でのみ訴えを提起できるとする合意をしたとしても、労働者が日本の裁判所に訴えを提起した場合、このような裁判管轄の合意は無効と考えられ、裁判は日本で行われることになります。逆に、使用者が日本の裁判所に訴えを起こした場合に労働者が専属管轄の合意を主張した場合、当該専属管轄の合意は有効とされ、日本の裁判所に提起された訴えは却下されるものと解されます。

要するに、使用者と外国人労働者との間で専属管轄の合意をした場合であっても、労働者だけは当該専属管轄の合意に拘束されることはないのです。

第1章　外国人労働者の採用と活用の基礎知識

(3)　**外国の裁判所において訴訟を遂行するリスク、コスト**

(a)　**外国の裁判所の判断が日本の裁判所の判断と異なる可能性があるというリスク**

　外国の裁判所において訴訟を遂行する場合、当事者が合意する準拠法にかかわらず、かかる裁判には当該地の手続法が適用されます。そして、問題となっている雇用契約の準拠法は何か、当事者間の準拠法の合意は有効か、といった点は、当該裁判所が当該地の抵触法に関する規則（国際私法）に従って判断することになります。裁判所が決定する雇用契約の準拠法や訴訟実務によって、請求に対する裁判所の判断が日本の裁判所で訴訟が行われた場合に予想される判断と異なる可能性もありますので、外国の裁判所を合意管轄裁判所とする場合、そのリスクを検討しておく必要があります。

(b)　**勝訴判決を実現できないリスク**

　さらに、使用者が労働者に対する何らかの請求（たとえば、労働者が秘密保持義務に違反した場合や競業避止義務に違反した場合の損害賠償請求や差止請求が考えられます）について外国で勝訴判決を得たとしても、それを実現したい地で実現することができるか、という点も検討しなければなりません。

　たとえば、労働者が日本で使用者の秘密を漏えいし、外国の裁判所において使用者が労働者に対し損害賠償請求や差止請求の勝訴判決を得た場合、日本においてこれを実現できるか、という点が問題になります。日本においては、外国裁判所の確定判決は、民事訴訟法118条各号の要件すべてを具備し、執行判決を得なければ執行できません（民事執行法24条）ので、必ずしもすべての外国の勝訴判決の日本における執行が認められるわけではありません。例として、民事訴訟法118条4号は、「相互の保証」、すなわち、当該判決をした外国裁判所の属する国において、その判決と同種類の日本の裁判所の判決が民事訴訟法118条各号の条件と重要な点で異ならない条件の下に効力を有することを要件としています。この点に関し、経済取引に関する判決について、日本との間には相互保証が認められないとした裁判例があります（大

32

阪高裁平成15年 4 月 9 日判決・判時1841号111頁）。

(c) 弁護士費用、翻訳、通訳、交通費等のコスト

外国での訴訟は、現地の弁護士に依頼して当該地の手続法や抵触法に関する規則、そして訴訟遂行の実務について調査を行うことが必要になります。さらに、雇用契約の準拠法が日本法とされた場合に雇用契約の解釈は日本法に基づいて行われることになりますので、日本の弁護士への依頼も必要となります。また、日本語や英語で作られている書面を証拠として用いるためには、当該裁判所で用いる言語に翻訳する必要があります。さらに、たとえば、日本にいる従業員等に証人として証言させる必要があれば、従業員等に当該裁判所まで行ってもらい、裁判で通訳を付ける必要があるなどコストがかかります。

2 仲裁合意

(1) 仲裁とは

仲裁とは、当事者が第三者（仲裁人）による紛争の解決（仲裁判断）に服することを合意し、これに基づいて進められる手続をいいます。当事者の合意がなければ手続が行われないという点で裁判と異なりますが、第三者の示した判断に当事者が拘束されるという点であっせんや調停と異なります。

仲裁は、当事者が仲裁人や言語を選べること、非公開であること、迅速な解決が期待できること、外国仲裁判断の承認及び執行に関する条約（ニューヨーク条約）により外国での執行が比較的容易であることなどから、国際的な商事紛争解決手続としてよく用いられます。

(2) 将来において生ずる個別労働関係紛争を対象とする仲裁合意は無効

しかし、仲裁法附則 4 条は、労働者と使用者との間の情報量や交渉力の格差および仲裁が紛争解決手続として浸透していないわが国の現状を踏まえて、労働者保護のため、当分の間、将来において生ずる個別労働関係紛争を対象とする仲裁合意（仲裁法施行（平成16（2004）年 3 月 1 日）後に成立した仲裁合

33

第1章　外国人労働者の採用と活用の基礎知識

意に限る）は無効とすると定めています。したがって、日本での英語による仲裁を雇用契約に定めても、そのような仲裁合意は無効と考えられます。

　なお、仲裁法附則 4 条は仲裁地を日本以外の地とする仲裁合意に適用されないものと解されていますが、外国での仲裁合意が一般的に有効とされるか否かは別途検討が必要です。裁判例には、長年日本に居住していた米国人労働者とその雇用主である米国法人との間の米国ジョージア州アトランタ市での仲裁手続で解決されるという仲裁合意について、同条がわが国における仲裁合意にのみ適用されることなどを理由として、同条の適用を否定し、仲裁合意を有効とするものがあります（東京地裁平成23年 2 月15日判決・判タ1350号189頁）。ただし、裁判例には、労働者の会社における地位が高く、会社から高い年俸や利益を受けていたことや、労働者が米国人であり米国ジョージア州弁護士に調査を依頼することが可能であることなどの当該事件固有の事情がありますので、この裁判例の結論がすべての場合に当てはまるというわけではないと思われます。

3　日本における紛争解決手続とは

　参考までに、日本において使用者と労働者の間で労働関係に起因して労働紛争が生じた場合にどのような紛争解決手続があるかを説明をします。まず、当事者の合意に基づくものとして、交渉、第三者によるあっせんや調停での解決、次に、当事者の合意以外による解決として裁判手続があります。

(1)　当事者の合意による紛争解決

　一般に、使用者と労働者との間で法的な紛争が生じた場合、最初のステップとして、当事者の間で交渉が行われるのが通常であり、互いに弁護士などの専門家のアドバイスを受けながら交渉から開始する場合が多いと思われます。

　しかし、いきなり労働者が労基署等の行政機関に使用者とのトラブルを相談することにより、労基署から使用者に対し労働者と協議するよう指導され、

34

交渉が開始する場合もあります。この場合には、使用者の労働基準法違反などが発覚し、労基署から違反を是正するよう行政指導が行われることがあります。

労基署は使用者に対し労働基準法違反の是正を指導する権限や、同法違反について捜査を行い、検察に送検する権限を有しており、注意が必要です。

(2) 第三者の関与による紛争解決

(a) 第三者によるあっせんや調停による解決

当事者間で紛争が解決されない場合には、第三者によるあっせんや調停での解決が試みられることがあります。これらの手続は、労働者からも使用者からも利用可能です。

あっせんとは、第三者が各当事者の主張を確認し、当事者に自主的な和解を促す手続をいい、個別労働紛争のあっせんとしては、紛争調整委員会（弁護士、大学教授、社会保険労務士等の労働問題の専門家である学識経験者により組織された委員会であり、労働局ごとに設置されています）によるあっせんなどがあります。なお、あっせんにおいて当事者には和解をする義務はありません。紛争調整委員会によるあっせんについては、Q65 の解説を参照してください。

調停とは、第三者が両当事者の主張を聞き、調停案を提示し、解決合意の成立を目指す手続をいいます。ただし、当事者には調停案を受諾する義務はありません。

個別労働紛争の調停としては、労働審判委員会（裁判官と労働関係に関する専門的な知識と経験を有する労働審判員で組織されます）による労働審判手続における調停などがあります。労働審判手続は、使用者と労働者との間で紛争が生じた場合に紛争を迅速に解決するためによく用いられる手続です。労働審判手続においては、当事者の申立てにより、労働審判委員会が、原則として3回以内の期日で事件を審理し、調停を試み、調停による解決に至らない場合には、事案の実情に即した柔軟な解決を図るための労働審判を行います。

第1章 外国人労働者の採用と活用の基礎知識

労働審判に対し当事者から異議の申立てがあれば、労働審判事件は訴訟に移行します。裁判所が公表した資料によれば、労働審判の平均審理期間は79.1日で、労働審判事件のうち69.2%が3カ月以内に終局しています（「裁判の迅速化に係る検証に関する報告書（第7回）」）。

(b) **裁判・仲裁による解決**

当事者間の交渉や第三者によるあっせんや調停によっても紛争が解決されない場合、または、交渉等を経ない場合でも、裁判や仲裁のように、第三者が示した判断に当事者が拘束される手続が行われれば、当事者の合意がなくとも最終的に紛争の解決がなされることになります。ただし、仲裁については、個別労働関係の紛争解決については利用できないことは前記のとおりです。

（大原　慶子／近藤　陽子）

Q6 採用の際に考慮すべき労働条件

Q6 採用の際に考慮すべき労働条件

外国人労働者の採用の際に、労働者から労働条件に入れることを求められる可能性のある労働条件や、特に取り決めておくべき労働条件はありますか。

☞ ここがポイント

① 採用の際に合意した内容や会社として特別に行う内容などを明記する。
② サインオンボーナスやホームリーブ・旅費、さらには引越し費用等について労働条件に組み入れることを考慮する。
③ 外国人の就業を継続させる目的で、一定期間内に退職した場合には、サインオンボーナスを返還する旨の規定を設けることがあるが、無効と判断されるリスクがあることに留意する。

1 外国人労働者を雇い入れる際に考慮すべき労働条件

外国人労働者の採用の際に、労働者から労働条件に入れることを求められる可能性のある労働条件、または優秀な外国人労働者を確保するために取り決めておくことを検討するべき労働条件として、たとえば、次のようなものがあります。

① サインオンボーナス
② ホームリーブ・旅費
③ 引越し費用

以下、それぞれについて解説をします。

2 サインオンボーナス

(1) サインオンボーナスとは

サインオンボーナス（サイニングボーナス、契約締結金等とも呼ばれます）とは、使用者が労働者に対し、通常の賃金以外に雇用開始時に特別に支払う

37

第1章 外国人労働者の採用と活用の基礎知識

金銭をいいます。サインオンボーナスの支給は労働基準法等で使用者に義務づけられるものではありません。しかし、優秀な労働者の就業を確保するために、欧米の会社や外資系企業のオファーレター（使用者が労働者に対し採用の申込みを通知し、給与などの労働条件を提示する書面）でよくみられる条件です。

(2) サインオンボーナスの返還規定は無効とされるリスクがある

サインオンボーナスの支給を定める雇用契約には、優秀な労働者に一定期間継続して就業させることを目的として、労働者が一定期間内に退職した場合には、労働者が受領したサインオンボーナスを返還しなければならないとの定めが入っていることがあります。

しかし、そのような返還規定は、強制労働を禁止する労働基準法5条および損害賠償の予定を禁止する同法16条に反して無効とされるリスクがあります。その場合、労働者が所定の期間内に退職しても、使用者は支払ったサインオンボーナスを回収できなくなります。実際に、いくつかの裁判例は、サインオンボーナス（または入社時に使用者から労働者に対し貸金名目で支給された金銭）の返還規定を無効と判断しています（東京地裁平成15年3月31日判決・労判849号75頁、東京地裁平成26年8月14日判決・判時2252号66頁）。その理由として、裁判所は、サインオンボーナス等の具体的な性質、態様等を検討したうえで、当該返還規定が労働者の自由意思に反して労働を強制するような不当な拘束手段であることを指摘しています。これらは地方裁判所レベルの裁判例であり、これらの裁判例があるからといって、必ずしもすべてのサインオンボーナスの返還規定が無効になるとはいいきれません。しかし、いずれも年俸1500万円程度の高い報酬を受けていた労働者の事案であり、報酬金額が高額であってもサインオンボーナスの返還規定が無効となるリスクがあることには留意する必要があります。

なお、サインオンボーナスに類似したものとして、使用者と労働者の間で、海外留学や研修のための費用を使用者が労働者に貸与し、留学または研修後

一定期間継続して就業した場合にはその返還を免除するという合意をすることがあります。

このような合意についても、合意は有効か、すなわち、労働者が当該期間内に退職した場合、使用者は労働者に対し留学費用または研修費用の返還を請求できるか、という点が問題となります。このような合意は本来本人が費用を負担するべき自主的な留学または研修について使用者が費用を貸与するという性質のものであり、労働者の自由意思を不当に拘束し労働関係の継続を強要するものでなければ労働基準法16条に違反せず有効とするのが裁判例の傾向です（東京地裁平成9年5月26日判決・労判717号14頁、東京地裁平成14年4月16日判決・労判827号40頁等）。

したがって、たとえば、外国人労働者が使用者の命令ではなく自主的に日本語学校への通学を希望したため、これに要する費用を使用者が貸与し、一定期間継続して就業した場合にはその返還を免除するという合意をしたというような場合には、その返還金額が労働者の給与金額からしてあまりに過大であるといったような事情がない限り、その合意が有効とされる可能性が高いと考えられます。

3　ホームリーブ・旅費

ホームリーブとは、本国以外で勤務する労働者に対し、本国に帰国するために認められる休暇をいいます。ホームリーブが付与されるのは1年に1、2回となる場合が多く、労働者本人のみならず、家族の旅費を使用者が負担することもあります。外国人労働者に対するホームリーブの付与やホームリーブにあたっての旅費の負担は労働基準法等で使用者に義務づけられるものではありません。しかし、優秀な外国人労働者にとってより魅力的な労働条件とするため、使用者として、法定の年次有給休暇に加えホームリーブを付与することや、その際の旅費を負担することも検討しておくべきといえます。

なお、日本国内において勤務する外国人に対し、使用者が休暇帰国のため

第1章 外国人労働者の採用と活用の基礎知識

の旅費を負担する場合、一定の要件を満たしていれば、税務上、当該旅費を
その外国人の給与所得とせず、所得税の課税対象外として処理することが認
められています。

　なお、改正入国管理法の下では、特定技能雇用契約が外国人が一時帰国を
希望した場合には、必要な有給休暇を取得させることを定めなければならな
いとしています（「特定技能雇用契約及び1号特定技能外国人支援計画の基準等
を定める省令」（法務省令第5号）〈http://www.moj.go.jp/content/001288310.
pdf〉）。

4　引越し費用等

　外国人労働者が日本で就業するための現在の居住地から日本までの引越し
費用の負担は、労働基準法等で使用者に義務づけられるものではありません。
しかし、使用者において、採用したい外国人労働者が費用を心配することな
く日本へ引越しができるように配慮しておけば、採用したい優秀な人材の就
業を確保しやすくなるといえます。

　このほか、特に上級管理職など高待遇が期待される人材の場合には、光熱
費や家賃、子どものインターナショナルスクールの学費、社交クラブの会費
などについても、使用者が負担することを外国人労働者から求められること
があります。

（大原　慶子／近藤　陽子）

40

Q7 「特定技能」とはどのような在留資格か

外国人材受入れのための新たな在留資格「特定技能」について教えてください。

☞ ここがポイント

① 平成31（2019）年4月に在留資格「特定技能1号」、「特定技能2号」が新設された。
② 「特定技能」で就労できる対象業種は限定的。
③ 従来の在留資格「技能実習」と新設「特定技能」の関係および相違点。

1 在留資格「特定技能」の新設

中小・小規模事業者の深刻化する人手不足を解消し、即戦力となる外国人材を受け入れる仕組みを構築するために、平成31（2019）年4月から新しい在留資格「特定技能」が新設されました。これまで一部の例外を除いて外国人が働くことのできなかった、人手不足の農業、介護、建設業界や造船業界、宿泊業界、外食産業など14業種で、外国人就労の道が開かれました。さらに、日本の魅力を世界に発信する「クールジャパン」戦略の推進により、専門学校の卒業生（専門士）がアニメや漫画、ゲーム、ファッション・デザイン、食分野といった関連産業へ就労する要件の緩和、大学・大学院卒業生の就労要件の緩和も、運用開始が秒読みです。今回の入国管理法の改正は外国人に単純労働を解禁するという、戦後の長い一貫した政策の大転換となります。

2 在留資格「特定技能」とは

在留資格「特定技能」は1号と2号の2種類に分かれていて（〔表3〕参照）、原則として特定技能1号の修了者が業所管省庁の定める一定の試験をパスすると特定技能2号に進むことができます。ただし特定技能2号の対象

41

第1章　外国人労働者の採用と活用の基礎知識

〔表3〕　特定技能1号・2号

特定技能1号	不足する人材の確保を図るべき産業上の分野に属する相当程度の知識または経験を要する技能を要する業務に従事する外国人向けの在留資格。
特定技能2号	同分野に属する熟練した技能を要する業務に従事する外国人向けの在留資格。

〔表4〕　受入れ可能業種

	特定技能1号	特定技能2号
受け入れ可能業種	①建設業、②造船・舶用工業、③自動車整備業、④航空業、⑤宿泊業、⑥介護、⑦ビルクリーニング、⑧農業、⑨漁業、⑩飲食料品製造業、⑪外食業、⑫素形材産業、⑬産業機械製造業、⑭電気電子情報関連産業、（14業種）	①建設業、②造船・舶用工業

は2業種のみとされているので（〔表4〕参照）、対象外の12業種で働いてきた外国人は特定技能1号が終了すると本国に帰国します。

3　在留資格「特定技能」で就労できる対象職種

受入れ可能業種は〔表4〕のとおりです。

なお、受入れ可能業種は入国管理法で規定されるのではなく、法務省令で定められるため、今後「深刻な人手不足である」と認められれば、法改正に比べてはるかに容易な方法によって、受入れ可能業種の拡大が見込まれます。

4　滞在期間と家族帯同の可否

特定技能1号は通算5年までしか日本に滞在できませんが、特定技能2号は日本滞在の期間に制限がありません。すなわち、特定技能1号は5年で帰国することが前提なので、日本に家族を連れてくることはできませんが、特定技能2号は、回数制限のない更新が認められているため、その会社で定年

Q7 「特定技能」とはどのような在留資格か

まで働くことも可能になり、本国から家族（配偶者と子）を日本に連れてくることもできます。

5 在留資格「特定技能」取得のための要件

政府は平成31（2019）年3月15日、特定技能の在留資格を創設し外国人労働者受入れを拡大する新制度の運用の詳細を定めた法務省令や政令を公布しました。この運用要領にすべての条件等が要約されています（以下、「新たな外国人材受入れに関する政省令」といいます）。

特定技能1号を取得するためには、18歳以上で健康状態が良好であり、基本方針（特定技能の在留資格に係る制度の運用に関する基本方針、平成30（2018）年12月25日閣議決定）で設定された、①技能水準（原則試験等で確認）、②日本語能力水準（生活や業務に必要な日本語能力を試験等で確認）を満たすことが必要です（「新たな外国人材受入れに関する政省令」（平成31（2019）年3月15日）の上陸基準省令を参照）。

(1) 特定技能1号取得に必要な技能試験──「相当レベルの技能」の有無を判定

政府は、特定技能1号では、宿泊業、介護業と外食業など3業種について

〔表5〕 特定技能に求められる技能水準

	技能水準	内容
特定技能1号	相当程度の知識または経験を必要とする技能	相当期間の実務経験等を要する技能であって、特段の育成・訓練を受けることなく直ちに一定程度の業務を遂行できる水準のもの
特定技能2号	熟練した技能	長年の実務経験等により身につけた熟達した技能をいい、現行の専門的・技術的分野の在留資格を有する外国人と同等またはそれ以上の高い専門性・技能を要する技能※

※ 特定技能2号は、自らの判断で高度に専門的・技術的な業務を遂行できる、または監督者として業務を統括しつつ、熟練した技能で業務を遂行できる水準を要求される。

43

第1章 外国人労働者の採用と活用の基礎知識

平成31（2019）年4月から技能試験を実施し、飲食料品製造業は同年10月、ビルクリーニング業は同年秋以降に開始するとし、残りの9業種は平成31（2019）年内か平成31（2019）年度内に行う方針です。

一方、高レベルの特定技能2号は、建設業と造船・舶用工業の2業種が令和3（2021）年度から試験（「熟練レベルの技能」の有無を判定する技能試験）を始める方針です（平成30（2018）年12月18日）。

技能試験が各業種で実施されるまでの期間は、技能試験が免除される技能実習2号からの移行組が特定技能ビザの担い手となります。

(2) **日本語能力判定テスト**

特定技能1号を取得するには技能試験に加え、日常会話程度の日本語能力も必要となります（〔表6〕参照）。

14業種共通の日本語能力判定テストは平成31（2019）年から始まり、当面はベトナム、中国、フィリピン、インドネシア、タイ、ミャンマー、カンボジア、ネパール、モンゴルの計9カ国で実施される予定です。

(3) **技能実習修了者に対する免除規定**

〔表6〕 日本語能力について求められる水準の考察

	日本語能力水準の測定をする際に尺度となるもの
基本方針で定める水準の「基本」能力レベル※	・ごく基本的な個人的情報や家族情報、買い物、近所、仕事など、直接的関係がある領域に関する、よく使われる文や表現が理解できる。 ・簡単で日常的な範囲なら、身近で日常の事柄についての情報交換に応ずることができる。 ・自分の背景や身の周りの状況や直接的な必要性のある領域の事柄を簡単な言葉で説明できる。
試験方法	読解試験および聴解試験（リスニング）により実施することを基本とする。

※ 分野所管行政機関は、特定産業分野に応じて業務上必要な日本語能力水準を整理し、水準設定を行う。

44

Q7 「特定技能」とはどのような在留資格か

日本での就労を望む外国人が特定技能1号を取得するには、原則として技能試験と日本語試験（国際交流基金日本語基礎テスト、日本語能力試験（N4以上））に合格することが必要です。ただ、技能試験の実施国は当面、ベトナムやフィリピンなどアジアが中心となる見込みで、実施されない国・地域の就労希望者をどう受け入れるかが課題となっています。

この点、技能実習2号修了者については、上記試験等を免除し、「必要な技能水準及び日本語能力水準を満たしているものとする」とされ（平成30年（2018）12月25日閣議決定）、東京オリンピック・パラリンピックに向けた施設整備に伴う人手不足解消のため平成27（2015）年から受け入れている建設・造船業の就労者も、技能試験を免除されることになっています（これは、技能実習修了者が特定技能ビザ1号を取得するルートを想定したものと考えられます）。

6 新たな在留資格「特定技能」の介護職における活用

介護現場での人手不足は、高齢社会の進行とともにさらに深刻化しており、外国人労働力の活用が急務です。現在、介護職で就労できる外国人労働者の在留資格は「特定活動（EPA）」「技能実習」「介護」があります。しかし、どの資格も1年間に数百人程度の受入れしかできないという現実がありました（在留資格「介護」取得者は、平成30（2018）年6月末現在で177人）。この点、新たな「特定技能」の資格を活用した外国人労働者の介護人材受入れでは6万人を見込んでおり、その活躍が期待されています。

＊3　日本語能力の基準は原則、日本語能力試験のN4とするとされています。日本語能力試験にはN1、N2、N3、N4、N5の5つのレベルがあり、いちばんやさしいレベルがN5で、いちばん難しいレベルがN1になります。N4レベルとは、基本的な日本語を理解することができるレベルで、読む能力は、基本的な語彙や漢字を使って書かれた日常生活の中でも身近な話題の文章を、読んで理解することができるレベルをいいます。聞く能力は、日常的な場面で、ややゆっくりと話される会話であれば、内容がほぼ理解できるレベルです。300時間程度の学習で到達できるレベルといわれています。

45

第1章 外国人労働者の採用と活用の基礎知識

(1) 特定技能（介護）資格取得要件

平成31（2019）年4月から制度は始まりましたが、本稿執筆時（平成31（2019）年3月）では、以下の試験の整備に関して検討継続中です。[*4]

① 介護分野の技能実習2号の修了または、

② 技能水準と日本語能力試験の合格

 ⓐ 技能水準：特定技能1号評価試験（介護技能評価試験（仮））

 ⓑ 日本語能力：日本語能力判定テスト（仮）、日本語能力試験（N4以上）、介護日本語評価試験（仮）、いずれかの合格

(2) 在留資格「特定技能」（介護）と在留資格「介護」の関係

特定技能には5年の就労期間制限が設けられている特定技能1号と、制限のない特定技能2号がありますが、介護においては1号のみが設置される予定です。これは、在留資格として期間制限のない在留資格「介護」がすでに設定されているためと考えられます。介護職で長期の日本での就労を望む場合は、特定技能（介護）を利用して就労しながら、より高いハードルとなる国家試験の介護福祉士の資格を取得し、在留資格「介護」へステップアップする流れとなります。資格を取得した優秀な人材が長く働くことができる仕組みといえます。

なお、特定技能ではフルタイムの直接雇用が原則であり、報酬は日本人と同等以上である必要があります。こういう条件がついた「特定技能」を活用して外国人を雇用することで、人員不足や非正規雇用増加、サービスの質低下、低賃金重労働などさまざまな課題の解決を図ります。

---

*4　試験の整備にはまだ時間がかかるといわれており、当面は技能実習生からの移行が多いと予想されています。介護業では、介護分野に特有の日本語能力を見極めるため、独自の試験を課す方針です。訪問介護は対象外となる予定です。

7 在留資格「特定技能」・「技能実習」──どちらの取得が望ましいか

(1) 特定技能と技能実習

特定技能および技能実習の両方の対象である業界の場合には、特定技能のほうが圧倒的に使いやすい制度です。これまで、事実上の労働者として技能実習生の受入れをしてきたわけですが、技能実習の在留資格を取得するには非常に面倒な手順を踏む必要がありました。特定技能の対象となる業界からは、技能実習から特定技能への移行が進むことが予想されます。

〔表7〕 特定技能と技能実習の比較

	特定技能	技能実習
目的	日本の人手不足の解消	「国際貢献」が目的。日本の優れた技術を学び、母国の産業発展に活かしてもらう。
受入れ可能国	制限なし（就労ビザなので、外国人の国籍は問わない）	技能実習は「国際貢献」のため、日本と相手国との国家間の取決めが必要で、取決めがない国からは技能実習生を呼ぶことは不可 ※1
招聘等手続	就労ビザのため、外国人労働者と受入企業間で雇用契約が成立すれば、最低限の条件クリア。受入企業が主体となった手続可。※2―1	全体の96.6％を占める団体監理型の場合、5当事者が登場する非常に複雑な制度。受入企業の裁量は小さい。※2―2
転職の可否	可（同一業務区分内）※3	（転職という概念なし）
雇用形態	原則フルタイム 直接雇用のみ（農業、漁業以外）	
派遣による受入の可否	原則不可（例外あり）※4	

47

第1章 外国人労働者の採用と活用の基礎知識

※1 技能実習の受入れ国：現在、技能実習生として迎えることができる可能性がある国は、2国間協定締結済の国を含めてインド、インドネシア、ウズベキスタン、カンボジア、スリランカ、タイ、中国、ネパール、バングラデシュ、フィリピン、ベトナム、ペルー、ミャンマー、モンゴル、ラオス、ブータンの16カ国。

※2-1 特定技能の制度には、「特定技能所属機関」（受入企業）と「登録支援機関」の2つの機関がある。専門的内容を含む「特定技能外国人支援計画」等は受入企業自身で作成するのはなかなか大変なため、登録支援機関は、受入企業に代わって1号特定技能外国人支援計画の作成・実施を行う。利用するか否かは任意。

※2-2 「技能実習」の団体監理型は、相手国送出機関（帰国後に働く会社）と監理団体が契約を結び、その契約に受入企業と技能実習生が組み込まれる複雑な構成。受入企業や監理団体は、外国人技能実習機構により、技能実習計画の認定等々を通じて監理・監督される。

※3 転職の可否：特定技能ビザの保有者は「同一の業務区分内」であれば転職可。「同一の業務区分内」とは、たとえば介護分野の特定技能外国人は、介護業界の中であれば転職ができるという意味。よって介護分野の特定技能外国人が、建設会社に転職するのは、業務区分が同一でないので不可。

　例外として、業務区分を超えて転職することができる場合もあるが、これが許されるのは「試験等によってその技能水準の共通性が確認されている」場合のみ。

　転職により「特定技能外国人が大都市圏その他の特定の地域に過度に集中して就労することを防止する上で、必要な措置を講じる」という閣議決定あり（「特定技能の在留資格に係る制度の運用に関する基本方針」（平成30（2018）年12月25日））。

※4 例外として、農業分野において労働者派遣形態が認められるのは、①冬場は農作業不可など、季節による作業の繁閑がある、②同じ地域でも、作目による収穫や定植等の農作業のピーク時が異なるといった特性があり、農繁期の労働力の確保や複数の産地間での労働力の融通といった農業現場のニーズに対応する必要があるため。

(2) 技能実習から特定技能へ資格変更の可否

　技能実習を修了した外国人は、本国に帰国しないまま在留資格を技能実習から特定技能に資格変更することができるのでしょうか、それとも一度本国に帰国してからあらためて在留資格認定証明書交付申請によって招聘しなければならないのでしょうか。技能実習の本来の趣旨は、身につけた技術を本国の送出し機関で活かしてもらうことにあります。そのため、技能実習修了者を引続き特定技能で受け入れて日本の人手不足解消に使うのは、その制度趣旨を根本から否定することになるのではないか問題となります。

　この点、「技能実習2号を修了した者については、上記試験等を免除し、

48

必要な技能水準及び日本語能力水準を満たしているものとする」とされている（平成30（2018）年12月25日閣議決定）ことから、技能実習を修了した外国人が特定技能ビザ1号を取得する流れが想定されていると考えられます。

しかし、改正入国管理法施行前の実務においては、日本で学んだ技術を本国の送出し機関での仕事に活かすという技能実習制度の趣旨に基づき、明文上の制約はないものの在留資格「技能実習」から他の在留資格への資格変更申請は事実上難しいとされています。いかに日本社会にとって外国人材受入れが急務であるとしても、技能実習から特定技能ビザへの変更申請は、実習修了後に本国に帰国するという本来の手順を踏んだうえで認めるという流れにならざるを得ないと思われます。ただ、技能実習修了後にいったん帰国し*5なければならないかは別として、技能実習5年、特定技能1号で5年、合計10年日本に滞在するコースは、日本で就労したい外国人にとって使い勝手がよいものになりそうです。

8　在留資格「特定技能」取得の流れ

受入企業（特定技能所属機関）は、まず、特定技能で就労できる対象業種であるか、招聘したい外国人労働者が特定技能取得の要件を備えているか否かを確認します。特定技能の申請を行う場合、技能実習2号を修了しているか否かで手続が大きく変わります。技能実習2号を修了していない場合は、前記5(1)(2)で説明した2つの試験に合格することが先決なので、事前に試験日程などを確認して計画を立てる必要があります。

要件を満たすと判断したら、在留資格認定証明書交付申請のために必要な書類の収集を開始します（技能実習修了後、本国に帰国している外国人の場合は、在留資格認定証明書で呼び寄せることになります（Q8の3(3)参照））。

入国管理局に提出する書類の中で特定技能特有のものは、外国人と結ぶ雇

＊5　法務省「外国人材の受入れ制度に係るQ&A」のQ20では「一時帰国することは、法令上の要件とはなっていません」との記述にとどまっています（平成31（2019）年3月20日）。

第1章 外国人労働者の採用と活用の基礎知識

用契約書です。これは入国管理法上「特定技能雇用契約」と呼ばれ、盛り込まなければならない事項が法定されています。外国人労働者には、入国管理法だけでなく、日本人と同じ労働法が適用されますので、労働法違反の雇用契約書になっていないか細心の注意を払う必要があります（Q4・Q12参照）。

受入企業側の手続の流れは以下のとおりです。

〈受入企業側の準備〉

① 特定技能で雇用する外国人と、入国管理法上で定める要件が盛り込まれた「特定技能雇用契約」を結ぶ。

② 外国人が、特定技能の活動を、日本で安定的かつ円滑に行うことができるよう、「1号特定技能外国人支援計画」（職業生活上・日常生活上・社会生活上の支援を行うための計画）を立てる。

〈在留資格認定証明書交付申請〉

③ 日本の受入企業が、地方入国管理局に対して在留資格認定証明書交付の申請をする。申請が許可されたら、受入企業は在留資格認定証明書原本を海外にいる外国人労働者に郵送する。在留資格認定証明書の有効期限は3カ月で、紛失すると再発行がきないため注意が必要。

④ 外国人は、日本から郵送された当該原本とその他必要書類をそろえて、母国にある日本大使館（または指定された代理申請機関）に査証（ビザ）の申請をする。許可されると、パスポートに査証を貼ってもらえる。

⑤ 外国人は査証の貼られた有効なパスポートをもって、日本に到着する。そこで最終的に、日本への上陸の許否が判断される。

【在留資格認定証明書交付申請の必要書類】

下記①から③が「特定技能」申請に特有の書類です。なお、提出必要書類の詳細は、新設する出入国在留管理庁ホームページに掲載されています。

① 特定技能雇用契約書の写し
② 1号特定技能外国人支援計画書
③ 「日本語能力テストに合格している証拠書類」および「分野別支援の試験に合格している証拠書類」（技能実習生2号を修了している場合はその証拠書類）

50

④ その他、通常の就労ビザで提出が必要な書類等 *6

9 「特定技能」から「永住」への道

日本の永住者になるための条件については法務省「永住許可に関するガイドライン」（平成29（2017）年4月改定）に規定されていますが、在留資格「特定技能」創設にあわせて、令和元（2019）年にも改定が予定されています。

現在（平成31（2019）年3月）の要件では、居住年数につき、日本に10年以上居住し、このうち5年以上は就労資格などをもっていなければなりませんが、技能実習や特定技能1号で滞在している間はこの5年に含めないという方向で検討されています。

すなわち、平成31（2019）年のガイドライン改定では、特定技能1号は就労資格とは認められず、たとえば、技能実習で5年滞在した人が特定技能1号に移行し、さらに5年在留したとしてもその時点では永住は許可されず、さらに特定技能2号で5年以上日本に滞在して、はじめて永住資格要件を満たすこととなります。また、より技能が熟練した外国人を対象とする特定技能2号は、就労資格とみなすとされてはいますが、特定技能の在留資格は人手不足が前提で、この人手不足が解消した場合には在留できない可能性もでてきます。

永住許可が下りやすい環境になるということは、外国人労働者が日本に根づいて行動しやすくなるという利点もあり、政府は「移民政策」という批判に真摯に耳を傾けながら外国人労働者との上手な共生を模索していくことになります。

＊6　在留資格認定証明書交付申請書、写真（縦4cm×横3cm）、外国人の学歴および職歴その他経歴等を証明する文書、受入企業の概要（登記事項証明書や事業内容）を明らかにする資料、直近の年度の決算文書の写しなど。

10 出入国在留管理庁の設置・組織名称の変更

　平成31（2019）年 4 月より、法務省の外局として出入国在留管理庁が設置されました。同庁の長は出入国在留管理庁長官です。出入国在留管理庁の任務は、①出入国および在留の公正な管理を図ること、②①の任務に関連する特定の内閣の重要政策に関する内閣の事務を助けることがあげられています。また、これまでの地方入国管理局を地方出入国在留管理局とし、出入国在留管理庁の地方支分部局として設置されます。

　さらに、東京入国管理局は東京出入国在留管理局（出入国管理と在留管理を扱う）に名称変更されます。在留資格「特定技能」の導入により、今後、日本に滞在する外国人のさらなる増加が見込まれるため、人的・質的な増強を図ったものです。

（坂田　早苗）

Q8 採用前に確認しておきたいこと①
——これから日本に在留する外国人

外国人労働者の雇入れの可否に関連する法律について教えてください。

> ☞ **ここがポイント**
>
> ① 日本に在留している外国人の雇用と、海外から招聘する場合との手続には違いがある。
> ② まずは査証（ビザ）を取得することが重要で、それには2つ方法がある。

1 外国人が日本に滞在するために必要な在留資格

(1) 外国人が就労するために

日本では、法制度として外国人の単純労働（特別な技能を必要としない労働）を原則として認めておらず、仕事内容によっては外国人が就労したいと希望する仕事がすぐできるわけではありません。そもそも就労すること自体が可能なのかどうかを含めて、就労を希望する外国人が就労できる「在留資格」を取得しているのか、または取得できるのかが問題となります。

この在留資格は平成31（2019）年2月現在で、資格名としては28種類（活動に着目すると36種類）あります。そのうち日本において「収入を伴う事業を運営する活動又は報酬を受ける活動」（入国管理法19条1項2号等）という「就労」が許される在留資格は限られています。

すなわち、日本において就労できるのは、入国管理法の別表に限定列挙されている在留資格に限られており、さらに同法7条1項2号の基準を定める省令（以下、「基準省令」といいます）により、その就労資格ごとに「資格に該当する活動内容の基準」が定められた枠を課されているものがあります。

第1章 外国人労働者の採用と活用の基礎知識

(2) 入国管理法別表第1と第2

入国管理法の定める在留資格の種類は同法別表第1と第2に記載されています。

まず、入国管理法別表第1の1から5（活動内容に応じて与えられる資格）、別表第2（身分または地位による資格）には、外国人が日本に滞在するための在留資格28種類（36種類の活動）が記載されています。

2 就労できる在留資格とできない在留資格

入国管理法別表第1は、外国人が日本で行う「活動」に応じて与えられる資格が記載されていますが、その中でも就労できる資格とできない資格があります。

「就労できる資格」のうちにも、それぞれの資格ごとに「資格に該当する活動内容の基準」が定められているものがあります。これが「基準省令」です。

入国管理法別表第2は、外国人のもつ「身分または地位」に基づいての資格（永住者、日本人の配偶者等、永住者の配偶者等、定住者）であり、「活動」に制限がなく、就労形態に制限がありません（単純労働もできます）（〔表8〕参照）。

3 外国人労働者を海外から招聘する場合

(1) 日本人雇用と外国人雇用の違い

単純に外国人を雇用するといっても、すでに日本に在留している外国人を雇用するのか、海外にいる外国人を呼び寄せて日本で就労させるのかによって手続は異なります。

外国人労働者を海外で採用し日本で就労させる場合、まず、その外国人が日本での就労資格を取得できるか否か、すなわち日本に上陸するための条件である在留資格該当性や基準省令に適合するか否かを確認しなければなりま

54

Q8 採用前に確認しておきたいこと①——これから日本に在留する外国人

〔表8〕 在留資格一覧表

入国管理法別表第1の活動資格

働くことができる資格

〈基準省令がない資格〉 別表第1の1

在留資格	該当例	在留期間
①外　交	外交官等	外交活動の期間
②公　用	国際機関職員等	5年、3年、1年、3月、30日または15日
③教　授	大学教授等	5年、3年、1年または3月
④芸　術	作曲家等	5年、3年、1年または3月
⑤宗　教	宣教師等	5年、3年、1年または3月
⑥報　道	報道機関記者等	5年、3年、1年または3月

〈基準省令がある資格〉 別表第1の2

在留資格	該当例	在留期間
⑦高度専門職	ポイント制による高度人材	1号は5年、2号は無期限※
⑧経営・管理	企業経営者等	5年、3年、1年、4月または3月
⑨法律・会計業務	弁護士等	5年、3年、1年または3月
⑩医　療	医師等	5年、3年、1年または3月
⑪研　究	研究者等	5年、3年、1年または3月
⑫教　育	中学・高校等の語学教師等	5年、3年、1年または3月
⑬技術・人文知識・国際業務	技術者、通訳等	5年、3年、1年または3月
⑭企業内転勤	外国事業者からの転勤者	5年、3年、1年または3月
⑮介　護	介護福祉士	5年、3年、1年または3月
⑯興　行	ダンサー、俳優等	3年、1年、6月、3月または15日
⑰技　能	調理師等	5年、3年、1年または3月
⑱技能実習	技能実習生	1年、6月または法務大臣が個々に指定する期間（1年を超えない範囲）

※　法務省入国管理局ホームページの「在留資格一覧表」の「本邦において行うことができる活動」を参照。

55

第1章 外国人労働者の採用と活用の基礎知識

働くことができる場合とできない場合がある資格　別表第1の5
〈法務大臣が特に指定する活動については基準省令の適用あり〉

在留資格	該当例	在留期間
⑲特定活動	ワーキングホリデー、外交官のメイド等	5年、4年、3年、2年、1年、6月または3月または法務大臣が個々に指定する期間（5年を超えない範囲）

働くことができない資格
〈基準省令がない資格〉　別表第1の3

在留資格	該当例	在留期間
⑳文化活動	日本文化の研究者等	3年、1年、6月または3月
㉑短期滞在	観光客、会議参加者等	90日もしくは30日または15日以内の日を単位とする機関

〈基準省令がある資格〉　別表第1の4

在留資格	該当例	在留期間
㉒留　学	大学、高校、中学、小学校等の学生	4年3月、4年、3年3月、3年、2年3月、2年、1年3月、1年、6月または3月
㉓研　修	研修生	1年、6月または3月
㉔家族滞在	在留外国人が扶養する配偶者・子	5年、4年3月、4年、3年3月、3年、2年3月、2年、1年3月、1年、6月または3月

入国管理法別表第2の活動資格（身分や地位による資格）

在留資格	該当例	在留期間
㉕永住者	法務大臣が永住許可を与えた者（入管特例法の「特別永住者」は除く）	無期限
㉖日本人の配偶者等	日本人の配偶者、子等	5年、3年、1年または3月6月
㉗永住者の配偶者等	永住者の配偶者、子等	5年、3年、1年または3月6月
㉘定住者	日系3世、中国残留邦人等	5年、3年、1年または6月または法務大臣が個々に指定する期間（5年を超えない範囲）

（法務省入国管理局ホームページの情報をもとに作成）

Q8　採用前に確認しておきたいこと①——これから日本に在留する外国人

せん。ここが、どのような仕事でもできる日本人を採用する場合と一番違う
ところです。

　まずは、雇用する外国人に具体的にどのような職務をしてもらうのかを明
確にし、外国人側から提供される資料（学歴、職務経験等を証明する書類）と
雇用する側の資料（会社の全部事項証明書、決算書等事業の実態のわかる書面）
をつき合わせ、上記条件を満たせると判断した場合、実際に海外から外国人
労働者を日本に呼び寄せる手続を始めます。

(2)　上陸手続——２つの査証取得方法

　外国人はパスポートと査証（ビザ）を持って日本に来ますが、その査証の
取得方法は次の２種類あります。

　①　在外公館で査証発給申請を直接行い取得する方法

　②　在留資格認定証明書を日本国内で取得する方法

　①の方法では、短期滞在と違って在外公館の判断で査証発給ができません。
そのため、申請書類が在外公館から日本の外務省経由で法務省入国管理局に
郵送されて審査されることになり、時間がかかります。手続時間短縮の観点
から、就労資格の場合はほとんど②の在留資格認定証明書交付申請の手続が
とられています。

　「在留資格認定証明書」は、法務大臣が上陸を希望する外国人について入
国管理法７条１項２号に規定されている上陸条件に適合していることを証明
する証明書です。この証明書を現地に郵送し、海外の日本大使館や領事館で
これを提示して査証発給の申請を行いますが、上陸許可基準についての事前
審査がすでに終了していると扱われるため査証が容易に得られるという利点
があります。

(3)　在留資格認定証明書制度による査証発給手続の流れ

　前述の②の手続の流れを以下に確認します。

　まず、申請者本人または代理人（日本国内居住）が、日本国内の受入れ先
等の所在地を管轄する地方入国管理局等に在留資格認定証明書交付申請をし

57

第1章 外国人労働者の採用と活用の基礎知識

〈図2〉 在留資格認定証明書取得による査証発給手続の流れ

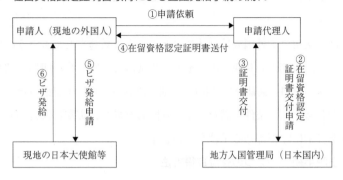

ます（法務大臣宛ての申請書および必要書類を提出）。

次に、法務大臣が申請された在留資格に関する上陸条件への適合性を審査（在留資格該当性、省令基準適合性）し、認められれば在留資格認定証明書が交付されます（〈図2〉）。

発行された在留資格認定証明書を現地に送付し、外国人本人はその証明書を在外日本公館に持参して査証の申請をします。この場合、査証はほとんどの場合発給されますが、事情によっては発給されない場合もあります。

日本上陸時に、上記査証の記載がある有効なパスポートを入国審査官に提示すると、原則として認定証明書記載の在留資格・在留期間での上陸が許可されます（ただし、入国管理法では、査証はあくまでも上陸条件の1つとして規定されているので、あらためて上陸港で入国審査官の審査を受けて、上陸許可を得られない場合には上陸できないこともあります）。

（坂田　早苗）

Q9 採用前に確認しておきたいこと②──すでに日本に在留している外国人

Q9 採用前に確認しておきたいこと②──すでに日本に在留している外国人

すでに日本に在留している外国人を雇用する際に気をつけるべき点などを教えてください。

☞ **ここがポイント**

① 在留カードを確認することで、在留資格、在留期間および就労の可否がわかる。
② 在留資格の変更・更新許可の基準は職務内容に大きくかかわる。

1 外国人労働者を雇い入れる前のチェック

(1) チェックしておかなければならない事項

ここでは、すでに日本に在留している外国人を雇うときはどうすればよいのかを解説します。

すでに、日本に在留している外国人を雇用する際にチェックしておかなければならない事項は次のとおりです。

① 在留カード、パスポート、就労資格証明書の提示
② 在留カードによる在留期間、在留資格の有無、就労制限の有無、資格外活動許可の有無等の確認
③ 指定書[*7]の内容の確認

(2) 在留カードによる雇用可能性チェックのポイント

在留カードは、新規の上陸許可、在留資格の変更許可や在留期間の更新許

---

*7 「指定書」とは、在留カードでは確認できない具体的な活動類型が記載された指示票です。在留資格「特定活動」で行ってもよい活動内容を、個々具体的に記載しています。たとえば、家事使用人、ワーキングホリデー、サマージョブの特定活動の人、在留資格「留学」の人、就職活動中の特定活動の留学生の人、難民申請中の人等が就労できるか否かの具体的内容が記載されています。

第1章 外国人労働者の採用と活用の基礎知識

可など在留資格に係る許可の結果としてわが国に中長期間在留する者（中長期在留者）に対して交付されます。よって、「証明書」（法務大臣がその在留資格・在留期間を適法と認めている）の役割もあります。さらに、上陸以外の在留資格に係る許可時に交付されるので、「許可証」（従来旅券にされた各種許可の証印等に代わる許可の要式行為になる）の性格もあわせもちます。

そして、在留カードには、「氏名、生年月日、性別、国籍・地域、住居地、在留資格、在留期間、就労の可否など、法務大臣が把握する情報の重要部分が記載されているので、記載事項に変更が生じた場合には変更の届出を義務付けており、常に最新の情報が反映される」（法務省入国管理局ホームページ）と説明されています。

したがって、就労に関しては、在留カードを確認すれば、以下のことがわかります。

① 就労制限ある在留資格 → 資格外活動許可あり
② 就労制限ある在留資格（技能実習）→ 資格外活動許可なし[8]
③ 原則就労不可の在留資格（文化活動、留学、家族滞在）→ 資格外活動許可あり
④ 勤労の可否が指定書の内容で決定される在留資格（特定活動）→ 資格外活動許可あり

なお、在留資格が研修・短期滞在である場合や、在留期間が超過している場合は、雇用できませんので、注意してください。

2 在留資格変更が必要か否か

外国人労働者を雇い入れる場合、すでに日本に在留している外国人についてはその人の現在の在留資格が何であるかを確認しなければなりません。別表第2に記載の「身分又は地位」に基づいた資格であれば、就労に制限はあ

＊8 指定書記載機関での在留資格に基づく就労活動での雇用のみ可

りません。別表第1記載の資格だった場合には、これから従事しようとする労働内容がその資格に適合しているか、変更可能なものなのかを検討しなければなりません。

　外国人が就労資格をもって日本に在留している場合、現在勤務している会社での仕事内容に対して限定的に就労資格が与えられていることを忘れがちです。転職して会社と職務内容が変わった場合に、現在の在留資格がそのまま自動的に引き継がれるわけではないことに注意しましょう。

3　在留資格変更・更新の許可基準──法務省のガイドラインより

　在留資格の変更および在留期間の更新は、入国管理法により、法務大臣が適当と認めるに足りる相当の理由があるときに限り許可することとされています（20条3項、21条3項）。この相当の理由があるか否かの判断は、専ら法務大臣の自由な裁量に委ねられ、申請者の行おうとする活動、在留の状況、在留の必要性等を総合的に勘案して行われますが、「在留資格の変更、在留

〔表9〕　在留資格変更・更新の許可基準

許可する際に必要な要件	1　行おうとする活動が申請に係る入国管理法別表に掲げる在留資格に該当すること
原則として適合していることが必要な要件	2　法務省令で定める上陸許可基準等に適合していること
適当と認める相当の理由があるか否かの判断にあたっての代表的な考慮要素。 これらの事項にすべて該当する場合であっても、すべての事情を総合的に考慮した結果、変更または更新を許可しないこともある。	3　素行が不良でないこと
	4　独立の生計を営むに足りる資産または技能を有すること
	5　雇用・労働条件が適正であること
	6　納税義務を履行していること
	7　入国管理法に定める届出等の義務を履行していること

第1章 外国人労働者の採用と活用の基礎知識

期間の更新許可のガイドライン」(平成20 (2008) 年3月策定、平成28 (2016) 年3月改正) によると、〔表9〕のような事項が考慮されています。

4 転職による在留資格変更許可、就労資格証明書の取得とその意義

(1) 転職による在留資格変更許可

職務内容の変更もなく、同じ会社に勤務したまま在留期間を更新する場合は、ほとんど問題なく更新許可が下りますが、転職が伴う場合は在留資格認定証明書の取得(上陸手続)と同じくらい厳しい審査がされることになります。会社が変わるということは職務内容も変わると考えられ、振出しに戻って在留資格を与えるか否かの審査がされます。

たとえば、A社からB社に転職する場合、A社での就労資格が「技術・人文知識・国際業務」のうちの「国際業務」であった場合、当該在留資格はA社における国際業務の職務内容に対して与えられたものなので、B社でも「国際業務」の資格で就労できるかは、B社での具体的な職務内容について新たに別途判断されることになります。

(2) 就労資格証明書の活用

就労資格証明書とは、日本に在留する外国人からの申請に基づき、その者が行うことができる就労活動を法務大臣が証明する文書です。

入国管理法は、雇用主等と外国人の双方の利便を図るため、日本に在留する外国人が希望する場合には、その者が行うことができる就労活動を具体的に示した就労資格証明書を交付することができることとし、雇用しようとする外国人がどのような就労活動を行うことができるのかを容易に確認できるようにしました (19条の2)。

外国人が日本で合法的に就労できるか否かは、旅券に貼付(または押印)された上陸許可証印、中長期在留者については在留カード、特別永住者については特別永住者証明書を確認するほか、資格外活動の許可を受けているこ

62

Q9 採用前に確認しておきたいこと②──すでに日本に在留している外国人

とを確認することによって判断することができます。しかし、具体的にどのような活動が認められているかについて上記書類では判断できないため、入国管理法は、雇用主等と外国人の双方の利便を図るため、外国人が希望する場合には、その者が行うことができる就労活動を具体的に示した就労資格証明書を交付することにしたのです。

(3) 就労資格証明書の効用

就労資格証明書は、外国人にとっては、在留期間を残した状態で当初の雇用先から転職活動をする際に利用価値がある証明書です。この証明書があることによって、転職後の更新申請手続がスムーズにできます。

雇用主側としては、就労資格のない者を雇用すれば、不法就労助長罪(入国管理法73条の2)に問われるリスクがあります。雇用判断の際に公的な文書(法務大臣証明)である就労資格証明書を提示できれば、雇用主側も就労活動を希望する外国人も、ともに安心して雇用契約が締結できることになります。

(4) 注意点

ただし、外国人が日本で就労活動を行うことができるか否かは、在留資格の種類や資格外活動許可の有無によって決定されるため、就労資格証明書自体は外国人の就労活動を認めた許可書ではないことに注意が必要です。さらに、これがなければ外国人が就労活動を行うことができないというものでもありません。

なお、この就労資格証明書を提示しないことにより、雇用の差別等の不利益な扱いをしてはならない旨が入国管理法19条の2第2項に規定されています。

(5) 就労資格証明書交付手続の概要

〔表10〕の就労資格証明書交付手続の概要を参考にしてください。

63

第1章 外国人労働者の採用と活用の基礎知識

〔表10〕 就労資格証明書交付申請の概要

手続名	就労資格証明書交付申請
手続根拠	入国管理法19条の2
手続対象者	就労することが認められている外国人
申請期間	就労資格証明書の交付を受けようとするとき
申請者	1　申請人本人 2　申請の取次の承認を受けている次の者で、申請人から依頼を受けた者 　○　申請人が経営している機関または雇用されている機関の職員 　○　申請人が研修または教育を受けている機関の職員 　○　外国人が行う技能、技術または知識を修得する活動の監理を行う団体の職員 　○　外国人の円滑な受入れを図ることを目的とする公益法人の職員 3　地方入国管理局長に届け出た弁護士または行政書士で、申請人から依頼を受けた者 4　申請人本人の法定代理人
処分時の受領者	同上
手数料	交付を受けるときは900円が必要です（収入印紙で納付）。 ※手数料納付書を提出します。
必要書類等	・申請書 ・資格外活動許可書を提示（同許可書の交付を受けている者に限ります） ・在留カード（在留カードとみなされる外国人登録証明書を含みます。以下同じ）または特別永住者証明書（特別永住者証明書とみなされる外国人登録証明書を含みます）を提示 ※申請人以外の方が、当該申請人にかかる就労資格証明書交付申請を行う場合には、在留カードの写しを申請人に携帯させてください。 ・旅券または在留資格証明書を提示 ・旅券または在留資格証明書を提示することができないときは、その理由を記載した理由書 ・身分を証する文書等の提示（申請取次者が申請を提出する場合）
申請書様式	・就労資格証明書交付申請書
申請先	住居地を管轄する地方入国管理官署（地方入国管理官署または外国人在留総合インフォメーションセンターに問い合わせてください）
受付時間	平日午前9時から同12時、午後1時から同4時（手続により曜日または時間が設定されている場合がありますので、地方入国管理官署または外国人在留総合インフォメーションセンターに問い合わせてください）
相談窓口	地方入国管理官署または外国人在留総合インフォメーションセンター
審査基準	・入国管理法別表第1に定める在留資格のうち就労することができる在留資格を有していること、または、就労することができない在留資格を有している者で資格外活動許可を受けていること、または、就労することに制限のない在留資格を有していること。
標準処理期間	当日（勤務先を変えた場合などは1カ月～3カ月）
不服申立方法	なし

（法務省ホームページ「就労資格証明書交付申請」をもとに作成）

5 非就労資格から就労資格への在留資格変更許可

(1) 大学卒業生の場合

転職のような就労資格からの在留資格変更ではなく、非就労資格である「留学」から就労資格を取得する手続の場合、留学中に修めた学問の内容がこれから従事しようとする職務内容に関連しているか否かが大きな問題となります。

大学を卒業している場合は、学部や学科と職務内容との関連性を比較的証明しやすいといえます。ただ、外国人が4年生大学を卒業していても、専攻科目が職務内容と全く関連性がない場合は就労資格に変更することは難しくなります。入国管理局の対応として、4年生大学卒業生の場合は、職務内容と専攻科目の関連性について比較的柔軟に判断してもらえる傾向はありますが、明らかにその内容が乖離している場合は、事前に入国管理局に相談したうえで採用可能性を確認するべきでしょう。

(2) 専門学校卒業生の場合

問題は、専門学校卒業生（日本国内の専門学校を卒業し、「専門士」の資格を取得した外国人）の場合です。「専門士」の場合、4年生大学卒業の「学士」と違って、職務内容と専攻科目が完全に一致しているかどうか厳しく審査されます。特に文科系科目の場合、学んだ科目の名称や内容が具体性を欠き、非常に曖昧なことも多く、専攻学科と職務内容との関連性を説明することが難しくなっています。立証責任は許可を求める外国人側にあるので、主張内容を裏づける「事実」を誠実に積み重ねた書面・証明書をできる限り事前に準備・提出することで審査官に両者の関連性を納得してもらうよう努力することになります。

（坂田　早苗）

第1章　外国人労働者の採用と活用の基礎知識

Q10　外国人の雇用が認められる会社の条件

外国人労働者を雇い入れるにあたり、雇用主も審査されると聞きました。雇用する側が具体的に確認すべきことについて教えてください。

☞ ここがポイント

① 外国人労働者を雇い入れるにあたり、雇用主への審査もある。
② 具体的には、会社の事業安定性と継続性、職務内容の適合性などがある。

1　雇用企業に対する審査

(1)　事業安定性と継続性の確認

入国管理局では、外国人の行う職務内容と専攻科目等の専門性に関する要件だけでなく、雇用する側の会社の事業安定性と継続性、外国人雇用の必要性・許容性についても同時に審査されます。採用する企業等と雇用される外国人労働者が、健全な雇用契約の下に安定した関係を築けるかについてもチェックが行われます。もしも、雇用企業が外国人を継続して雇用できるかどうか、入国管理局で疑問をもった場合には、就労資格が許可されない場合もあります。また、財務状況が赤字の場合には、その企業がどういう理由で赤字になっているのか、改善の可能性はあるのかなどを確認することがあります。そのため、採用する企業において赤字がある場合には、事業計画書を作成・提出することも視野に入れて、入国管理局や行政書士等専門家に相談することをおすすめします。

(2)　入国管理局への提出必要書類

(a)　採用される外国人労働者に関する書類

学歴を証明する卒業証明書、成績証明書、在籍証明書、履歴書等があげられますが、その他別途取得している職務に関係する資格があればその情報もプラスに働くことが考えられます。職務に関連した専攻科目に関する情報も

有用です。実務経験で申請する場合は、勤務先・勤務期間・職務内容等を明確にし、十分な必要実務経験期間を提示することが望まれます。

(b) 採用する企業等の資料

事業の安定性と継続性を証明するため、全部事項証明書や決算書等多くの書類を提出する必要があります。なお、会社側からの提出書類は、会社規模によって違い、規模が大きい会社ほど提出書類の負担軽減がされています。

2　考察を要する在留資格該当性と基準省令該当性

(1)　在留資格「技術・人文知識・国際業務」の場合

近年のIT発展に伴う国際社会を反映して、ソフトウェア関連職務など、職務内容として「技術」の分野なのか「人文知識」の分野、その他に「国際業務」にもかかわると思われるような多岐にわたる業務が多くみられるようになっています。そもそも「技術・人文知識・国際業務」の在留資格で外国人を招聘する場合には、「技術・人文知識・国際業務」の中で認められている職務しか行うことができません。文系・理系の知識が絡み合った職務の場合、「技術・人文知識・国際業務」のどこに当てはめて申請するかにより就労できる活動内容が変わってきます。この仕事内容で就労ビザは許可されるか否か悩ましい複雑な案件の場合は、申請にあたり外国人の専門性と雇用先の職務内容を具体的に結びつけた説得力ある説明により、在留資格を取得できる道が開けていますので、あらかじめ入国管理局に相談したうえで採用の可能性を確認することをおすすめします。

(2)　入国管理法の改正

平成27（2015）年4月より、改正入国管理法が施行され、業務に関する文系・理系の知識等の区分を廃止して、次のような包括的な在留資格「技術・人文知識・国際業務」が創設されました。

①　日本の公私の機関との契約に基づいて行う理学、工学その他の自然

第1章 外国人労働者の採用と活用の基礎知識

科学の分野に属する技術もしくは知識を必要とする業務

② 法律学、経済学、社会学、その他の人文科学の分野に属する技術も
しくは知識を要する業務

③ 外国の文化に基盤を有する思考、もしくは感受性を必要とする業務
に従事する活動

※ 企業内転勤、興行等一部業務については除く

「技術・人文知識・国際業務」の在留資格が認められるためには、①〜③
に当てはまることに加えて「学術上の素養を背景とする一定水準以上の専門
的技術・専門的能力」を必要とする「活動」でなければならないという条件
が付与されています。これらの典型事例は法務省ホームページで確認できる
ので、参照ください（平成27（2015）年3月改訂）。

なお、「国際業務」については、条件が錯綜していますので、ご注意くだ
さい。

「国際業務」（大学卒業した者が翻訳・通訳または語学の指導に係る業務従事の
場合を除く）の許可を取得するには、申請する外国人が行う予定の国際業務
と同様の業務において過去、最低「3年以上」の実務経験があることが必須
条件となります。この職務経験がない場合は、行う業務が「国際業務」と認
定されたとしても、その外国人にビザが発給されることはありません。

また、社会保険への加入の促進を図るため、平成22（2010）年4月より、
申請時に窓口において健康保険証の提示を求めていますが、平成31（2019）
年3月現在では、健康保険証を提示できないことで在留資格の変更または在
留期間の更新を不許可とされることはありません。

（坂田　早苗）

Q11 技能実習制度とはどのような制度か

外国人を技能実習制度で受け入れたいのですが、制度や注意点について教えてください。

☞ ここがポイント

① 「技能実習」は在留資格の１つで、１号から３号の活動に分けられる。
② 実習生を受け入れる方法は、企業単独型と団体監理型の２種類がある。
③ 技能実習生が就労できる職種は限定列挙で、80職種144作業のみ（2018年12月現在）。
④ 東京オリンピック・パラリンピックを見据えた時限的措置もある。

1　技能実習制度とは

技能実習制度（平成5（1993）年創設）は、外国人が入国管理法別表第1の2の表の「技能実習」の在留資格をもって日本に在留し、日本の受入企業で学んだ技能等を母国にもち帰って活用してもらうことを旨とします。開発途上国等の外国人を日本で一定期間（最長5年）に限り受け入れ、OJTを通じて技能を移転することで、将来の経済発展を担う「人づくり」に協力するという国際貢献を目的にした制度です。

技能実習法により、認可法人「外国人技能実習機構」が、①実習計画の認定、②実習実施者の届出の受理、③監理団体の許可申請の受理、④実習実施者や監理団体に対する指導監督、⑤技能実習生からの相談・申告への対応等に介在することとなり、批判の多かった外国人実習生の保護・雇用環境改善策を含んだ技能実習制度の適正な実施が期待されています。

技能実習生は、入国直後の講習期間以外は、雇用関係のもと、労働関係法令等が適用されており、日本の産業・職業上の技能等の修得・習熟をすることを内容とし、全国に28万5776人（平成30（2018）年6月末：法務省発表）在留しています。

69

第1章 外国人労働者の採用と活用の基礎知識

〔表11〕 技能実習制度 移行対象職種・作業一覧（平成30（2018）年12月28日時点 80職種144作業）

	職種名	作業名		職種名	作業名
1 農業関係（2職種6作業）／**2 漁業関係**（2職種9作業）	耕種農業●	施設園芸、畑作・野菜、果樹	**3 建設関係**（22職種33作業）	防水施工	シーリング防水工事
				コンクリート圧送施工	コンクリート圧送工事
	畜産農業●	養豚、養鶏、酪農		ウェルポイント施工	ウェルポイント工事
	漁船漁業●	かつお一本釣り漁業、延縄漁業、いか釣り漁業、まき網漁業、ひき網漁業、刺し網漁業、定置網漁業、かに・えびかご漁業		表装	壁装
				建設機械施工●	押土・整地、積込み、掘削、締固め
	養殖業●	ほたてがい・まがき養殖		築炉△	築炉
3 建設関係（22職種33作業）	さく井	パーカッション式さく井工事、ロータリー式さく井工事	**4 食品製造関係**（11職種16作業）	缶詰巻締●	缶詰巻締
				食鳥処理加工業●	食鳥処理加工
	建築板金	ダクト板金、内外装板金△		加熱性水産加工食品製造業●	節類製造、加熱乾製品製造、調味加工品製造、くん製品製造
	冷凍空気調和機器施工	冷凍空気調和機器施工		非加熱性水産加工食品製造業●	塩蔵品製造、乾製品製造、発酵食品製造
	建具製作	木製建具手加工		水産練り製品製造	かまぼこ製品製造
	建築大工	大工工事		牛豚食肉処理加工業●	牛豚部分肉製造
	型枠施工	型枠工事		ハム・ソーセージ・ベーコン製造	ハム・ソーセージ・ベーコン製造
	鉄筋施工	鉄筋組立て		パン製造	パン製造
	とび	とび		そう菜製造業●△	そう菜加工
	石材施工	石材加工、石張り		農産物漬物製造業●△	農産物漬物製造
	タイル張り	タイル張り		医療・福祉施設給食製造●△	医療・福祉施設給食製造
	かわらぶき	かわらぶき	**5 繊維・衣服関係**（13職種22作業）	紡績運転●△	前紡工程、精紡工程、巻糸工程、合ねん糸工程
	左官	左官		織布運転●△	準備工程、製織工程、仕上工程
	配管	建築配管、プラント配管		染色	糸浸染、織物・ニット浸染
	熱絶縁施工	保温保冷工事		ニット製品製造	靴下製造、丸編みニット製造
	内装仕上げ施工	プラスチック系床仕上げ工事、カーペット系床仕上げ工事、鋼製下地工事、ボード仕上げ工事、カーテン工事			
	サッシ施工	ビル用サッシ施工			

70

Q11 技能実習制度とはどのような制度か

	職種名	作業名		職種名	作業名
5繊維・衣服関係（13職種22作業）	たて編ニット生地製造●	たて編ニット生地製造	**6機械・金属関係**（15職種29作業）	電子機器組立て	電子機器組立て
	婦人子供服製造	婦人子供既製服縫製		電気機器組立て	回転電機組立て、変圧器組立て、配電盤・制御盤組立て、開閉制御器具組立て、回転電機巻線製作
	紳士服製造	紳士既製服製造			
	下着類製造●	下着類製造			
	寝具製作	寝具製作		プリント配線板製造	プリント配線板設計、プリント配線板製造
	カーペット製造●△	織じゅうたん製造、タフテッドカーペット製造、ニードルパンチカーペット製造	**7その他**（14職種26作業）	家具製作	家具手加工
				印刷	オフセット印刷
				製本	製本
	帆布製品製造	帆布製品製造		プラスチック成形	圧縮成形、射出成形、インフレーション成形、ブロー成形
	布はく縫製	ワイシャツ製造			
	座席シート縫製●	自動車シート縫製		強化プラスチック成形	手積み積層成形
6機械・金属関係（15職種29作業）	鋳造	鋳鉄鋳物製造、非鉄金属鋳物鋳造		塗装	建築塗装、金属塗装、鋼橋塗装、噴霧塗装
	鍛造	ハンマ型鍛造、プレス型鍛造		溶接●	手溶接、半自動溶接
	ダイカスト	ホットチャンバダイカスト、コールドチャンバダイカスト		工業包装	工業包装
				紙器・段ボール箱製造	印刷箱打抜き、印刷箱製箱、貼箱製造、段ボール箱製造
	機械加工	普通旋盤、フライス盤、数値制御旋盤、マシニングセンタ		陶磁器工業製品製造●	機械ろくろ成形、圧力鋳込み成形、パッド印刷
	金属プレス加工	金属プレス			
	鉄工	構造物鉄工		自動車整備●	自動車整備
	工場板金	機械板金		ビルクリーニング△	ビルクリーニング
	めっき	電気めっき、溶融亜鉛めっき		介護●	介護
	アルミニウム陽極酸化処理	陽極酸化処理		リネンサプライ●△	リネンサプライ仕上げ
	仕上げ	治工具仕上げ、金型仕上げ、機械組立仕上げ	**社内検定型の職種・作業**（1職種3作業）	空港グランドハンドリング●	航空機地上支援、航空貨物取扱、客室清掃△
	機械検査	機械検査			
	機械保全	機械系保全			

※ ●の職種：「技能実習評価試験の整備等に関する専門家会議」による確認のうえ、人材開発統括官が認定した職種。

※ △の職種・作業は2号まで実習可能。

71

第1章　外国人労働者の採用と活用の基礎知識

2　技能実習生が就労できる職種

技能実習生が就労できる職種は、限定列挙（80職種144作業：平成30（2018）年12月28日現在）されているため（〔表11〕参照）、これ以外の仕事で技能実習生を雇用することはできません。将来的には、職種のさらなる追加が見込まれます。

3　受入れ形態は2種類

技能実習制度は、最長5年の期間において、技能実習生が雇用関係のもと、日本の産業・職業上の技能等の修得・習熟をすることを内容とし、受入れ形態により、①企業単独型と②団体監理型の2種類に分けられます。

技能実習を行う外国人の活動は、平成22（2010）年7月の改正、そして平成29（2017）年11月1日施行の技能実習法により、技能実習1号イ、ロ、技能実習2号イ、ロ、だけでなく、新たに技能実習3号イ、ロの創設により6種類となりました（〔表12〕参照）。

技能実習生は入国後に講習（日本語教育、技能実習生の法的保護に必要な講義など）を受けた後、実習実施機関との雇用関係の下で実践的な技能等の修得を図ります。

〔表12〕　在留資格「技能実習」

	入国1年	入国2～3年目	入国4～5年
①企業単独型　※1	技能実習1号イ	技能実習2号イ	技能実習3号イ
②団体監理型　※2	技能実習1号ロ	技能実習2号ロ	技能実習3号ロ

※1　日本の受入企業が、海外にある合弁企業等事実上の関係を有する企業の社員を受け入れて技能実習を行う。

※2　商工会等の営利を目的としない団体の責任および監理のもとで、傘下の企業等実習機関で技能実習を行う。

4 技能実習の流れ

来日1年目の「技能実習1号」の実習生は、規定の試験に合格すると、在留資格変更許可を得て「技能実習2号」の活動（2年内）が認められます。さらに、「技能実習3号」（2年内）として、所定の技能評価試験の実技試験に合格した技能実習生については、技能実習の最長期間が5年間になります（いったん帰国（原則1カ月以上）後、最大2年間の技能実習）。

5 技能実習生の入国・在留手続のまとめ

(1) 入国・在留するための在留資格認定証明書の交付申請

技能実習生を受け入れようとする実習実施機関（企業単独型のみ）または監理団体は、まず、地方入国管理局に在留資格認定証明書の交付申請を行います。この在留資格認定証明書は、招聘する技能実習生が入国管理法の定める許可要件に適合していることを証明するものです。在留資格「技能実習」については、同法7条1項2号の規定により、出入国管理及び難民認定法第7条第1項2号の基準を定める省令（上陸基準省令）の各号に適合することが必要になります。

発行後の有効期間は3カ月なので、許可日から3カ月以内に日本に入国しなければなりません。なお、監理団体は、技能実習生を受け入れるにあたっては、職業紹介事業の許可または届出が必要です。

(2) 在留資格認定証明書提示による査証（ビザ）の取得と上陸許可

技能実習生として日本に上陸しようとする外国人は、有効なパスポートと査証（ビザ）を所持しなければなりません。ビザは、日本から郵送された在留資格認定証明書等を日本の在外公館に持参して申請します。ビザを取得し、日本に到着した後は、空港・海港でパスポート、ビザ等を入国審査官に提示し、在留資格「技能実習1号イ（またはロ）」、在留期間1年（または6カ月）とする上陸許可を受けて初めて技能実習生として活動ができます。

第1章　外国人労働者の採用と活用の基礎知識

〔表13〕　入国管理局・外国人技能実習機構で行う手続

手　続	地方入国管理局	外国人技能実習機構
上陸・在留資格申請（在留資格認定証明書、資格変更、期間更新等）	○	×
在留カード関連	○	×
技能実習に関する各種報告・届出（監査報告、技能実習実施困難時届出など）	×	○
技能実習計画に関する事項（認定、変更など）	×	○
監理団体に関する事項（許可、有効期間更新、区分変更など）	×	○

⑶　手　続

技能実習に固有の事項は、外国人技能実習機構が行い、在留資格や在留カードなど、外国人の在留管理に関する事項は、地方入国管理局が行います〔表13〕参照）。

⑷　技能検定等の受検手続支援

外国人技能実習機構は、実習生へ技能検定等の受検手続支援を行っています。手続の概略は以下のとおりです。

①　1号実習生に対する支援受付は、実習修了の6カ月前までに実施する。

②　2号実習生および3号実習生に対する支援受付は、実習修了の12カ月前までに実施する。

③　支援の申請に関するやりとりは、原則として電子メールにより実施する。

④　支援開始時に提出する受検申請連絡票および個人情報の取扱いに係る同意書の提出が必要。

74

Q11　技能実習制度とはどのような制度か

⑸　技能実習１号から２号、３号への在留資格変更等

技能実習１号から同２号へ移行しようとする技能実習生は、移行対象職種・作業等に係る技能検定基礎級（学科および実技）の試験に合格したうえで、地方入国管理局に在留資格変更許可申請を行うことになります。この申

〔表14〕　技能実習１号・２号・３号の移行手続

	手　続	試験の要否	対象職種	対象者	実習実施者の選択の可否	移行前、本国への帰国の要否
技能実習１号から２号へ移行	在留資格（１号から２号へ）の変更または取得	基礎級（実技試験および学科試験）の受検が必須	送出国のニーズがあり公的な技能評価制度が整備されている職種	所定の技能評価試験（技能検定基礎級相当）の学科試験および実技試験に合格した者	不　可	不　要
技能実習２号から３号へ移行	在留資格（２号から３号へ）の変更または取得	３級（実技試験）の受検が必須	技能実習２号移行対象職種と同一	所定の技能評価試験（技能検定３級相当）の実技試験に合格した者	可（注１）	いったん帰国（１カ月以上）しなければならない
技能実習３号修了後	受検後、本国に帰国	帰国前、２級（実技試験）の受検が必須				

（注１）　技能実習２号から技能実習３号に進む段階となった技能実習生は、技能実習３号に係る実習実施者を自ら選択可。

※　研修生・技能実習生の在留状況および技能実習２号への移行状況は、平成30（2018）年６月時点で、技能実習生は約28万5776人在留し、そのうち技能実習２号への移行者数は、８万7000人。

※　技能実習２号移行者の人数は、①食品製造関係、②機械・金属関係、③建設関係の順で多い。

※　受入人数は、ベトナムが45.1％を占めて１番多く、それに中国（28.3％）、フィリピン（10.1％）が続く。

75

請は、在留期間が満了する1カ月前までに行わなければなりません。

　この場合、技能実習1号で技能等を修得した実習実施機関と同一の機関で、かつ同一の技能等について習熟するための活動を行わなければなりません。

　技能実習3号について、技能実習3号への移行のための技能検定3級（実技）およびそれ相当の技能評価試験の受検は、技能実習2号修了6カ月前までにしなければなりません。技能実習3号への移行予定実習生は、技能実習2号の実習先をそのまま選ぶこともできますが、他の監理団体や実習実施者を選ぶこともできるので、新たな実習先に円滑に移行できるようにする必要があるからです。また、当該実習生の3号技能実習計画の認定を受ける必要もあるので、実習実施者が事前に決まっている必要があります（〔表14〕参照）。

(6)　技能実習期間の特例──外国人建設就労者受入事業

　国土交通省は外国人建設就労者受入事業の運用を見直し、就労の開始時期にかかわらず令和2（2020）年度末で就労期間が失効するが、令和2（2020）年度までに就労を開始した「外国人建設就労者」（建設分野技能実習を修了したものであって、受入建設企業との雇用契約に基づく労働者として建設特定活動に従事する者）には最長3年間の就労を認めるよう改めました。これによって、最終の令和2（2020）年度に就労を開始した人は令和4（2022）年度末まで日本で働くことが可能になりました。同事業は、東京五輪が開かれる令和2（2020）年度までの建設需要の一時的な急増に対応する時限措置であり、日本の建設現場で3年間の技能実習を修了した外国人に2～3年の特別な在留資格を与え、建設「特定活動」として日本の建設現場の仕事に従事してもらうものです。技能実習3号での受入れ期間を終えた後、建設「特定活動」へ従事することも可能です。また、技能実習2号の期間を終えて特定活動に従事した後、技能実習3号の実習を行うことも可能になります。ただし習得した技能を母国で活かす観点から、技能実習3号または特定活動を開始する前に1年以上の帰国期間を設けています。

　　　　　　　　　　　　　　　　　　　　　　　　　　（坂田　早苗）

Q12 外国人労働者に関連する法律

外国人労働者を雇い入れた場合には、多くの法律が適用されると思いますが、それらの法律について教えてください。

☞ ここがポイント

① 法律の適用は、基本的には日本の労働関係法が適用される。
② 労働関係法には、労働基準法や労働安全衛生法など多くの法律がある。

1 法律の適用

外国人労働者が日本で働く場合には、原則として日本の法律が適用されることとなり、その中心となる労働関係法規にはさまざまな法律があります。最も代表的なものに、労働基準法があります。この法律は「働くうえでの最低の条件」などを規定したもので、原則として会社や事業所において、この法律で定められた内容を下回る条件で労働させることは、違反となります。労働に関する代表的な法律は〔表15〕を参照してください。

2 具体的な労働基準法の規定

労働基準法1条では、「労働条件は、労働者が人たるに値する生活を営むための必要を充たすべきものでなければならない」とし、同条2項では、同法による「労働条件の基準は最低のものであるから、労働関係の当事者は、この基準を理由として労働条件を低下させてはならないことはもとより、その向上を図るように努めなければならない」としています。

また、労働基準法3条では、「使用者は、労働者の国籍、信条又は社会的身分を理由として、賃金、労働時間その他の労働条件について、差別的取扱をしてはならない」と規定されています。

第1章 外国人労働者の採用と活用の基礎知識

〔表15〕 外国人を雇い入れた場合に関連する代表的な法律（例外あり）

労働に関する法律	
①労働基準法	⑥短時間労働者の雇用管理の改善等に関する法律（※）
②労働安全衛生法	⑦高年齢者等の雇用の安定等に関する法律
③労働契約法	⑧労働者派遣事業の適正な運営の確保及び派遣労働者の保護等に関する法律
④最低賃金法	⑨雇用の分野における男女の均等な機会及び待遇の確保等に関する法律
⑤障害者の雇用の促進等に関する法律	
育児休業、介護休業に関する法律	
①育児休業、介護休業等育児又は家族介護を行う労働者の福祉に関する法律	②介護労働者の雇用管理の改善等に関する法律
社会保険に関する関係	
①労働者災害補償保険法	⑤国家公務員共済組合法
②雇用保険法	⑥地方公務員等共済組合法
③健康保険法	⑦私立学校教職員共済法
④厚生年金保険法	⑧労働保険審査官及び労働保険審査会法
その他	
①労働施策総合推進法	④労働組合法
②職業安定法	⑤出入国管理及び難民認定法
③労働関係調整法	

※ 令和2（2020）年4月に短時間労働者及び有期雇用労働者の雇用管理の改善等に関する法律に改正が予定されています。

3 労働基準法が適用されない場合

労働基準法は、国家公務員や地方公務員には労働基準法の全部または一部

が適用されないため、外国人労働者でも国や都道府県、市区町村において公務員として勤務する場合には、注意が必要です。国家公務員法附則16条では、「労働組合法、労働関係調整法、労働基準法、船員法、最低賃金法、じん肺法、労働安全衛生法及び船員災害防止活動の促進に関する法律並びにこれらの法律に基いて発せられる命令は、第2条の一般職に属する職員には、これを適用しない」と定められています。地方公務員の一般職には原則として労働基準法は適用されるものの、適用されない規定もあります（地方公務員法58条3項）。このような場合には、労働基準法の適用が排除されています。

4 労働契約法

労働基準法に加えて、労働組合法、労働関係調整法は労働三法と呼ばれ、重要な法律とされていますが、平成20（2008）年3月1日に施行された労働契約法も注目され、年々重要性が増している法律であるといえます。

それは、労働契約法がそれまでの裁判例などから確立された重要な事項などをもとに策定され、施行後には多くの裁判で取り上げられていることなどによります。同法1条では、労働契約の締結について、①自主的な交渉のもとでの合意、②対等の原則、③労働契約成立の合意という3つの原則を定めています。また同法3条では、労使対等決定の原則として労働契約の成立だけでなく、労働条件変更についても同意が必要とし、さらに同条3項では、ワークライフバランス（仕事と生活の調和）に配慮することや、同法5条では、使用者は労働者の安全に配慮する義務が謳われ、裁判においても同条に反したとして損害賠償を命じる判決（日本海庄や過労死事件（大阪高裁平成23年5月25日判決・労判1033号24頁））など、多くなされています。

もっとも、労働契約法は「国家公務員及び地方公務員については、適用しない」（22条）ことが定められており、原則として適用外となっています。

雇用において適用される法律については、Q4を参照ください。

（本間　邦弘）

第1章　外国人労働者の採用と活用の基礎知識

Q13 日本に居住する際の注意点

　外国人労働者の採用を海外で決めましたが、日本に居住させるための準備や留意点を教えてください。

☞ ここがポイント

① 双方合意による雇用契約書の締結が重要になる。
② 外国人登録制度から在留カードへの外国人管理方法の変更も重要。

1　就労ビザ申請前に雇用契約の締結をする

　外国人労働者の採用にあたっては、本人と直接、入社後の賃金をはじめとした労働条件をよく話し合い、書面による雇用契約を合意のうえで結ぶことが重要です。特に外国では日本以上に書面による契約書を重視する場合が多く、契約書は採用後のトラブルにおいて重要な証明書となります。

　労働条件を従業員に書面で配布することは労働基準法・労働契約法において、外国人労働者に対しても義務であり、労働条件通知書等の配布を行わなかった場合の責任は企業等になります。労働条件について、後々の「言った、言わない」トラブルを未然に防ぐためにも入社後の賃金等労働条件を双方で確認・納得して、双方のサインをもって保管しておく必要があります。この場合、日本語の雇用契約書とともに外国人が理解できる母国語や英語などの標準的な言語で翻訳文を作成し、両方を本人に配布することが大切です。

　なお、外国人労働者の入国手続については、Q8の3を参照してください。

2　就労ビザの取得後に雇用企業が行う受入準備・入国後の指導

　就労ビザを取得した後、企業として行うべき準備や入国後の指導として考えられる主な事項は、以下のとおりです。

　① 外国人本人による自国日本大使館においての査証（ビザ）申請の指導

80

Q13　日本に居住する際の注意点

② 日本入国後の借上げ社宅等の準備

③ 日本語教育のためのスクールや教材選び

④ 来日時のフライトの手配

⑤ 教育訓練の準備

⑥ 入国後、居住地決定後の住民登録の指導

　　外国人従業員の居住地が決まった後、住所を管轄する区役所や市役所などで外国人本人が住民登録をする必要があります。この登録により、入国時に受け取った在留カードに住所地を裏書してもらうことができ、日常この在留カードを携帯することによってパスポートの携帯義務がなくなります。これにより、給与振込に必要な銀行口座の開設などもできるようになります。

⑦ 在留期間を更新する際の入国管理局への在留期間更新申請手続

3　外国人管理制度（〔表16〕）

⑴　在留カードの効力

平成21（2009）年7月に改正された入国管理法により、平成24（2012）年7月9日より新たな在留管理制度が施行され、今まで法務省と市区町村が行っていた外国人に関する情報把握を法務大臣のもとに一元化し、外国人登録制度に代わって「在留カード」の登録・携帯が義務づけられることになりました。

日本に中長期滞在する外国人に対して交付される在留カードは、上陸許可や在留資格の変更許可、在留期間の更新許可など、在留に係る許可に伴って交付されます。平成21（2009）年改正前との大きな違いは、以下のとおりです。

① 外国人にも住民票が作成される（これに伴いマイナンバーも付番）

② 在住期間は最長5年

③ 特別永住者には在留カードの携帯義務がない

81

第1章　外国人労働者の採用と活用の基礎知識

〔表16〕　日本入国後の中長期在留者の在留管理制度における手続

出入国港において	入国の審査がされます。
	パスポートに上陸許可の証印を押印されるとともに、上陸許可によって中長期在留者となった人に在留カードを交付します（※）。
市区町村において	住所地の（変更）届出
地方入国管理官署において	①住所地以外の編区届出（氏名・生年月日・性別・国籍・地域の変更届）
	②在留カードの有効期間更新申請
	③在留カードの再交付申請
	④所属機関・配偶者に関する届出（インターネットを利用して行うことも可能）。
在留審査	資格変更許可、期間更新許可等の際、中長期在留者には新しい在留カードを交付します。

※　上陸許可の証印とともに在留カードが交付されるのは成田空港、羽田空港を含む７カ所に当分の間限定されています。その他の空港・海港については、住居地の届出を行った後に郵送により交付されます。

④　再入国許可の有効期間の上限が５年

⑤　各種手続の負担緩和

　この在留カードは、外国人が日本滞在中、パスポートと並んで最も重要な身分証明書になるものであり、日本滞在中は常時携帯しなければなりません。在留カードで確認できることについては、Ｑ９の１(2)を参照してください。

(2)　**在留カード記載事項**

　在留カードの記載事項は以下のとおりです。

①　氏　名

②　在留資格

③　在留期間満了日

④　住居地

82

⑤　就労制限の有無

⑥　顔写真

⑦　資格外活動許可欄

⑧　申請欄

⑨　後日交付印

⑩　指定書

　記載事項に変更が生じた場合には変更の届出を義務づけられており、常に最新の情報が反映されることになります。

　なお、⑩の指定書を持っていても就労できない人もいます。就労の可否は指定書の内容により決定されるため、確認が必要です。

(3)　在留カードの交付（入国管理法19条の6（新規上陸に伴う在留カードの交付））

　出入国港において、新規の上陸許可に伴い在留カードが交付されるか、または「在留カードを後日交付する」旨の記載がパスポートになされます。

　平成24（2012）年7月9日以前に日本に入国し、外国人登録証明書を交付されている人については、現在の在留期間の満了日までは、外国人登録証明書が在留カードとみなされます。在留カードへの切替えは、次回の在留期間更新許可や在留資格変更許可の際に行われます。

(4)　新規上陸後の住居地の届出──住民登録（入国管理法19条の7）

　上記の手続により在留カードが交付された中長期在留者は、住居地を決めてから14日以内に、在留カードを持参のうえ、住居地の市区町村の窓口で住居地を法務大臣に届け出なくてはなりません。この手続（住民登録）が完了すると、住民票の写し（日本で口座を開設する際に必要となる書類です）を取得できるようになります。子ども手当などの各種行政サービスもこの住民登録に基づいて行われますので、きちんと手続をする必要があります。

　また、1年以上日本に在留する予定の人は、国民健康保険の加入手続もあわせて行いましょう。なお、在留カード等を提出して住民基本台帳制度にお

ける転入届をしたときは、転入届が住居地の届出とみなされます。

住民登録に必要な書類は以下のとおりです。

① パスポート

② 在留カード

③ 印鑑（サインでも可）

(5) 在留資格変更等で中長期在留者になった外国人の届出

これまで中長期在留者ではなかった外国人が、在留資格変更、在留期間更新、在留資格取得等の在留資格に係る許可を受けて、新たに中長期在留者となった場合は、住居地を定めた日（すでに住居地を定めている者は、当該許可の日）から14日以内に、在留カードを持参のうえ、住居地の市区町村の窓口でその住居地を法務大臣に届け出なければなりません。

(6) 在留中の住居地変更の届出手続

住居地の変更をした中長期在留者は、変更後の住居地に移転した日から14日以内に、在留カード等を持参のうえ、変更後の住居地の市区町村の窓口でその住居地を法務大臣に届け出なければなりません。

(7) その他在留カード記載事項に変更が生じた場合

氏名等の在留カード記載事項に変更が生じた場合や有効期間の更新をする場合は、一定の期間内に地方入国管理官署に届出・申請をしなくてはなりません。

その他就労資格や学ぶ資格、身分資格で在留する中長期在留者は、それぞれ所属機関、婚姻関係に変更が生じた場合には地方入国管理局に届け出なくてはなりません。

なお、就労または留学の在留資格の中長期在留者を受け入れている所属機関は、その受入れの開始、終了等に際して、地方入国管理官署に届け出るよう努めることとされています。この場合、労働施策総合推進法28条1項の規定により届出をしなければならない事業主は除きます。

(8) 在留カードの注意点

　３カ月を超える期間日本に滞在する外国人に交付される在留カードには、どのような資格で日本に在留しているのか、また就労できるのか、資格外活動（アルバイトなど）の可否等が書かれています。

　平成21（2009）年７月の入国管理法の改正により、短期滞在の在留資格の場合は、在留カードは発行されません。

　また、従来の外国人登録証明書と違い、不法滞在者に在留カードが発行されることはないので、３カ月以上日本にいるのに在留カードを持っていない場合、原則として不法滞在者とみなされます。

　もしも警察官から職務質問を受けたときに、在留カードが提示できないと不法滞在とみなされる可能性が高く、自分の在留カードの番号は、暗記するか財布の中にメモを入れておくなどして、必要なときにすぐに取り出せるようにすることが重要です。外国人が日本社会で生活するにあたり、在留カードの番号とその有効期限を尋ねられることが多くあります。

　なお、「在留カード」には偽造変造防止のための IC チップが搭載されており、カード面に記載された事項の全部または一部が記録されます。またウェブサイト上で在留カード番号の有効性を確認することもできます。

（坂田　早苗）

第1章　外国人労働者の採用と活用の基礎知識

Q14　日本へ帰化するための手続

　外国人労働者が帰化を希望していますが、要件などを教えてください。

> ☞ **ここがポイント**
>
> ① 永住と帰化の本質的な違いは日本国籍の有無。
> ② 永住要件に比べ帰化要件は厳格。
> ③ 帰化のメリットは強制退去の対象とならないことなどがある。

1　永住と帰化の違いは何か

(1)　帰化の検討にあたって

　外国人労働者の中には、日本で就労して年月を経ると、活動制限のないさらに安定的な在留資格を求めて「永住資格申請」や「帰化申請」によって日本で生涯暮らそうと考える人がいます。「永住」資格であっても労働するにおいて活動制限はありません。その一方で、「帰化」は国籍変更を伴う手続となります。すなわち両者には、「帰化」が日本国籍を取得し日本人になる、という国籍の問題であるのに対し、「永住」は、国籍が外国人のままで日本に永住しようという在留資格制度上の問題という決定的な違いがあります。

　順序からいえば、永住資格をとってから、国籍変更を伴う帰化という流れが自然ですが、帰化許可要件を満たすということで一足飛びに帰化申請をする人もいます。帰化申請にあたっては、帰化が国籍という自分のアイデンティティーに深くかかわる重要な問題を孕むことを踏まえ、日本での在留継続の安定性確保が主目的であるなら「永住」資格で十分ではないか等、永住と帰化両者のメリット・デメリットを事前によく比較検討するべきでしょう。

(2)　帰化と永住の効果の違い

　帰化と永住の効果としての違いは、日本国民に限定される制度などの適用

86

の有無があげられます。帰化して日本国民となれば参政権を得られますが、永住資格では参政権は認められていません。また、永住者は外国人であることに変わりはないので、退去強制制度や再入国許可制度の適用はあります。国籍の変更に伴い、永住者は外国のパスポートのままですが、帰化した場合は日本の戸籍が作られ日本国のパスポートを持つことになります。

2　帰化申請とその要件

　前述のように帰化は、国籍変更を伴う申請であり、外国人の在留資格を審査する入国管理局ではなく、住所地を管轄する法務局（国籍課）で手続をします。また、帰化申請の実務上の取扱いは、同一家族内で夫婦、子どもの国籍が異ならないよう、一家族の世帯ごとに帰化申請をするのが基本です。

(1)　帰化要件

帰化の一般的な条件には、次のようなものがあります（国籍法5条）。

①　居住要件（同条1項1号）

　　引き続き5年以上日本に住所を有すること

②　能力要件（同項2号）

　　年齢が20歳以上であり、かつ、本国法によっても行為能力を有すること

③　素行要件（同項3号）

　　素行が善良であること[*9]

④　生計要件（同項4号）

　　自己または生計を一にする配偶者その他の親族の資産または技能によって生計を営むことができること[*10]

※9　素行が善良であるかどうかは、犯罪歴の有無や態様、納税状況や社会への迷惑の有無等を総合的に考慮して、通常人を基準として、社会通念によって判断されます。

※10　生活に困るようなことがなく、日本で暮らしていけることが必要です。この条件は生計を1つにする親族単位で判断されるので、申請者自身に収入がなくても、配偶者やその他の親族の資産や技能によって安定した生活を送ることができれば、この条件を満たすことになります。

第1章 外国人労働者の採用と活用の基礎知識

⑤ 重国籍防止要件（同項5号）

国籍を有せず、または日本の国籍の取得によって、原則として外国籍を失うべきこと[*11]

⑥ 憲法遵守条件（同項6号）

日本国憲法施行の日以後において、日本国憲法またはそのもとに成立した政府を、暴力で破壊することを企て、もしくは主張し、またはこれを企て、もしくは主張する政党その他の団体を結成し、もしくはこれに加入したことがないこと[*12]

これらの条件を満たしていたとしても、必ず帰化が許可されるとは限りません。これらは、日本に帰化するための最低限の条件を定めたものです。ただし、日本と特別な関係を有する外国人（日本で生まれた者、日本人の配偶者、日本人の子、かつて日本人であった者等で、一定の者）については、一部緩和されています（同法6条から8条まで）。

なお、外国人が取得している入国管理法上の在留資格とそれに応ずる在留期間と帰化とは、必ずしも連動していません。帰化要件のどこにも在留資格との関連が規定されていません。よって、引き続き5年以上日本に住所を有して在留していれば、どのような在留資格でも、他の要件の充足次第で帰化申請が可能となります。

(2) 帰化申請に必要な書類

申請にあたり揃えるべき資料は膨大な量になります。特に日本国民になった場合の戸籍の作成を前提として、両親・兄弟姉妹まで正確な公証資料が要求されるので、それらを本国から取り寄せるのに苦労します。帰化申請に必

※11 帰化しようとする人は、無国籍であるか、原則として帰化によってそれまでの国籍を喪失することが必要です。なお例外として、本人の意思でその国の国籍を喪失することができない場合については、この条件を備えていなくても帰化が許可になる場合があります（同条2項）。

※12 日本の政府を暴力で破壊することを企てたり、主張するような人、あるいはそのような団体を結成したり、加入しているような人は帰化が許可されません。

要な書類は以下のとおりです。

- ・ 帰化許可申請書（写真貼付）
- ・ 親族の概要（日本・外国）
- ・ 履歴書（卒業証明書、在学証明書、資格証明書）
- ・ 帰化の動機書
- ・ 宣誓書
- ・ 国籍証明書
- ・ パスポート・渡航証明書（写し）
- ・ 身分関係を証する書面（出生・婚姻・死亡証明書等）
- ・ 国籍離脱・放棄等の宣誓書
- ・ 出入国記録（上陸から現在に至るまでの在留資格、許可の種類および法定の住所期間における出入国歴が記載されたもの）
- ・ 住所証明書（外国人登録原票記載事項証明書等）
- ・ 在留カード
- ・ 生計の概要（在勤・給与証明書、不動産登記事項証明書、預貯金通帳等資産情報、賃貸契約書）
- ・ 事業の概要（法人の登記事項証明書、営業許可書、免許書類等）
- ・ 課税証明書、納税証明書（個人）、納税証明書・源泉徴収簿・確定申告書等（法人）
- ・ 年金保険料の納付証明書
- ・ 運転免許証関係
- ・ 自宅、勤務先、事業所付近の略図
- ・ スナップ写真（最近のもの、家族、友人等と）

(3) 帰化申請の流れと注意点

　帰化申請は、申請する本人が直接しなければならず、親子兄妹、夫婦であってもお互いに代わって申請することはできません。法定代理人以外は代理人による申請も許されず、本人申請が帰化許可申請の原則となります。

　申請先は、申請者の住所地を管轄する法務局の国籍課または戸籍課および国籍事務を扱っている支局です。申請先を確認したら、まず電話をして事前相談の予約をとります。事前相談の場で、各申請者の事情に応じて提出が必要な書類等の情報が提示されますので、その情報に基づいて、必要な書類を収集し、書類を作成し、申請先に提出します。申請料は無料です。

第1章 外国人労働者の採用と活用の基礎知識

　帰化許可申請書の「申請年月日」、「申請者又は法定代理人の署名」および「宣誓書の署名」は空欄としておき、受付の際に記載します。なお、写しを提出する場合は、原本と照合する必要があるため、必ず原本を持参します。

　申請受付の際（電話で必ず事前予約をする）は、申請人自らが法務局に出向いて書類を提出します。提出書類に基づいて当日面接がされますが、提出後に再出頭を求められることもあります（身分関係で帰化申請する場合は家庭訪問もあります）。法務局によっては書類提出前に、まず出頭して説明を求められることもありますので、事前に確認してください。

　面談では、日本語能力（小学校3〜4年生程度）が問題にされます。漢字、ひらがな、カタカナ（ランドセル、ハーモニカ）の文を書くなど、約1時間の面談になります。

　帰化申請で提出する書類は、本人のありとあらゆる情報を書面化したものになります。もし何か処罰歴があれば、記載しなければなりません（たとえば、道路交通法違反（反則金含む））。小さな交通違反1つにしても審査の対象とされますので、申請書提出前はもちろん提出後も慎重な行動を心がける必要があります。

　帰化許可の判断基準は公開されていませんが、帰化は日本国籍を与えることもあり、外国人の日本への定着度や日本社会に対する貢献度が総合的に判断されているようです。

　帰化が許可されると、法務局から身分証明書が交付されます。その場合、1カ月以内にこの身分証明書を添付して、現居住地または新たに定めた本籍地の市区町村役場で帰化の届出をしなければなりません。日本人になった以上、在留カードは不要であるため、返納しなければなりません。

(4)　帰化のメリット

　帰化のメリットとして、以下のことがあげられます。

- ・ 選挙権・被選挙権の取得
- ・ 公務員への就職
- ・ 年金・保険・教育・福祉等社会保障の面で日本人と同等の権利を取得
- ・ 不動産が所有しやすくなる
- ・ 住宅ローンや自動車ローンなどの融資が組みやすくなる
- ・ 世界一信用あるといわれる日本国のパスポートにより、多くの国へビザなしで渡航できる
- ・ 日本人と結婚した場合、身分事項記載ではなく同一の戸籍に入籍できる
- ・ 外国人登録、再入国許可が不要になる
- ・ 強制退去の対象にならない

(5) 帰化のデメリット

帰化のデメリットとしては、以下のことがあげられます。

- ・ 日本は二重国籍を認めないため、母国の国籍を喪失する
- ・ 母国に里帰りする際、国によっては渡航にビザが必要になる
- ・ 再び母国に帰化し直すのは事実上難しくなる

3 永住と帰化の対比表

永住と帰化の対比をまとめた〔表17〕を参考にしてください。

〔表17〕 永住と帰化の対比

	帰化申請	永住申請
根拠法	国籍法4条2項	入国管理法22条および22条の2
提出先	住所地を管轄する法務局（国籍課）	住所地を管轄する地方入国管理局 入国管理法施行規則22条
申請単位	家族単位（基本）	個人単位
手続対象者	日本に帰化を希望する外国人	永住者への在留資格変更を希望する外国人（すでに在留資格を有している）
申請者	本人、親権者（15歳未満）、法定代理人	本人（入国管理法22条）、法定代理人（16歳未満）、取次行政書士、その他（同法61条の9の3）

第1章 外国人労働者の採用と活用の基礎知識

申請期間	随時	資格変更を希望する者にあっては在留期間の満了する日以前（なお、永住許可申請中に在留期間が経過する場合は、在留期間が満了する日までに別途在留期間更新許可申請をする必要あり）：取得を希望する者にあっては出生その他の事由発生後30日以内。
	（申請中に在留期間が経過する場合は、在留期間満了日までに別途在留期間更新許可申請が必要）	
申請部数	すべて正副2通	正本
居住要件 （普通）	普通帰化では、引き続き5年以上日本に住所を有すること。	普通永住では、引き続き10年以上。この期間のうち就労資格または居住資格をもって引き続き5年以上在留。
居住特例 （簡易）	特別（簡易）帰化：省略	簡易永住申請：省略
能力要件	普通帰化では、20歳以上で本国法によって行為能力を有すること。	なし
素行要件	素行が善良であること。緩和措置なし。国籍法5条1項3号。	素行が善良であること。入国管理法施行規則22条。
生計要件	日本人同様の日々の生活が送ることのできる収入。	原則年間300万円以上。独立の生計を営むに足りる資産または技能があること。生計を一にする親族の収入との合算でもよい。ただし、資格外活動の収入は含まれない。
在留年数	なし	現に有している在留資格の最長の在留期間
保証人	不要	日本人または永住者
日本語能力	小学校3～4年程度の読み書き	規定なし
審査期間	8～12カ月 申請人ごとに異なる	4～8カ月 申請人ごとに異なる
手数料	無料	8000円
不服申立て	なし	なし
再入国許可	なし	1年以上のときは必要
在留期限	なし	なし
国籍	日本国籍（外国籍喪失）	外国籍のまま
外国人登録	入管に在留カード返納	引き続き必要
活動制限	なし	なし

審査基準 （要件）	国籍法 5 条記載事項（ 6 項目）	①素行が善良であること
		②独立生計を営むに足りる資産また は技能を有すること
		③永住が日本国の利益に合すると認 められること
		※①、②について緩和条件が適応さ れる場合あり
許可後の流 れ	官報掲載（国籍法10条）、身分証明 書の交付、戸籍課への届出（戸籍法 102条 2 ）	

※　日本と特別な関係を有する外国人（日本で生まれた者、日本人の配偶者、日本人の子、
　かつて日本人であった者等で、一定の者）については、上記の帰化の条件を一部緩和し
　ています（国籍法 6 条から 8 条まで）。
　　簡易永住申請（入国管理法22条 1 項 2 号）、原則10年在留に関する特例該当者につい
　ては法務省「永住許可に関するガイドライン」参照。
　　なお、永住の許可については、他の在留資格から永住の在留資格に変更する形をとっ
　ており、新規・上陸による許可はありません。
※　永住申請の許可要件（居住要件）として、原則 5 年の就労期間があげられていますが、
　「技能実習」と「特定技能 1 号」での就労期間はその期間に含められないということが
　注意すべき点です。
※　「高度専門職」と「永住」：「永住許可に関するガイドラン」、「永住許可に関するガイ
　ドラン」（平成29（2017）年 4 月改定）により、高度専門職のポイント制の見直しや永
　住申請への優遇が行われ、これまで高度専門職の方は 5 年（申請時 4 年 6 カ月）の居住
　要件が必要でしたが、ポイント70点以上で 3 年、80点以上であれば 1 年の短期在留で永
　住申請が認められることになりました（原則10年在留の特例）。

（坂田　早苗）

第2章

就労資格や募集、面接、内定時の相談事例

第2章 就労資格や募集、面接、内定時の相談事例

Q15 就労に必要な資格取得と内定取消しの対応

外国人を正社員とするため、採用内定を出しましたが、就労に必要な在留資格が取得できなかったため、採用内定を取り消したところ、その外国人から、採用されることを前提に支出した引越し代などを要求されています。対応と事前の予防措置などについて教えてください。

☞ ここがポイント

① 外国人が適法に就労するためには、就労可能な在留資格を有していることが必要。
② 就労可能な在留資格を有しない外国人を就労させた場合、事業主には不法就労助長罪が成立する場合がある。
③ 採用内定通知書等に採用内定の具体的な条件を明記するなどにより、事前に予防策を講じることが重要。

1 在留資格

(1) 就労可能な在留資格

在留資格によって、外国人に関して就労の可否および適法に就労することができる範囲が決まります。

(a) 「永住者」「日本人の配偶者等」「永住者の配偶者等」「定住者」の在留資格を有する外国人

「永住者」「日本人の配偶者等」「永住者の配偶者等」「定住者」の在留資格を有する外国人は就労できる活動の範囲に制限がなく、専門的な技術・技能を必要としない労働、いわゆる単純労働も行うことが可能です。

(b) 「文化活動」「短期滞在」「留学」「研修」「家族滞在」の在留資格を有する外国人

「文化活動」「短期滞在」「留学」「研修」「家族滞在」の在留資格では就労は認められません。ただし、これらの在留資格であっても、資格外活動許可

96

を受けた場合には許可の範囲での就労が可能となります。資格外活動許可の詳細についてはQ16の解説を参照してください。

(c) 上記(a)・(b)以外の在留資格を有する外国人

上記(a)・(b)以外の在留資格を有する外国人は、それぞれの在留資格で認められた範囲で就労が可能です（技能実習に基づく在留資格についてはQ11、特定技能に基づく在留資格についてはQ7を参照してください）。

(2) 就労が認められているもの以外の就労を行った場合

外国人が就労に必要な在留資格を有せず、または、現在有している在留資格で認められている就労の範囲を超えた就労を行った場合には、当該外国人の就労は不法就労活動に該当し、当該外国人に対する退去強制事由となります。また、外国人に不法就労活動をさせた者も不法就労助長罪として処罰される可能性があります。不法就労助長罪についての詳細は、Q17の解説を参照してください。

事業主が不法就労助長罪に問われないためには、事業主が外国人を雇用する場合に雇用しようとしている外国人から就労資格証明書（日本に在留する外国人が行うことができる就労活動を法務大臣が証明する文書）の交付を求めるなどして、雇用後の就労を適法に行うことができる在留資格を有していることを確認する必要があります。仮に外国人が現在有している在留資格では当該就労を適法に行うことができない場合には、当該就労を適法に行うことができる在留資格への変更を検討することになります。

2 ご質問のケースへの対応

(1) 採用内定の取消し

採用内定とは、就労を開始する日を入社日などとし、採用内定日から就労開始日までの間は、一定の場合に採用内定を取り消すことができるという権利が留保された労働契約（始期付解約権留保付労働契約）（最高裁昭和54年7月29日判決・民集33巻5号582頁）であると解されています。採用内定の取消し

第2章　就労資格や募集、面接、内定時の相談事例

が認められるかは、留保されている解約権（留保解約権）の行使が適法であるかどうかにより判断され、留保解約権が適法かどうかは、留保解約権の行使に客観的に合理的で社会通念上相当であると認められる事実があるかどうかにより判断されます。

　採用が内定した外国人が就労に必要な在留資格を取得できない場合、外国人は当該就労を適法に行うことができないため、採用内定を取り消すことは一般的に合理的であり、社会通念上相当であると思われます。したがって、ご質問のケースのような場合には、一般的には採用内定の取消しを行うことは適法であると思われます。

(2)　引越し代などの請求に対する対応

　個別具体的な事案によりますが、一般的に、採用内定の取消しをした場合、引越し代などを事業者が負担することを認めるなどの言動をしていない限り、事業主は引越し代など外国人が被った損害を賠償する義務はないと思われます。

　そのため、ご質問のケースのような場合には、採用に関連し外国人が支出した引越し代などの費用は支払わないという趣旨の説明をすることが対応として考えられます。場合によっては、専門家を用いて、説明することも考えられます。

3　事前の予防策

(1)　事前の予防策の必要性

　ご質問のケースのような採用内定に関する争いや採用に関連した費用に関する争いが生じるのを防止するため、事前の予防策を講じることも重要です。事前の予防策としては、①採用内定の際にその条件を明記すること、②採用に関連する費用の負担を明確にすることが考えられます。また、争いを避けるために採用内定の条件などを明確にしても、採用内定の条件を外国人が理解していなければ意味がないので、③外国人が採用内定の条件などを理解で

98

きる言語で採用内定通知書などを作成することも考えられます。

(a) 予防策1——採用内定の条件の明記

前述のとおり、採用内定に関する争いが生じることを防止するため、採用内定の条件を明確にすることが重要であると思われます。また、採用内定後、採用内定を取り消すことができる場合を明確にするため、採用内定の際に、採用内定を取り消すことができる事由を明確にすることが重要です。たとえば、「令和○○年○○月○○日までに、『技術・人文知識・国際業務』の在留資格を取得できない場合には、採用内定を解約することができる」または「現在申請中の『技術・人文知識・国際業務』の在留資格を取得できない場合には、採用内定を解約することができる」などという文言を入れることが考えられます。

また、外国人が在留資格を取得する際、事業主の協力が必要な場合が多く、在留資格の取得に一定の関与をすることが通常であると思われます。事業主が在留資格の取得をサポートする場合も、採用を保証するものではないという趣旨の規定を入れることも考えられます。

(b) 予防策2——費用負担の明確化

外国人の採用に関連する費用としては、ビザの取得、在留資格の更新や変更の手数料のほか、外国人が引っ越す場合には引越し代や新しい住居を借りるための費用などが考えられます。採用に関連する費用に関する争いを防止するため、外国人が採用に関連した費用を支出した場合、事業主が負担するのか、それとも外国人が負担するのかを明確にする条項を設けることが重要です。

採用内定通知書などには、①事業主が採用に関連する費用を一切負担しない場合にはその旨を記載し、②事業主が採用に関連した費用を負担する場合には支出した費用の一部をいくらまで負担するのかなどを抽象的ではなく金額を具体的に記載することが必要であると考えます。たとえば、事業主が費用を負担しない場合には、「事業主は、在留資格変更に伴う費用、引越し費

用その他労働者が労務の提供をするために支出した一切の費用を負担しない」などという条項を設けることが考えられます。

また、引越し費用のうち50万円までは負担することにした場合には、「事業主は、引越し費用のうち、その支出を証明する書類の提示を条件に50万円まで負担する」などという条項を設けることが考えられます。

(c) 予防策3——採用内定の条件を理解させる

以上に加え、採用内定の条件などを外国人に理解してもらうことも重要です。そのためには、採用内定通知書などには日本語だけではなく、採用する外国人が十分理解できる言語で作成することが考えられます。

採用内定し、採用の条件などを説明する際、厚生労働省が作成する「外国人労働者向けモデル労働条件通知書」などを利用することが考えられます。しかし、これらは一般的な規定しか記載されていないため、これらだけで採用内定通知書などに記載する採用内定の条件をすべて説明するのは不十分ですので、専門家などに依頼し、外国人にわかる形での採用内定通知書などの作成をすることをおすすめします。

(2) 事前の予防策の重要性

ご質問のケースのような事態が生じ、それに対応する場合と、事前の予防策を講じて設問のような事態が生ずることを防止する場合の時間やコストを比較すると、事前の予防策を講じるほうがはるかに時間やコストはかからないと思われます。したがって、採用内定の場合をはじめ、その他採用に関するトラブルを防ぐためにも事前の予防策を講じることが非常に重要です。

(大原　慶子／渡　匡)

Q16 留学生アルバイトが資格外活動許可証を偽造していた場合

アルバイトとして採用した留学生が資格外活動許可証を偽造していたことが発覚しました。対応を教えてください。

☞ ここがポイント

① 資格外活動許可証の偽造での就労は不法就労となる可能性がある。
② 不法就労助長罪は両罰規定。
③ インターンシップ受入れの注意点と活用方法。

1 資格外活動許可とは何か

ご質問のケースのような「資格外活動許可証」等を偽造したという話を聞くことがあります。また、平成31（2019）年4月からの在留資格拡大を前に、在留カードの偽造も問題となっています。では、そもそも「資格外活動許可」とは何でしょうか。

資格外活動許可とは、外国人が現に有する在留資格による活動以外で、収入を伴う活動を行おうとする場合に、あらかじめ入国管理局から受ける必要がある許可です。この許可は、本来の在留資格に属する活動を阻害しない範囲で付与されます。

「留学」や「家族滞在」の在留資格で日本に在留する外国人がアルバイトをする場合は、居住地の管轄の入国管理局にて「資格外活動許可」をあらかじめ受けてからアルバイトを始めなくてはなりません。

在留資格上、就労不可となっている外国人の資格外活動許可については〔表18〕を参照してください。

101

第2章　就労資格や募集、面接、内定時の相談事例

〔表18〕　「就労不可」の外国人に対する資格外活動許可一覧

在留資格	1週間の就労可能時間	教育機関が学則で定める 長期休業期間中
留学		1日8時間以内
家族滞在	28時間以内	
特定活動		
文化活動	許可内容を個別決定	

※　平成24（2012）年7月9日から、「留学」の在留資格を決定されて新しく
　上陸許可を受けた場合（「3月」の在留期間が決定された場合を除く）には、
　上陸の許可に引き続き、資格外活動許可の申請を行うことが可能になり、そ
　の結果、上陸の許可を受けた出入国港で資格外活動許可を受けることが可能
　になりました。
　　休学中は、資格外活動（アルバイト）は認められません。
　　平成22（2010）年7月から、「留学」の在留資格をもって在留する外国人
　が、在籍する大学または高等専門学校（第4学年、第5学年および専攻科に
　限る）との契約に基づいて報酬を受けて行う教育または研究を補助する活動
　については、資格外活動の許可が不要です。
　　平成24（2012）年7月9日以降に、中長期在留者に対して交付される在留
　カードの裏面には、資格外活動許可を受けている場合に、その許可の要旨が
　記載されることとなりました。

2　資格外活動の活動内容

在留資格に条件を付けて新たに許可する活動の内容は以下のとおりです。

①　1週間について28時間以内（留学の在留資格をもって在留する者につい
　ては、在籍する教育機関が学則で定める長期休業期間にあるときは、1日に
　ついて8時間以内）の収入を伴う事業を運営する活動または報酬を受け
　る活動（風俗営業は除く。留学の在留資格をもって在留する者については教
　育機関に在籍している間に行うものに限る）

②　その他、地方入国管理局長が、資格外活動の許可に係る活動を行う本
　邦の公私の機関の名称および所在地、業務内容その他の事項を定めて
　個々に指定する活動

102

3 資格外活動許可申請手続の概要

資格外活動許可申請手続の流れは次のとおりです（〔表19〕）。

① 「資格外活動許可申請書」（法務省ホームページ参照）をダウンロードし、「記入例」にならって記入する。

② 記入済みの資格外活動許可申請書を入国管理局に提出する。なお、パスポート、在留カードを持参すること。

③ 原則として、その日に発行（場合によっては、後日発行）。

資格外活動の許可は、証印シール（旅券に貼付）または資格外活動許可書の交付により受けられます。証印シールまたは資格外活動許可書には、「新たに許可された活動内容」が記載されますが、雇用主である企業等の名称、所在地および業務内容等を「個別に指定」する場合と、「包括的許可」（1週

〔表19〕 資格外活動許可申請手続要領

手続名	資格外活動許可申請
手続根拠	入国管理法19条2項
手続対象者	現に有している在留資格に属さない収入を伴う事業を運営する活動または報酬を受ける活動を行おうとする外国人
申請期間	現に有している在留資格に属さない収入を伴う事業を運営する活動または報酬を受ける活動を行おうとするとき
申請者	1 申請人本人
	2 申請の取次の承認を受けている次の者で、申請人から依頼を受けたもの ○ 申請人が経営している機関または雇用されている機関の職員 ○ 申請人が研修または教育を受けている機関の職員 ○ 外国人の円滑な受入れを図ることを目的とする公益法人の職員
	3 地方入国管理局長に届け出た弁護士または行政書士で、申請人から依頼を受けたもの
	4 申請人本人の法定代理人
処分時の受領者	同上
手数料	手数料はかかりません

第2章 就労資格や募集、面接、内定時の相談事例

必要書類等	・申請書
	・当該申請に係る活動の内容を明らかにする書類　1通
	・在留カード（在留カードとみなされる外国人登録証明書を含みます。以下同じ）を提示 ※申請人以外の方が、当該申請人に係る資格外活動許可申請を行う場合には、在留カードの写しを申請人に所持させてください。
	・旅券または在留資格証明書を提示
	・旅券または在留資格証明書を提示することができないときは、その理由を記載した理由書
	・身分を証する文書等の提示（申請取次者が申請を提出する場合）
申請書様式	・資格外活動許可申請書
申請先	住居地を管轄する地方入国管理官署（地方入国管理官署または外国人在留総合インフォメーションセンターに問い合わせてください）
受付時間	平日午前9時から同12時、午後1時から同4時（手続により曜日または時間が設定されている場合がありますので、地方入国管理官署または外国人在留総合インフォメーションセンターに問い合わせてください）
相談窓口	地方入国管理官署または外国人在留総合インフォメーションセンター
審査基準	現に有する在留資格に関する活動の遂行を阻害しない範囲内であり、かつ、相当と認めるとき
標準処理期間	2週間～2カ月
不服申立方法	なし

（出典）法務省ホームページをもとに作成

間に28時間以内であることおよび活動場所において風俗営業等が営まれていないことを条件として企業等の名称、所在地および業務内容等を指定しない）の場合があります。この「包括的許可」が受けられるのは、以下の場合です。

① 「留学」または「家族滞在」の在留資格をもって在留する場合

② 本邦の大学を卒業し、または専修学校専門課程において専門士の称号を取得して同校を卒業した留学生であって、卒業前から行っている就職活動を継続するための「特定活動」の在留資格をもって在留する者で、同教育機関からの推薦状に資格外活動許可申請に係る記載がある場合

104

なお、在留資格「文化活動」を有している場合は、就労先が内定した段階で個別に申請します。

4 資格外活動に該当する場合

(1) 不法就労

留学の在留資格をもつ学生が、資格外活動許可を得ないで就労した場合、不法就労になります。不法就労とは、①不法入国者や不法残留者など、正規の在留資格をもたない外国人が行う就労活動、②就労が認められていない在留資格の外国人が、資格外活動許可を受けず行う就労活動、③就労が認められている在留資格をもつ外国人でも、その在留資格で認められた範囲を超えて行う就労活動のことをいいます。

不法就労者は当然、処罰の対象となります。そして、これらの者を雇用した場合は、事業主等にも外国人に不法就労させた者として、「不法就労助長罪」（入国管理法73条の2第1項1号）により、3年以下の懲役もしくは300万円以下の罰金に処し、またはこれを併科するとされています。

(2) ご質問のケースの検討（雇用主が処罰される可能性等）

ご質問のケースでは、雇用主は留学生に資格外活動許可を得ていると、「騙された」うえで雇用し、その後に在留証明書偽造の事実を知ることとなりました。不法就労をした留学生は当然処罰の対象になりますが、雇用主も「騙された」ことに「過失がある」場合は処罰される可能性があります。

「不法就労助長罪」とは、不法就労者本人以外の関係者である悪質な雇用主やあっせん者などを処罰するために存在しています。この悪質な業者等は、不法入国の手助けをしたり、また、当の外国人の弱みに付け込んで劣悪な労働条件下で働かせたりします。

この「不法就労助長罪」は両罰規定ですから、違反した行為者のみならず、法人・事業主にも刑事罰が科せられます。違反事実を知らなかったとしても不法就労の外国人を雇用した場合には処罰の対象となる可能性は極めて高い

第2章　就労資格や募集、面接、内定時の相談事例

です。なお、事業主が外国人の場合は、強制退去の対象になります。

　ご質問のケースの雇用主は、騙されたことに過失がなければ処罰を免れる可能性が残っています。過失の有無については、雇用にあたって就労資格の有無をきちんと調べたか否かが問われます。雇用後、不法就労に気づいた場合は、外国人が不法就労であることを理由としてすぐに解雇するか、または、適正な就労状態にできる可能性がある場合には、外国人に不法就労状態を是正するよう指導し、指導に従わない場合は解雇することが考えられます。

5　雇用企業側の対策

　このような問題に巻き込まれないためにも、これから外国人を雇用する、あるいは、すでに雇用している事業所は、必ず在留カード、パスポート、就労資格証明書などで、その外国人の就労活動における範囲、在留資格・在留期間をしっかり確認することがますます大切になっています。

　今後は、事前に在留カード等できちんと事実を確認し、また何か問題が起きた場合に備えて、単に目で見て確認するだけではなく、在留カードの原本を提示させ、その写しをとっておくべきでしょう。

　特に、アルバイトで外国人を雇うような場合は、外国人の身分確認をきちんとすることが大切です。外国人雇用を考えている雇用主にとっては、不法就労助長罪の存在と危険性を再認識し、思わぬトラブルに巻き込まれないように注意してください。

6　インターンシップ（就労）活動——海外からのインターンを入れる場合

　日本国内の企業が、海外の大学との間でインターンシップ契約を結んだ場合、その大学に在籍する外国人学生をインターンとして招聘し、日本で働いてもらうことができます。

　インターンを採用した場合、報酬の額・性質・就労条件に応じて、労働者

106

とみなされる場合は、労働基準関係法令が適用されることになります。

(1) インターンシップとは

インターンシップは「就業体験」とも訳されていますが、欧米で広く教育機関に取り入れられ実績を上げている制度で、学生が実務経験を積み、職業意識を高めるための企業内研修のことです。多くは、夏休みなどの長期休暇を利用して、インターンシップを受け入れる企業に学生が自発的に申し込んで行われますが、大学の正規科目の中に組み込まれて単位を取得できる場合もあります。

(2) 受入企業がインターンに報酬を支払う場合

学生を呼び寄せるための「在留資格認定証明書交付申請」は受入企業を管轄する入国管理局に対して行います。在留資格は「特定活動」で、在留期間は、「1年を超えない期間で、かつ通算して当該大学の修業年限の2分の1を超えない期間」とされています。

4年制大学から招聘・採用するインターンシップ学生の場合は、日本で働ける期間は最長2年です。ただし、最初の在留資格認定証明書取得のときに、この最長2年間が認められるわけではなく、最初に1年間の在留期間が許可された後、引き続きインターンシップを継続したいときには、原則としていったん日本国外に出国した後、あらためて同様の申請を行い再入国することとされています。

(3) インターンの報酬——入国管理局での審査

入国管理局の審査上では、報酬額等に制限は設けられていません。ただし、時間給や日額単価に勤務日数をかけた額の金銭が報酬に該当するか否かの判断は、支給される手当の内容を個別に考慮して行われます。

一部の企業では、インターンシップ制度を悪用して低賃金労働力を確保しようとする事例がみられるため、学生が直接生産活動に従事しその利益・効果が企業に帰属し、なおかつ企業と学生の間に使用従属関係が認められるような場合には、労働関係法令の適用が求められる可能性があります。

第2章 就労資格や募集、面接、内定時の相談事例

〔表20〕 インターンシップ──報酬と活動時間

インターンシップ（報酬の有無と活動時間）	外国の大学生を呼び寄せる場合
無報酬　90日以内	在留資格：「短期滞在」
無報酬　90日超	在留資格：「文化活動」
報酬あり　1年以内	在留資格：「特定活動」（告示9号）

インターンシップ（報酬の有無と活動時間）	在留資格：「留学」「特定活動」で日本に滞在中の外国人
無報酬	入管の許可：不要
報酬あり　1週28時間以内	資格外活動許可：必要（普通のアルバイトと同じ）
報酬あり　1週28時間超	資格外活動許可：必要（1週28時間超になる許可を個別に受ける必要あり）ただし、学業に支障がないのが前提

※　28時間：長期休業期間以外で28時間以内か否かを確認。

　さらに、受入企業の十分な学生受入れ態勢・指導体制確保の有無、インターンシップの内容と学生の専攻内容の関連性が薄い場合などは不許可とされることもあるため、注意が必要です。なお、「特定活動」資格でインターン活動をする場合、「特定活動」は、法務大臣が個々に指定する範囲で就労可となっています。その範囲を逸脱した場合は不法就労となります。

⑷　すでに日本国内にいる留学生のインターンシップ

　すでに日本にいる多くの外国人留学生が、日本国内での就職や日系企業への就職を希望していますが、外国人留学生と企業間の処遇・キャリア形成の考え方の違いなどにより、必ずしも就職が進んでいるとはいえません。その改善策として、東京、名古屋、大阪の外国人雇用サービスセンターおよび福岡学生職業センターを窓口として外国人留学生向けのインターンシップが実施されています。なお、インターンシップ生は無報酬ですが、交通費等実費

支払いの事例もあります。

　留学生インターンシップは主に年2回、大学等の春・夏の休講期間に実施されます。受入人数は1名から行っており、募集方法は、東京、名古屋、大阪の外国人雇用サービスセンターおよび福岡学生職業センターが大学窓口等を通じて留学生を募集し、受入企業において選考します。

(坂田　早苗)

コラム1　　年末に行われる追いかけっこ

　以前は、年末になると大規模な市場では、まさに「猫の手でも借りたい」という状態になります。また、不法就労の人も年越しの費用を求めて仕事を探すということがあり、妙なマッチングが雇用の成立を生んでいたことがありました。不法就労者や在留期間を過ぎた不法滞在者を摘発しようと、年末になると摘発が行われていました。不法就労や不法滞在の可能性があるとして声をかけられないように、彼らは日本の週刊誌やスポーツ新聞を持ち歩いていましたが、摘発のプロフェッショナルは見逃すはずもなく、的確に声をかけていきます。最近は、不法就労者を雇った場合の「不法就労助長罪」の存在が違法な雇用の歯止めとなっていますが、一時期は、追う者と逃げる者の追いかけっこが、年末の風物詩になったこともあったようです。

第2章　就労資格や募集、面接、内定時の相談事例

Q17　不法就労に関する雇用主の刑事責任

　当社が経営するガールズバーで外国人留学生を雇い入れていますが、先日、知人から不法就労の助長に当たるのではないかと指摘されました。不法就労助長罪と事業主の責任について教えてください。

☞ ここがポイント

① 　不法就労の外国人を雇用する事業者には不法就労助長罪が適用される。
② 　外国人の就労が適法でないことを知らなかったことに過失がある場合には不法就労助長罪が成立する。
③ 　パスポートや在留カードで就労に必要な在留資格を有するかを確認することが可能である。

1　不法就労助長罪

⑴　不法就労助長罪の沿革

　不法就労助長罪は、平成元（1989）年の入国管理法改正により設けられました。その趣旨は、その当時不法就労活動を行っている外国人が急増していたことから、不法就労外国人の雇用主やブローカー等に対する新たな処罰規定を設け、これによって不法就労活動を防止しようとする点にあります。

　不法就労助長罪の制定当時、過失犯を処罰する現行入国管理法73条の2第2項に相当する規定はなく、同項は平成21（2009）年の改正により、新設されました。

⑵　不法就労助長罪の概要

⒜　不法就労助長罪が成立する場合

　不法就労助長罪は、①「事業活動に関し、外国人に不法就労活動をさせた者」（入国管理法72条の2第1項1号）、②「外国人に不法就労活動をさせるためにこれを自己の支配下に置いた者」（同項2号）、③「業として、外国人に不法就労活動をさせる行為又は前号の行為（筆者注：上記②のこと）に関し

110

あつせんした者」（同項3号）に事業者が該当する場合に成立します。

なお、「不法就労」活動は、外国人が自ら有する在留資格で行うことができない報酬などの収入を伴う活動や入国の要件を具備せず入国した外国人などいわゆる不法滞在者が行う報酬などの収入を伴う活動をいいます（入国管理法24条3号の4イ）。

(b) 該当する場合の罪責

不法就労助長罪で有罪となった場合には、3年以下の懲役または300万円以下の罰金のいずれか、または、両方が科されることがあります（入国管理法72条の2第1項柱書）。

法人の代表者や雇用している従業員が不法就労助長罪を犯した場合は、不法就労助長罪を行った者が不法就労助長罪に問われるほか、当該法人や従業員を雇用している事業主も300万円以下の罰金が科されることがあります（入国管理法76条の2）。また、不法就労助長罪に該当する行為が日本国外で行われた場合でも、不法就労助長罪が成立します（同法74条の7、刑法2条）。

(c) 不法就労であることを知らなかった場合でも有罪となる場合

①外国人が行う就労に必要な在留資格を有していないこと（入国管理法73条の2第2項1号）、②活動に必要な資格外活動許可を得ていないこと（同項2号）、③外国人が在留資格を有しない不法滞在者であること（同項3号）を知らなかったとしても、これらを知らなかったことについて過失がある場合には、不法就労助長罪が成立します（同法2項）。

ここでいう過失があるか否かの認定にあたっては、外国人のパスポートや在留カードを確認したかどうかが重要となります。それは、日本に在留する外国人の在留資格はパスポートで確認できるほか、中長期在留者（在留資格をもって在留する外国人のうち、①「3月」以下の在留期間が決定された人、②「短期滞在」の在留資格が決定された人、③「外交」または「公用」の在留資格が決定された人、④①から③に準ずる者として法務省令で定めるもの（入国管理法19条の3））に対して交付される在留カードには在留資格、就労制限の有無、

111

第2章 就労資格や募集、面接、内定時の相談事例

在留カードの有効期間、資格外活動許可の内容などが記載されていること（同法19条の4第1項）から、パスポートや在留カードを確認すれば、容易に不法就労活動かどうかを確認することができるからです。したがって、パスポートや在留カードの確認をしていない場合には、就労に必要な在留資格を有していないことを知らなかったことなどについて、事業主に過失があると認められる可能性が極めて高くなると考えます。

(3) 不法就労助長罪の各行為の内容

(a) 「事業活動に関し、外国人に不法就労活動をさせた者」（入国管理法73条の2第1項1号）

外国人の就労が不法就労に該当することを知りながら、自らが行っている事業などに関連し、外国人に就労させる場合には、入国管理法73条の2第1項1号に該当すると思われます。

入国管理法73条の2第1項1号に該当する典型例は、事業主が外国人を雇用し、不法就労活動に該当する行為をさせた場合ですが、雇用する場合に限らず、たとえば、外国人を雇用していないが、当該外国人を派遣し不法就労活動をさせたような場合にも該当しうると解されています。

(b) 「外国人に不法就労活動をさせるために自己の支配下に置いた者」（入国管理法73条の2第1項2号）

「外国人に不法就労活動をさせるために自己の支配下に置いた者」（入国管理法73条の2第1項2号）の具体例としては、不法就労活動をさせるために寮に住まわせる場合、または、「外国人の不法就労をあっせんする業者が、不法就労目的の不法入国者を、その就労先が決まるまでの間、自己のマンションの一室に閉じ込め、見張りをつけてその自由行動を禁止する場合、日本語が不自由であるため自活能力が極めて低い外国人に居住場所を提供し、その場所に居住させたうえ、種々生活の面倒を見て、心理的、経済的に離脱することが困難な状態に置く場合」（坂中英徳＝斎藤利男『出入国管理及び難民認定法逐条解説〔改訂第四版〕』1001頁）などが考えられるとされています。

112

裁判例では、日本語も日本の地理についても明るくなく、所持金もわずかしか有していなかった外国人の旅券などを預かり、借金名目で金銭を払うことを約束させ、当該外国人の勤務先のバーのママに依頼してママの住居に居住させ、返済が終わるまでの売春代をすべて取得するなどしていたことが「自己の支配下に置いた」とし、入国管理法72条の2第1項2号に該当するほか、職業安定法に違反するとして、懲役3年（執行猶予5年）、200万円の罰金に処せられたものがあります（東京高裁平成5年11月11日判決・高刑集46巻3号294頁）。

(c) 「業として、外国人に不法就労活動をさせる行為又は外国人に不法就労活動をさせるためにこれを自己の支配下に置く行為に関しあつせんした者」（入国管理法73条の2第1項3号）

「業として、外国人に不法就労活動をさせる行為又は外国人に不法就労活動をさせるためにこれを自己の支配下に置く行為に関しあつせんした者」（入国管理法73条の2第1項3号）とは、不法就労に該当することを知っていながら、不法就労活動をさせることなどのあっせんを繰り返し行うことが該当すると思われます。

裁判例では、以前より男性客を相手に接客し、売春するなどの活動をさせることを知りながら、不法在留している外国人女性を飲食店経営者に紹介し、雇用させたとしたことが入国管理法73条の2第1項3号に該当し、職業安定法に違反するとして懲役1年8カ月および罰金40万円に処せられたものがあります（東京高裁平成16年10月1日判決・判時1887号161頁）。そのほか、外国人女性2人をストリッパーとしてストリップ劇場に紹介して雇用させたことが同号および職業安定法違反に該当するとして、懲役1年10カ月に処せられたものもあります（東京地裁平成15年3月28日判決・裁判所HP）。

(4) 不法就労助長罪の実態

警察庁によれば、平成25（2013）年から平成29（2017）年の間、不法就労助長の検挙件数・検挙人員はそれぞれ400件前後、400人前後の間を推移して

第2章　就労資格や募集、面接、内定時の相談事例

おり（警察庁「平成29年における組織犯罪の情勢」）、平成29（2017）年度の検挙件数は404件、検挙人員は462人となっています。平成29（2017）年度の刑法犯全体の検挙件数が32万7081件、検挙人員が21万5003人であったこと（警察庁「平成29年の刑法犯に関する統計資料」）からすると、不法就労助長罪で検挙された件数および人員はそれほど多くはありません。

2　ご質問のケースの検討

(1)　不法就労助長罪成立の要件

ご質問のケースでは、ガールズバーで働いている外国人が不法就労であった場合、事業主には不法就労助長罪（入国管理法73条の2第1項1号）が成立します。外国人労働者の就労が不法就労でないといえるためには、当該就労に必要な有効な在留資格を有しているか、または、当該就労を行うことを許可する資格外活動許可を受けていることが必要です。

(2)　不法就労活動に該当するか否か

一般的にガールズバーでの就労は専門的な知識や技能が必要となることは少ないと思われますので、いわゆる単純労働に該当するものと思われます。したがって、ご質問のケースにおける外国人労働者の就労が不法就労に該当しないといえるためには、単純労働の就労が認められる在留資格を外国人労働者が有していることが必要になります。

単純労働をすることができる在留資格は限定されています。まず、「永住者」「日本人の配偶者」「永住者の配偶者等」「定住者」の在留資格は就労できる範囲に制限はありません。また、資格外活動許可のうち、いわゆる包括的許可を受けた場合には、週28時間以内（「留学」の在留資格を有する場合で、在籍する大学などが夏休みなど長期休暇中である場合には、1日について8時間以内）であれば単純労働を行うことも可能です。もっとも、資格外活動の包括的許可の場合、風俗営業等の規制及び業務の適正化等に関する法律（風営法）に規定する「風俗営業」などでは働くことはできません（入国管理法施

行規則19条5項1号）。すなわち、仮に、外国人が就労しているガールズバーが「特定少数の客の近くにはべり、継続して、談笑の相手となったり、酒等の飲食物を提供したりする行為」（警察庁「風俗営業等の規制及び業務の適正化等に関する法律等の解釈運用基準について（通達）」）などの「接待」（風営法2条1項1号。ただし、「お酌をしたり水割りを作るが速やかにその場を立ち去る行為、客の後方で待機し、又はカウンター内で単に客の注文に応じて酒類等を提供するだけの行為及びこれらに付随して社交儀礼上の挨拶を交わしたり、若干の世間話をしたりする程度の行為は、接待に当たらない」（同通達）とされています）を行っているのであれば、風営法上の「風俗営業」（同項）に該当し、当該外国人は包括的許可の資格外活動許可を受けたとしても、その就労は不法就労活動となってしまいます。なお、資格外活動許可の場合、風俗営業などが営まれている営業所での就労は認められておらず、直接客の接待などを行わない場合であっても就労することは認められていないことに注意が必要です（入国管理法施行規則19条5項1号、入国管理局「入国・在留審査要領　第10編在留審査」）。

(3)　不法就労助長罪が成立するか

　外国人によるガールズバーでの就労が不法就労活動に該当する場合、当該外国人を雇用するなどし、就労をさせている事業主には不法就労助長罪が成立することになります。前述のとおり、外国人によるガールズバーでの就労が不法就労活動であることを知らなかったとしても、当該外国人を雇う際、パスポートや在留カードを確認しなかったような場合には、不法就労活動であることを知らなかったことについて過失があるとされ、不法就労助長罪が成立する可能性が極めて高くなります。

　以上より、外国人の就労が不法就労活動に該当する場合には、事業主に不法就労助長罪が成立することになるため、事業主が不法就労活動助長罪で処罰されないためにも、当該外国人の雇用を中止する必要があります。

（大原　慶子／渡　匡）

第2章 就労資格や募集、面接、内定時の相談事例

Q18 募集の際の注意点

外国人労働者の募集をしたいと思いますが、日本人の労働者の場合と異なる点やその他の注意すべき点を教えてください。

> ☞ **ここがポイント**
>
> ① 募集などについて、厚生労働省から指針が出されている。
> ② 国籍や信条（思想、宗教など）により、賃金などを差別することは禁止されている。
> ③ 職種や職責などの違いによる賃金の差は原則として許されている。

1 外国人労働者の職業選択の原則など

(1) 厚生労働省の指針

(a) 趣 旨

厚生労働省は、平成19（2007）年8月3日付けで「外国人労働者の雇用管理の改善等に関して事業主が適切に対処するための指針」（外国人指針）（平成19年厚生労働省告示第276号）を公表しました。

外国人指針は、労働施策総合推進法7条に定める事項に関し、事業主が適切に対処することができるよう、事業主が講ずべき必要な措置について定めたものであり、外国人労働者の雇用管理の改善等に関して必要な措置の基本的考え方について、事業主が、外国人労働者に対して、労働施策総合推進法、職業安定法、労働基準法、最低賃金法等の労働関係法令や社会保険関係法令を遵守することとしています。

(b) 募集に関する指針

外国人指針では、第四一1募集において、労働条件を明らかにした書面の交付又は当該外国人が希望する場合における電子メールの送信のいずれかの方法により、明示すること、特に、募集に応じ労働者になろうとする外国人が国外に居住している場合にあっては、来日後に、募集条件に係る相互の理

116

解の齟齬等から労使間のトラブル等が生じることのないよう、事業主による渡航費用の負担、住居の確保等の募集条件の詳細について、あらかじめ明確にするよう努めることとしています。

(c) 外国人労働者のあっせんを受ける場合

外国人指針では、事業主が国外に居住する外国人労働者のあっせんを受ける場合には、職業安定法を遵守し、職業安定法または労働者派遣法に違反する者からは外国人労働者のあっせんを受けないことや、申込みを行うにあたり国籍による条件を付すなど差別的取扱いをしないよう十分留意すること、としています。

今回の受入れ拡大に際して、母国において多額な保証金や手数料を要求する違法なあっせん業者への取締りも強化されることになっており、注意が必要です（巻末資料「外国人指針」参照）。

(2) 国籍等による差別禁止の規定

労働基準法3条では、「使用者は、労働者の国籍、信条又は社会的身分を理由として、賃金、労働時間その他の労働条件について、差別的取扱をしてはならない」と規定されており、国籍を理由として賃金に差がある場合には、違法と考えられます。

(3) 職業選択の自由など

日本国憲法22条1項では、「何人も、公共の福祉に反しない限り、居住、移転及び職業選択の自由を有する」とされ、職業選択の自由は原則としてすべての人に保障されています。そして、外国人労働者の場合には、入国管理法などにより制限が設けられ、原則として法律で認められた範囲内での就労が可能となります。

一方、企業等においては、採否の決定など採用の自由が認められており、従業員を募集する際には、採用方針や採用基準を定め、それに基づき募集内容等を決定し、具体的な募集を行うことになります。外国人労働者を雇用する際には、入国管理法などの法律を厳守したうえで、日本人と同じように基

第2章 就労資格や募集、面接、内定時の相談事例

本的人権を尊重し、募集の目的や内容に適合した能力等を有するかなどを客観的に判断していくことになると考えます。

(4) 労働者募集の定義や種類など

(a) 労働者募集の定義

募集について、職業安定法4条5項では「労働者を雇用しようとする者が、自ら又は他人に委託して、労働者となろうとする者に対し、その被用者となることを勧誘すること」とされています。

(b) 募集方法

募集方法は、主に次の3つの方法が考えられます。

① 文書による募集（文書募集）

② 直接的な募集（直接募集）

③ 第三者への委託による募集（委託募集）

①は、新聞、雑誌その他の刊行物に掲載する広告、文書の掲出または頒布やインターネット（自社ホームページでエントリーシートなどを用いて行う方法）などをいいます。

②は、事業主が自ら、または雇用する労働者に指示して従業員の募集を行うことをいい、具体的には求職者に対する合同説明会や直接的な求人をいいます。また、教育機関学校（大学や専門学校、高校等）などへの直接募集も同様です。

③については、公共職業安定所（ハローワーク）や人材紹介会社等からの紹介など自社の社員以外の第三者へ委託して募集活動を行わせる方法などがあります。労働者募集を第三者に委託する場合には、その適格性を事前にチェックするため、募集主および委託を受けた事業者（募集受託者）ともに厚生労働大臣または就業地を管轄する都道府県労働局長の許可を受ける必要があり、それぞれ委託募集の許可基準を満たすことによって許可されます（職業安定法36条1項、同法60条、同法施行規則37条1項3号）。

118

(c) 基本的な注意点（職業安定法の規定）

　従業員を文書募集、直接募集、委託募集や職業紹介事業者を利用して募集する際には、冒頭に触れたように、応募者の基本的人権を尊重することや応募者の能力など適性を客観的に判断するという2点が重要で、阻害するような事項は排除しなければなりません。募集に際しては、応募者の就職の機会均等を図り、就職差別につながらないように配慮が必要となります。

(5) 法的な義務

　ハローワークなどで労働者の募集を行う者は、労働者を募集するにあたり、従事すべき業務の内容や賃金など労働条件を明示しなければならないと定めており（職業安定法5条の3第1項）、労働者の募集などを行う者に対して労働条件明示を義務づけています。

　また、採用にあたり、労働基準法15条では採用時に労働条件に関する書面の交付を義務づけ、違反については最大で罰金30万円（同法120条）が科されることになっていますので注意が必要です。記載事項については2にて解説をします。

2　募集の際の注意点など

(1) 基本的な事項

　募集要項は、新卒者と既卒者とでは異なることが多くありますが、いずれにしてもどのような人材を求めているのか、採用時の条件はどのようなものかなどを、できるだけ詳しく記載し、誤解のないようにすることが重要と考えます。

(2) 具体的な募集方法

　(a) ホームページでの募集では、内容を具体的に記載

　ホームページで募集する際には、募集する社員の能力や経験をより具体的に記載することにより、できるだけ人材の条件を絞り込み、応募や面接の方法などの情報も明記することが大切であると考えます。

第2章　就労資格や募集、面接、内定時の相談事例

(b)　募集の終了などの記載も重要

　常時募集をしている会社以外では、応募期間以外には募集に応じられない
ことや募集終了の旨を明記することも重要です。

(c)　自社発行の雑誌などでの募集も注意

　たとえば、ある会社では、自社発行の雑誌で社員を募集する場合があり、
その雑誌のファンが働くことを目的とするのではなく、単に雑誌への憧れか
ら応募してくる可能性を考えて、募集する社員の能力や経験をより具体的に
記載するようにしました。また社員募集に際し、面接前に転居してきて、不
採用になった場合に費用を請求するケースもあります。そのような場合には、
「転居費用は自己負担と記載されていますのでご確認ください」とあらかじ
め記載しておくことも重要と考えます。

（本間　邦弘）

Q19 面接時の注意点

　社員の募集をしたところ、外国人の応募者があり、面接する際に国の家族の職業と収入を聞いたところ、個人的な問題である、と拒否されました。そのとおりなのでしょうか。

☞ ここがポイント

① 就職差別につながるおそれのある個人情報の収集は原則として禁止。
② 面接シートなどを作成して、面接に活かすことも重要。

1　収集が禁止されている個人情報とは

(1)　法律などの定め

　「職業紹介事業者、労働者の募集を行う者、募集受託者、労働者供給事業者等が均等待遇、労働条件等の明示、求職者等の個人情報の取扱い、職業紹介事業者の責務、募集内容の的確な表示等に関して適切に対処するための指針」(平成11年労働省告示第141号(以下、「労働省告示第141号」といいます))において具体的に面接で求職者に質問を禁止する事項として、本籍、住宅環境、家族構成、スリーサイズ、思想、信条、購読誌、尊敬する人物などを定めています。

　また、同告示などに基づき、就職差別につながるおそれのある個人情報の収集の例として、次のようなことがあるといわれています。

① 人種、民族、社会的身分、門地、本籍、出生地その他社会的差別の原因となるおそれのある事項
② 家族の職業、収入、本人の資産等の情報
③ 容姿、スリーサイズ等差別的評価につながる情報
④ 思想および信条(人生観、生活信条、支持政党、購読新聞・雑誌、愛読書)

121

第2章　就労資格や募集、面接、内定時の相談事例

⑤　労働組合への加入状況（労働運動、学生運動、消費者運動その他社会運動に関する情報）

ただし、ファッションモデルがスリーサイズの申告が必須であることなど業種によってはやむを得ない場合などには許されることがあり、マスコミなど特別な職業上の必要性が存在する場合や業務の目的の達成に必要不可欠な場合などには例外として認められる項目もあります。

(2)　その他（性別や年齢その他の禁止事項）（労働省告示第141号）

労働者の募集および採用にあたっては、男女雇用機会均等法の規定により性差に関係なく均等な機会を確保する必要があるほか、雇用対策法の規定により合理的な理由がある場合を除き年齢制限を設けることが禁止されていますので、あわせて適切な対応が必要です。

(3)　ご質問のケースや判例

ご質問のケースには、前記(1)②の職業安定法で禁止されている事項である、家族の職業、収入を質問したことになり、基本的には外国人労働者が拒否したとおり、質問をするべき事項ではないと考えます。

一方で、三菱樹脂事件（最高裁昭和48年12月12日判決・民集27巻11号1536頁）では、憲法22条および29条で財産権の行使や営業その他多くの経済活動の自由も基本的人権として保障しており、それゆえにいかなる人をいかなる条件で雇い入れるかは原則として自由に決定すべきことであり、企業側が採用の決定にあたり労働者の思想、信条を調査し、そのために申告をさせることは違法行為とはいえない、とする判例があります。質問事項は職種や業種により必要な条件が異なり、そのため避けるべき質問についてもさまざまな考えがあり、一概に判断できない難しい問題といえますが、応募者に理解してもらい、協力を求めることは可能と考えます。

122

2 基本的な企業の対応

(1) 基本的な確認

面接においては、法律などを遵守しながらも経験や能力についてはできるだけ具体的な質問を行うことが重要です。たとえば、外国人留学生が新卒として応募し、面接するにあたって大学のサークル活動でリーダーを務めたという場合には、具体的な内容、またどのような気持ちで行い、そこで何を学んだかなどを聞き、人間性や物事に取り組む姿勢を知ることなども重要と考えます。履歴書や経歴書等を読み込み、十分な準備をして面接に臨み、本人の記載事項に間違いないことを確認しながら、人材獲得に臨むことが重要と考えます。

(2) その他の確認事項

外国人指針では、事業主は採用にあたり在留資格上、従事することが認められる者であることを確認することが求められています。また事業主は、外国人労働者について、在留資格の範囲内で、外国人労働者がその有する能力を有効に発揮できるよう、公平な採用選考に努めることとされています。特に、永住者、定住者等その身分に基づき在留する外国人に関しては、その活動内容に制限がないことに留意し、さらに新規学卒者等を採用する際、留学生であることを理由として、その対象から除外することのないようにすることなどが求められており、面接においても留意が必要となります。

（本間　邦弘）

第2章 就労資格や募集、面接、内定時の相談事例

Q20 出勤予定日に出勤しなかった場合の内定取消し

内定通知を出していた外国人労働者が、指定した日に出勤できなくなったため、内定を取り消したところ、不当であると言われました。どのように対応すればよいでしょうか。

☞ ここがポイント

① 内定は、採用予定者と採用確定者の2つに分けられ、それぞれ対応が異なる。
② 内定通知書などに、内定取消しの事由を明記することが重要。
③ 外資企業などでは、「リファレンスチェック」として本人などに確認する場合もある。

1 内定の意義や取消しの効果

(1) 内定者の2つの考え方

内定者は、原則として採用内定通知だけを送付する労働契約締結の予約といえる「採用予定者」(内々定者)と、内定後に入社誓約書の提出などの提出が行われた「採用決定者」の2つに分けられます。

(2) 「オワハラ」は、「採用予定者」との問題

最近は、就職活動を行う新卒者などに対して、内定を出した場合などに他の会社への就職活動を禁止するような動きがみられ、これを「就活終われハラスメント」(オワハラ)として問題化することが増えています。採用決定者は入社の意思表示を明確にしており問題はありませんが、採用内定者へのオワハラを指摘され、企業イメージ低下などにならないようにも注意が重要です。

(3) 内定取消しの効果

採用内定の取消しにおいて、早期に他の企業への応募の機会があったのにこれを失うことになったと主張された場合には、損害賠償を請求される可能

124

性があります。また、「採用決定者」の場合には、「始期付解約権留保付労働契約」を解約することになり「解雇」に該当するといえます。

2 内定取消しに関する判例など

採用内定の取消しは、採用内定当時知ることができず、また、知ることが期待できない事実が生じ、採用内定を取り消すことが解約権留保の趣旨、目的に照らして客観的に合理的と認められ、社会通念上相当として是認することができるものに限られる、とした判例があります（大日本印刷事件（最高裁昭和54年7月20日判決・民集33巻5号582頁））。

「採用内定当時知ることができず、また、知ることが期待できない事実が生じた」とは、新卒者が大学などを卒業できない場合や、外国人労働者については就労資格が取得できない場合が考えられます。また、内定に条件が付いており、その条件を満たすことができない場合には採用しないとの記載なども、採用内定を取り消すことが社会通念上相当な場合に当たると考えます。

3 「リファレンスチェック」の実施

(1) リファレンスチェックとは

リファレンスチェックとは、採用する企業が求職者自身や前職の同僚、上司等に対して求職者の経歴や人柄を確認する手法で、アメリカでは一般的に行われているようです。

リファレンスチェックの内容は多岐にわたりますが、求職者自身にリファレンス先の提出を求めるケースや企業の人事部などがリファレンス先を探して直接確認するケースがあり、チェックの内容は、在籍時の職務内容や成果、勤務態度、退職理由その他があるようです。

(2) 実施には注意

リファレンスチェックは、最終面接の段階で行われることが多く、特に外資系企業では、リファレンスチェックの実施を人事の必須職務として組み込

第2章 就労資格や募集、面接、内定時の相談事例

んでいるケースもあるようです。しかし、求職者自身にリファレンス先からのチェックの提出を求め、提出を受けた場合には問題はないものの、企業が本人には内緒でリファレンス先に依頼し、それが後で発覚した場合などにはトラブルの可能性があり注意が必要です。

【事例】 リファレンスチェックなどの重要性、「子どもがいることを話さず内定取消し」

　中国人のAさんは、大学で知り合った中国人男性と結婚し、3歳の子どもがいます。Aさんは日本の大学院で修士号を取得して卒業し、都内所在の日本企業で貿易会社のB社から内定が出されました。Aさんは、採用面接でも特に質問がなかったため、小さな子どもがいることを会社側には話していませんでした。しかし、内定者の集いで会社の採用担当者と話すうちに、子どもがいることがわかり、B社から内定を取り消すと通知してきました。Aさんは自分に過失がないのに一方的に内定を取り消すのは不当であるとして、会社に損害賠償を請求しB社は約60万円を支払うことでAさんは内定の取消しに同意しました。

　B社がリファレンスチェックなどで家族構成などを確認し、情況を事前に把握したりして、本人に確認することを行う必要があったのではないか、と考えます。

4　ご質問のケース

　まずは、本人に請求の内容や理由などを確認することが重要であり、本人との面談などにより正確に把握し対応を検討することも重要と考えます。特に、内定取消しに関する事項を内定通知書などにどのように記載していたか、内定取消しに至るまでの相手とのやりとりなども確認し、会社の落ち度として指摘される点がないかなどを検証することも必要と考えます。

126

ご質問のケースでは、指定した日に出勤できないだけで内定を取り消したということですが、指定日に出勤することを内定の条件としたり、必ず指定日に出勤することを誓約した事実がある場合には、内定を取り消すことは可能と考えます。逆に、その事実がない場合には不当であるという外国人労働者からの指摘が通ることになり、採用するか金銭的な解決を図るなどの対応を検討することが考えられます。

（本間　邦弘）

第3章

採用時の相談事例

第3章 採用時の相談事例

Q21 採用時に交付しなければならない書類

　外国人労働者の採用に関して口頭で約束をしましたが、書面で約束してほしいと言われました。書面の交付が必要か、またその内容について教えてください。

☞ ここがポイント

① 採用の際には、労働条件を記載した書面の交付が義務となる。
② 厚生労働省の労働条件通知書のひな型（8カ国語対応）などを参考にできる。
③ 契約期間がある場合には、契約更新の基準などの記載等と説明が重要。
④ トラブル防止のために、相手が理解できる言語での記載や説明も重要。
⑤ 労働条件の書面に確認のサインをもらうことが重要。

1 雇入れ時の書面交付義務

(1) 労働条件通知書などの交付義務

(a) 労働条件通知書

　労働者を採用する場合には、労働契約の内容となる賃金や労働時間等の労働条件について、使用者は必ず書面にして労働者に交付することが義務となっており、これを「労働条件通知書」といいます（労働基準法15条、労働基準法施行規則5条）。これは、労働契約の締結にあたり、口頭のみで労働条件を伝えることは誤解が生じトラブルになりやすく、書面で明示することにより入社後の労働条件についての誤解がなくなり、会社と労働者の信頼関係を高められることなどによります。

(b) 労働契約書の締結や就業規則の配布などの場合

　労働契約書を締結する場合には、後記(2)(a)(b)に掲げる事項についてすべて記載する必要があります。就業規則を配布する場合には、賃金額など就業規則に具体的に記載していない事項について書面で交付することでも可能です。

130

いずれにしても、記載する事項が決まっており、漏れなく記載することが必要です。

(c) 交付する時期

書面で明示すべき時期は、労働契約の締結時とされており、新規採用の場合だけでなく有期労働契約の契約更新時などにも、書面での労働条件明示が必要となります。なお、入社後に労働条件を変更する場合の条件の確認についても、できる限り書面により確認する（労働契約法4条2項）と規定されており、変更内容について書面で通知することが望ましいといえます。

(2) 労働条件通知書の内容（《資料①》）

労働条件通知書により明示しなければならない範囲は次のとおりであり、書面明示が必要な項目と書面明示が不要の項目があるものの、トラブルを避けるためにも、決まっている労働条件は書面で記載して明示することをおすすめします。

(a) 必ず明示しなければならない事項

次の6つについては、必ず書面で明示することが義務づけられています（労働基準法15条1項、同法5条1項）。

① 労働契約の期間に関する事項

② 就業の場所および従事すべき業務に関する事項

③ 始業および終業の時刻、所定労働時間を超える労働の有無、休憩時間、休日、休暇、並びに労働者を2組以上に分けて就業させる場合における就業時転換に関する事項

④ 賃金の決定、計算および支払いの方法、賃金の締切および支払いの時期に関する事項

⑤ 退職に関する事項（解雇の事由を含む）

⑥ 昇給に関する事項

(b) 制度を設ける場合に明示しなければならない事項

(a)のように必ず明示しなければならない事項ではないが、企業内にて特別

第3章　採用時の相談事例

《資料①》　労働条件通知書（正規従業員または期間雇用者の例）

<table>
<tr><td colspan="2"></td><td>年　　月　　日</td></tr>
<tr><td colspan="3">＿＿＿＿＿＿＿＿＿殿
　　　　　　　　　　　事業場名称・所在地
　　　　　　　　　　　使 用 者 職 氏 名</td></tr>
<tr><td>契約期間・
更新基準等</td><td colspan="2">期間の定め：無・有（　年　月　日～　年　月　日）試用期間：
※1　有りの場合
1　契約の更新の有無（自動的に更新・更新の場合あり・更新しない・その他（　　　））
2　契約の更新は、勤務成績・態度・能力、経営状況、他（　　　）等を基準とする。</td></tr>
<tr><td>就業の場所</td><td colspan="2">○○○内および業務遂行に必要な場所</td></tr>
<tr><td>業務の内容</td><td colspan="2">○○○の業務およびそれに関する一切の業務</td></tr>
<tr><td>始業・終業の
時刻、休憩時
間、所定時間
外労働など</td><td colspan="2">1　始業・終業の時刻等
　始業（　　時　　分）～終業（　　時　　分）
2　休憩時間（　　）分　※（　　時　　分）～（　　時　　分）
3　所定時間外労働の有無：無・有（月　　時間程度）</td></tr>
<tr><td>休　　日</td><td colspan="2">・定 例 日：毎週　土・日曜日、国民の祝日、その他（　　　　　　　）
・非定例日：週・月あたり　　　日、その他（　　　　　　　　　）</td></tr>
<tr><td>休　　暇</td><td colspan="2">1　年次有給休暇：採用の日から6か月後（労働日の80％の出勤率を要す）に○○日間
2　その他の休暇：無・有（　　　　　　　　　　　　）</td></tr>
<tr><td>賃　　金</td><td colspan="2">1　基本賃金　イ（月・日・時間）給：（　　　　円）
2　諸手当の額など
　　イ（　　　手当　　円）　ロ（　　　手当　　円）
3　時間外労働、休日または深夜労働に対して支払われる割増賃金率
　　イ　時間外労働：　所定時間外（0）％　　法定時間外（25）％
　　ロ　休日労働：　　所定休日（25）％、法定休日（35）％
　　ハ　深夜労働関係：（25）％　　法定時間外・深夜労働（25％に25％を加算）
　　　　　　　　　　　　　　法定休日・深夜労働（35％に25％を加算）
4　賃金締切日、支払日　毎月（　　）日締切、（当月・翌月）　日支払
5　賃金の支払方法（現金支給・金融機関への振り込み、振込先の指定を同意とする。）
6　労使協定に基づく賃金支払時の控除　無・有（　　　　　　　）
7　昇給：　無・有（　　　　　　　　　　）
8　賞与：　無・有（　　　　　　　　）
9　退職金：無・有（　　　　　　　）</td></tr>
<tr><td>退職に関
する事項</td><td colspan="2">1　定年制：無・有（　　歳）　2　継続雇用制度：無・有（　　歳まで））
3　自己都合退職の手続（退職する　　日以上前に届け出ること）
4　解雇の事由及び手続（　　　　　　　　　　　　　　　　　）</td></tr>
<tr><td>そ の 他</td><td colspan="2">・加入社会保険（健康保険、厚生年金、厚生年金基金、雇用保険、その他（　　　）
・その他：本書に記載のない事項については、同時に交付する○○就業規則や法令
等に基づき解決することとし、日本語による解釈を優先して判断するものとする。</td></tr>
</table>

【本人確認欄】

　　　　本労働条件通知書の内容について確認しました。　　氏名＿＿＿＿＿＿＿＿＿

にその制度を設けているときに明示しなければならない事項は以下のとおりです。

① 退職手当の定めが適用される労働者の範囲、退職手当の決定、計算および支払いの方法並びに支払いの時期に関する事項

② 臨時の賃金、賞与および最低賃金額に関する事項

③ 労働者に負担させるべき食費、作業用品その他に関する事項

④ 安全および衛生に関する事項

⑤ 職業訓練に関する事項

⑥ 災害補償および業務外の傷病扶助に関する事項

⑦ 表彰および制裁に関する事項

⑧ 休職に関する事項

(3) **募集時と内容が異なる場合**

募集時の採用条件と異なることがないようにすることは、トラブルを防ぐうえで重要です。しかし、万一、募集時の労働条件等の内容と採用時の労働条件等が異なることになる場合には、最終的な労働条件通知書などにサインを求めるなど、確認したことを残す必要があります。

2 雇用期間のある契約の場合

(1) 期間のある場合の注意点

(a) 期間雇用者

アルバイト、パートタイマー、契約従業員、嘱託従業員など雇用期間の定めをした雇用であり、これらを総称して期間雇用者と呼ぶことがあります。期間雇用者についても、雇入れに際して労働条件通知書などによる労働条件の明示は必要になります。

(b) パートタイマーの場合

パートタイマーを雇い入れたときは、速やかに「昇給の有無」、「退職手当の有無」、「賞与の有無」等を文書の交付などにより明示しなければならない

第3章 採用時の相談事例

（パートタイム労働法6条）とされています。

(2) 契約更新の基準や無期雇用

(a) 更新の基準

　雇入れ時に行う労働条件の書面による明示に際しては、期間の定めのある労働契約の場合には、労働契約期間に加えて、労働契約を更新する場合の基準についても記載する必要があります。なお、有期労働契約を更新しないことが最初から明らかな場合には、「契約の更新はしない旨」の明示をすれば足り、更新の基準の明示義務はありません。労働契約の期間を定める場合には、一定の事業の完了に必要な期間を定めるもののほかは、原則として3年を超えることはできず、土木工事等の有期事業でその事業の終期までの期間を定める契約や、60歳以上の者を採用する場合には5年間の労働契約期間が認められています。

(b) 継続して5年超は、希望により無期雇用に

　平成25（2013）年4月1日の労働契約法改正により、同一の使用者等との間で有期労働契約の契約期間を通算した期間が5年を超えた場合は、労働者の申込みにより、無期労働契約へ転換することとなりましたので注意が必要です。

（本間　邦弘）

Q22 採用時に提出を求めるべき書類（マイナンバーなど）

採用にあたり、マイナンバーの報告を求めたところ外国人労働者に提出を拒否されました。どのように対応すればよいでしょうか。また、その他に考えられる採用時の提出書類についても教えてください。

☞ ここがポイント

① 外国人であっても、住民登録をした段階でマイナンバーが付番される。
② 会社として、税務や社会保険手続等で、マイナンバーの記載が必要となることなどを説明する。
③ マイナンバーの会社への提出は法律上の義務ではないため、就業規則や誓約書などで提出義務を定めるなど根拠をつくることが重要。
④ 提出書類のうち、就労資格や免許などは、原本の確認も重要。

1 マイナンバーの基本

⑴ マイナンバーの付番と目的

⒜ マイナンバーの対象者

マイナンバーは、日本に住所を有する日本人および外国人に付番されます。したがって、日本人も外国人も日本に住所を有しない場合には付番されないことになります。一度付されたマイナンバーは、盗難など悪用される可能性がある場合など限られたケースのみ変更が認められる以外には、生涯同一の番号を使うことになります。一度付番された外国人が本国に帰国し、再入国しても変わることはないため、もしも住民税など税金を滞納したまま帰国した場合には、日本に再入国した際に滞納が判明し、支払いを求められることになることも考えられます。

⒝ 会社としてマイナンバーを利用する場合

マイナンバーは、平成28（2016）年1月から施行され、税務、社会保障、激甚災害時の利用という大きく3つの目的に利用するとしてスタートしまし

135

第3章　採用時の相談事例

た。マイナンバーの記載が不要とされる書類もありますが、原則として税務および社会保障の一部である社会保険（雇用保険や健康保険や厚生年金）の手続などの際に、マイナンバーの記載を求められる場合があります。

(2)　対応の例

従業員がマイナンバーを会社に提出する義務について定めた法律はないため、会社が税務や社会保険の手続で使用する際に必要であることや、入社誓約書に提出することを記載したり、就業規則に提出書類として規定したりすることにより従業員が守るべきルールとして、提出を求める根拠とすることが考えられます（《資料②》《資料③》）。

いずれにしても、従業員にはていねいに説明することが基本となります。

2　採用時の提出書類の例

一般的な採用時における提出書類と利用の目的は以下のとおりです。

①　写真（提出前3カ月以内に撮影したものに限る。社員証などに使用）

②　医師の診断書（健康状態の確認や法律の定め）

③　入社誓約書（3(1)参照）

④　身元保証書（3(2)参照）

⑤　本人および扶養家族（税および社会保険上に限る）のマイナンバーや個人情報（税や社会保険等への利用）

⑥　住民票記載事項証明書または転出証明書など（住所地の確認）

⑦　前職のある人は源泉徴収票などの必要書類（年末調整に使用）

⑧　在留カードや資格外活動許可証など就労資格を確認できるものの写し（原本との照合を行う）

⑨　その他、会社から指示された書類

136

Q22 採用時に提出を求めるべき書類（マイナンバーなど）

《資料②》 規則例

（入社時の提出書類）
第〇条
　　従業員は、入社に際して会社に次の書類を速やかに提出しなければならない。
　　①住民票記載事項証明書
　　②誓約書（守秘義務に関する誓約書を含む）
　　③身元保証書
　　④本人及び扶養家族(税及び社会保険上に限る)のマイナンバーや個人情報
　　⑤在留カードなど就労資格を証するもの
　　⑥その他、会社が必要と認める書類等（資格等に関するものは原本と照合する）

《資料③》 誓約書例

誓 約 書 （例）

令和　　　年　　　月　　　日

株式会社　　〇〇〇
代表取締役　〇〇　〇〇　殿

　このたび私は、貴社に採用（試用期間3ヵ月）され入社するにあたり、次のとおり
確認し、以下の事項を守ることを誓約致します。

記

1. 労働契約の内容となる労働条件は、就業規則や法令などによるものとし、遵守
　します。
2. 就業規則やその他のルールなど会社の指示命令等を守り誠実に勤務します。
3. 上司の指示命令及び指揮監督に従い、忠実に業務を遂行します。
4. 会社の業務に専念し、社内外を問わず会社の名誉、信用その他の社会的評価を
　害し、または取引先等に悪影響を与えるような行為は致しません。
5. 会社の企業秘密、営業秘密、顧客・関係者等の秘密及び会社の役員、従業員そ
　の他関係者の個人情報並びにその他の職務上知り得た秘密を守り、正当な理由な
　く他に漏らさず、不正な使用・開示をしません。
6. 前項の秘密情報については、貴社を退職した後においても同様とすることを約
　束致します。
7. 反社会的勢力との関係が一切ないことを誓います。
8. マイナンバーなど個人情報について、会社の指示に従い、提出します。
9. 前各項に違反した場合、法的な責任を負担することを確認し、これにより貴社
　が被った損害を賠償することを約束致します。
【本人記載欄】
　万が一、この誓約書の事項を守れなかった場合は、採用の取消しなど会社で定めた
処分を受け入れることをお約束致します。
　　　氏　　　名　　　　　　　㊞

第3章　採用時の相談事例

3　入社誓約書や身元保証書など

(1)　入社誓約書

入社誓約書とは、従業員が入社するにあたり、会社が守ってもらいたいことや基本的なルールなどについて遵守することを誓約するものをいいます。

なお、暴力団排除条例が平成23（2011）年10月1日に、東京都および沖縄県で施行され、全都道府県で同条例が施行されたことにより、反社会的勢力や暴力団排除条例に適合した「誓約書」を提出させる会社も増えています。

(2)　身元保証書

身元保証書を提出させる主な理由としては、従業員が業務上何らかの不始末を起こした場合に、その不始末を起こした従業員本人だけでなく、身元保証人に対しても損害賠償を請求することがあることを想定しています。身元保証人などについては、詳しくはQ23を参照してください。

（本間　邦弘）

> **コラム2**　誓約書を提出せず解雇が有効とされた裁判例
>
> 試用期間中のタクシー運転手が、会社が誓約書の提出を再三求めていたにもかかわらず、その求めに応じなかったため会社が運転手を解雇したことから、裁判で争うことになりました。判決では、誓約書は、会社が従業員を採用するにつき必要なものであり提出されない場合には、会社と従業員との雇用関係につき重大な支障を来すものと認められる、として解雇には理由があり、解雇権の濫用とは認められず、書類不提出を理由とする解雇を有効と判断した事件（名古屋タクシー事件（名古屋地裁昭和40年6月7日判決・労働関係民事裁判例集16巻3号459頁）があります。

Q23　身元保証人の意義と責任

Q23　身元保証人の意義と責任

　外国人労働者に身元保証書の提出を求めたところ、拒否されました。対応や身元保証人の意義と責任などついて教えてください。

☞ **ここがポイント**

① 身元保証書の提出について、義務とすることも重要。
② 身元保証人の責任は限定的であることに注意。
③ 身元保証期間は最長で５年、期間を定めない場合には３年となり、更新も可能。

1　身元保証とは

　身元保証とは、雇い入れた従業員が万が一、業務上横領などで会社に損害を与え、社員に資力がなく賠償できない場合に、社員に代わり、賠償することを担保する意味合いがあります。身元保証書（《資料④》）の提出により、会社と身元保証人が身元保証契約を締結したものといえます。

2　身元保証人

(1)　身元保証人の責任や要件

(a)　身元保証人の責任は限定的

　従業員に代わり会社に賠償を行うとしても、身元保証人にすべての責任を負わせるとなるとあまりにも負担が大きいことなどから、「身元保証ニ関スル法律」が定められています。同法５条では、裁判所は身元保証人の損害賠償の責任およびその金額を定める場合には、従業員の監督に関する会社の過失の有無や身元保証人が身元保証をなすに至った事由などについてそのつど判断する、と規定されており、従業員による損害がすべて身元保証人の責任や範囲となるかは、その事案ごとに判断するとされています。

139

第3章 採用時の相談事例

《資料④》 身元保証書

身 元 保 証 書

　　株式会社　　○○○○
　　　代表取締役　△△△△　　殿

　私は、このたび貴社に採用された、○○○○（以下「本人」という）の身元
保証人として、次のことを遵守させます。
1．本人が、貴社の勤務上のルールなどを順守し、従業員の義務を果たさせる
　ようにいたします。
2．本人が、故意又は重大な過失等により、貴社に多大の損害を与えた場合に
　は、本人と連帯して損害を賠償いたします。
3．保証人としての期間の満了や住所など変更が生じた場合には、遅滞なく貴
　社に届け出ます。また、貴社から要請があった場合には、ただちにその変更
　手続をいたします。
4．本身元保証期間は令和　年　月　日から令和　年　　月　　日までとし、
　更新が必要な場合には所定の手続をとります。
　　　　令和　　年　　月　　日
　　　　現　住　所
　　　　連　絡　先　　　　　　　電話番号
　　　　　　　　　　　　　　　　携帯電話

　　　　身元保証人氏名　　　　　　　　印
　　　　生年月日　　　　年　　月　　日生

(b)　**身元保証人の資格要件など**

　身元保証人の資格要件については法律的な定めがありませんが、弁済能力
の観点から一定の収入があることや、成年後見人等が必要となるほど判断能
力が減退していないことが最低条件とされています。具体的な資格要件は、
それぞれの会社が基準を定めて決定することになります。

　最近は企業などから、「従業員が出社しないため心配している」、「うつ病

140

になった従業員を病院で診察を受けさせたい」などの相談が増加しており、身元保証人を遠くに住む肉親ではなく、従業員の近くに住む親戚にするなど、さまざまな検討が必要になってきています。

(c) 身元保証人の賠償額が減額された裁判例

石油等の輸送・販売を業とする会社で運転業務に従事する労働者が、業務でタンクローリーを運転中に他の車へ追突事故を起こし、追突された車両の所有者などに会社が使用者責任に基づき支払うことにより被った損害額を、労働者と身元保証人に賠償および求償を請求した事件で、身元保証人には減額した4分の1の金額の支払いを命じた裁判があります（茨石事件（最高裁昭和51年7月8日判決・民集30巻7号689頁））。

(2) 身元保証期間や更新、その他

(a) 更新の重要性

身元保証の最長期間は5年であり、定めのない場合については3年間とされています（身元保証ニ関スル法律2条）。なお、身元保証契約の更新は、自動的に更新されることはないと考えるのが一般的となっています（同法6条）。とはいえ、「従業員が業務上横領で多額の損害を与えた」などの記事をマスコミ等で目にすることがあり、この場合にはベテラン従業員がかかわっていることが多く、身元保証契約の更新が重要な場合もあり、検討が必要ではないでしょうか。

(b) 身元保証人への確認は重要

身元保証書が提出された際には、身元保証人が実在することや意思確認が重要になります。そのために、金融機関などでは身元保証人の印鑑証明の提出を求めることもあるようです。また、「このたびは○○さんの身元保証人をお引き受けいただきありがとうございます」と挨拶かたがた、確認することも重要と考えます（コラム3参照）。

141

第3章 採用時の相談事例

3　ご質問のケース

　以上のことから、会社として身元保証人の提出を義務化するには、入社誓約書に記載して採用の条件にすることや、就業規則における提出書類として規定すること、また、解雇事由に身元保証書を提出しない場合を規定するなどにより義務づけることなどが考えられます。

　なお、身元保証書の提出を拒んだ従業員を会社側が解雇した例として、金銭貸付業への採用条件となっている場合の裁判例があります（シティズ事件（東京地裁平成11年12月16日判決・労判780号61頁））。この中で裁判所は、会社が金銭を取り扱うことに伴う横領などの事故を防ぐために、従業員の自覚を促す意味も含めて身元保証書の提出を採用条件の1つとしていたことや、解雇された従業員も身元保証書の提出の意味を十分理解していたことを重視しました。そのうえで、会社から再三にわたり身元保証書の提出の督促を受けながら提出しなかった社員の解雇は「従業員としての適格性に重大な疑義を抱かせる重大な服務規律違反または背信行為」として、身元保証書を提出しないことを解雇の理由として有効と認めたものです。

（本間　邦弘）

> ### コラム3　「身元保証人？聞いてないよ」とならないために
>
> 　ある旅館の売店で働く外国人の従業員Aさんが、2日分の売上金約30万円をもったまま姿を消しました。従業員寮にいくと荷物も残っておらず、計画的な行動であったことがわかり、会社はすぐにAさんの身元保証人を確認したところ、Aさんと同国人のBさんであること判明しました。Bさんに電話したところ、「身元保証人、なんですかそれは。私はなった覚えがないよ」と言って電話を切られたそうです。ここにも、身元保証人への確認が重要な理由があります。

Q24 事業主の健康診断実施義務

外国人労働者を採用するにあたり健康診断の実施を通知したところ拒否したいと言われました。健康診断全般の義務や対応について教えてください。

☞ ここがポイント

① 雇入れ時の健康診断および定期健康診断の実施は、原則として事業主の義務である。
② 雇入れ時の健康診断は雇入れ日の3カ月以内に実施したコピー提出で省略が可能となる場合もある。
③ 健康診断の記録は、事業主が3年間の保管義務がある。

1 雇入れ時の健康診断──実施の義務や範囲など

(1) 事業主の実施義務

労働者の雇入れ時の健康診断は、採用時の社員の健康状態を、事業主側が把握することや入社後の健康管理などを目的に行われます。雇入れ時の健康診断は、原則として事業主に実施の義務があり、診断項目も既往歴および業務歴の調査から心電図検査まで原則11項目が定められています（労働安全衛生法66条、労働安全衛生規則43条）。定期健康診断も同様ですが、法律で事業主に実施が義務づけられていることなどから、費用は原則として事業主側が負担することになります（都道府県労働基準局長あて労働省労働基準局長通達「労働安全衛生法および同法施行令の施行について」（昭和47年9月18日基発第602号））。

(2) 期間雇用者の場合

労働者雇入れ時の健康診断は、正規労働者だけでなく期間を定めて雇用されている場合には、1年以上（深夜業等の有害業務に従事する場合などは6カ月以上）雇用の見込みがあり、かつ同種の業務に従事する正規労働者の1週

143

第3章 採用時の相談事例

間の所定労働時間の4分の3以上勤務する者についても実施する義務があります。（労働安全衛生規則45条など）

(3) 実施を省略できる場合

入社する従業員が、雇入れ日の3カ月以内に健康診断を受診している場合には、法律で定める項目と同じ項目については省略できることになっており、全項目を実施している場合には健康診断書の写しの提出により、雇入れ時の健康診断を省略できることになります（労働安全衛生法66条5項ただし書）。そのため、就業規則の採用時の提出書類を「雇入れ日の3カ月以内に法定の全項目を実施した健康診断結果の写し」としている会社もあります。

2 定期健康診断など

(1) 健康診断の種類

健康診断の種類には以下のものがあります。

① 定期健康診断

② 海外派遣労働者の健康診断

③ 特殊健康診断

①は、正規従業員など常時使用する労働者について1年以内に1回、常時深夜業など有害な業務に従事する労働者については配置替えの際、およびその後6カ月以内に1回、実施する義務があります。

②については、労働者を6カ月以上海外に派遣する際、および6カ月以上海外に派遣した労働者を帰国させ業務につける際に実施が必要です。

③では、有害物を使用する業務に従事する労働者には、各有害物につき6カ月に1回（管理区分などにより実施期間などは異なる）実施することになっています。

(2) 健康診断後の事後措置、その他

健康診断を実施した結果により、次のような事後措置が必要になります。

① 労働者への健康診断結果の通知

144

② 常時労働者50人以上の事業所で実施した場合や一定の有害業務に従事する者に対する健康診断結果の所轄労基署への届出

③ 医師の所見があった場合には、医師の意見を聞き労働者への保健指導や再検査の指示など

3 ご質問のケース

(1) ていねいな説明

ご質問のケースでは、口頭または書面で、健康診断は法律で事業主が義務づけられていることを事前に説明することが考えられます。採用後は、定期健康診断の実施が予測されますので、この点もあわせて説明したほうがよいでしょう。

(2) 規則などで提出を義務づけ

会社としては、内定時や採用時に健康診断についての説明をすることがトラブルを起こさないことにつながります。また、入社誓約書や就業規則などに提出義務を記載し、ルールとして明確にすることも考えられます。

(本間　邦弘)

第3章 採用時の相談事例

Q25 試用期間の意義と注意点

　外国人労働者に試用期間を説明したところ、「本採用でないのはおかしい」と反論されました。対応について教えてください。

☞ ここがポイント

① 試用期間は、原則として企業や労働者の双方が本採用前に適正等を判断する期間といえる。
② 内定通知書や誓約書などへの記載で根拠とすることも重要。
③ 試用期間と本採用の意味を説明することも重要。

1 試用期間の意義

(1) 試用期間とは

　試用期間は、従業員を採用した場合に直ちに本採用とするのではなく、一定の期間を設け、会社としてはその期間中に勤務態度や能力、技能、性格、適性等がどうか、能力が発揮できるかなどについて観察・評価して、本採用するかどうかを決定するものです。従業員としても、その会社が自身に適合するかを見極める期間ともいえます。従業員として不適格と認められる合理的な理由がある場合などには、試用期間中や試用期間満了時に解雇することが可能な期間でもあり、「解約権留保付本採用契約」の期間といわれています。

(2) 試用期間の長さ

　試用期間の長さについては、法律上の決まりはなく、一般的には3カ月が多いようですが、1カ月、2カ月、6カ月とする会社もあります。また、試用期間の長さは一律とする義務がないため、事務職は3カ月、営業職は6カ月というように、職種別で試用期間の長さを決めることも可能です。ただし、業種による期間の差については、公平でないとの意見が出たり、管理が煩雑

146

になったりする可能性もありますので、十分に検討することも必要です。さらに、試用期間中の従業員は、解約権が留保されているという不安定な立場におかれているため、1年などあまり長い期間の試用期間を定めることは、公序良俗に反しているのではないかなどと主張される可能性もありますので、この点も注意が必要です。

(3) 試用期間の短縮と延長

　企業によっては、試用期間について短縮や省略、反対に延長などを規定しているケースがあります。試用期間の短縮や省略については、社員の不安定な地位を早めに取り除くという意味などから、特に問題はありませんが、試用期間の延長については、従業員の身分が長期にわたり不安定となりますので、原則として就業規則に期間延長を規定することや社員の適格性を判断し得ないような事情があるなど、当初定められた期間内では適格性を判断することが困難であるなどの理由が必要と考えます。

　管理職または相当程度高度な専門職であって相応の待遇を得て即戦力として採用された労働者であり、労働者の保護に欠けることがない場合には、試用期間についての紛争を未然に防止するために、たとえば、以下のような内容を労働契約書や就業規則に定めるなどして、それに沿った運用実態とすることなどが考えられます。

　① 試用期間は長期にわたらない期間（たとえば、3カ月程度とし、労働者の同意を得て6カ月まで延長することができるとする）とすること。
　② 労働者が従事する職務と期待する業績等をできるだけ具体的に記載すること。
　③ 試用期間終了後または試用期間中に、業績等を判断して解雇することがあることを明記すること。
　④ 試用期間中は定期的に勤務評価を行い、それを労働者に通知するとともに、業績に問題があれば、そのことを指摘し改善を求めること。
　⑤ 解雇をする場合には、予告期間をおき、必要な場合には一定の手当を

第3章 採用時の相談事例

支払う場合があること。

2 試用期間中の解雇

(1) 解雇予告と例外

これまで述べたように、試用期間の長さは、企業側がその期間を自由に定めることができます。しかし、たとえば就業規則で「試用期間は3カ月とする」と規定した場合においても、試用期間中であれば、いつでも自由に解雇ができるというわけではありません。労働基準法20条では、解雇の場合には30日前に予告するか30日に足りない日について解雇予告手当を支払う、との規定があり試用期間中の者に対しても適用されます。ただし、試用期間中の者であり暦の日数で14日以内の者については、解雇予告が不要とされています（労働基準法21条）。これはあくまでも試用期間を定めた場合であり、試用期間を定めない場合には、採用して2日目の解雇であっても解雇予告または解雇予告手当の支払いが必要になります。

(2) 解雇理由の必要性

採用日より暦日数で14日以内であれば、予告なしで即時に解雇することができるものの、解雇理由が適切であるかも重要になります。なお、労働条件通知書や労働契約書、就業規則に試用期間の規定がない場合には、採用後14日以内であっても、解雇予告および解雇予告手当が必要になりますので、注意が必要です。

試用期間中の解雇については、本採用されている従業員よりも広い範囲での事由が認められているものの、労働条件通知書または雇用契約書への記載あるいは就業規則へ規定するなどの根拠が重要です。また、具体的事由として、勤務成績不良や協調性のなさ、業務に対する不適格性、経歴詐称などの事実が必要となります。

148

3 ご質問のケースへの対応

ご質問のケースには、上記試用期間の意義や、試用期間は、日本の企業等では一般的に採用されている制度であり、労働者も会社の内容などを確認する期間であることなどをていねいに説明することなどが考えられます。

(本間　邦弘)

第3章 採用時の相談事例

Q26 ハローワークへの外国人労働者雇用状況の報告

当社では、**外国人労働者が勤務していますが、法律上の報告義務を怠っており、罰則の適用があると指摘を受けました。必要な届出や罰則の内容などについて教えてください。**

☞ ここがポイント

① 外国人労働者を雇用する事業主は、労働施策総合推進法に基づきハローワークにその雇用状況を届け出なければならない義務がある。
② 雇用保険に加入する場合には、加入手続が報告の代わりになる。
③ 手続を怠った場合に、最大で罰金30万円までの罰則が規定されている。

1 法律や指針の届出義務

(1) 労働施策総合推進法の定め

外国人を雇用した場合または雇用していた外国人が離職した場合には、ハローワークへの届出が義務づけられています（労働施策総合推進法28条1項）。

具体的には、外国人労働者を採用した場合には、会社が雇用保険の取得届に記載して報告するか、雇用保険の加入義務がない場合には「外国人雇用状況の届出書」をハローワークに提出する方法で行います。

(2) 届出の方法

(a) 基本的な記載内容

届出は、雇用保険の被保険者（原則として週20時間以上の労働など）として加入条件に該当する者については、「雇用保険被保険者資格取得届」または「雇用保険被保険者喪失届」の備考欄に記載し、一方、雇用保険の被保険者に該当しない場合には、「届出様式第3号」により届出を行います。記載する内容は、外国人労働者の氏名、在留資格、在留期間、生年月日、性別、国籍、資格外活動許可を受けている場合にはその旨、雇入れまたは離職年月日、事業所の名称・所在地などとなります。

150

雇用保険被保険者資格を有さない外国人労働者については、氏名、在留資格、在留期間、生年月日、性別、国籍・地域を記載することになります。

(b) **提出期限など**

届出の期限は、雇入れの場合は雇入れ月の翌月10日まで、離職の場合は離職日の翌日から起算して10日以内となっています。雇用保険の被保険者資格の取得届または喪失届の備考欄に、在留資格、在留期限、国籍等を記載し通知することができます。

雇用保険の被保険者ではない外国人労働者については、雇入れ、離職ともに翌月の末日までとなっており、届け出る前に離職した場合には、雇入れと離職の届出を同時に行うこともあります。

(c) **罰　則**

労働施策総合推進法では、外国人労働者の雇入れや退職に伴う報告書の届出を怠ったり虚偽の届出を行った場合には、30万円以下の罰金と定め（労働施策総合推進法40条1項2号）がありますので、忘れないように注意が必要です。

(3) **厚生労働省の指針**

(a) **指針の重要ポイント**

厚生労働省より、外国人指針が出されており、その第五では、外国人労働者の雇用状況の届出が記載されており、前記(1)の事業主が労働施策総合推進法28条1項などを遵守し適正に届出などを行うこととされています。

(b) **常時10人以上を雇用する場合**

外国人指針の第六では、外国人労働者の雇用労務責任者の選任として、事業主は、外国人労働者を常時10人以上雇用するときは、指針第四に定める事項等を管理させるため、人事課長等を雇用労務責任者（外国人労働者の雇用管理に関する責任者をいう）として選任することになっています。

【外国人指針第四に定める事項】

1. 外国人労働者の募集および採用の適正化

第3章　採用時の相談事例

2．適正な労働条件の確保

3．安全衛生の確保

4．雇用保険、労災保険、健康保険および厚生年金保険の適用

5．適切な人事管理、教育訓練、福利厚生等

2　記載事項の確認方法

「外国人雇用状況の届出書」を記載するにあたり、必要な内容の確認方法としては、〔表21〕のようなものがあります。

〔表21〕「外国人雇用状況の届出」記載事項の確認手段

氏名・在留資格・在留期限・生年月日・性別・国籍	・在留カード（外国人登録証明書） ・旅券（パスポート）
資格外活動許可の有無	・在留カードの裏面 ・旅券（パスポート）の許可証印 ・資格外活動許可書 ・就労資格証明書

3　ご質問のケースへの対応

ご質問のケースは、雇用保険の取得届または「外国人雇用状況の届出書」の届出が必要となります。届出をしていない場合には、外国人労働者から在留カード等の提示を受けて記載のうえ、必要な届出を行うことになると考えます。なお、特別永住者と在留資格が「外交」・「公用」の場合については届出が不要となっています。また、平成19（2007）年10月1日の時点ですでに雇い入れている外国人労働者については、氏名、在留資格、在留期間、生年月日、性別、国籍・地域などを記載して届出をすることになります。

（本間　邦弘）

152

第4章

労働条件をめぐる
相談事例

第4章 労働条件をめぐる相談事例

Q27 就業規則や諸規程の作成と周知

　当社では就業規則や賃金規程などを従業員の休憩室に掲示していますが、外国人労働者から、配布しなければ違法だと言われました。就業規則や賃金規程は交付する義務があるのでしょうか。

☞ ここがポイント

① 就業規則などの交付は義務ではなく、いつでも見られる状態で周知することでよいことになっている。
② 最近は、交付やイントラネット等で周知する企業も多くなっている。
③ 就業規則は、法的な内容などを満たすことや、従業員へ周知が重要。
④ 就業規則としてさまざまな規程を作成できるため、個別のルール化も可能。

1　就業規則の周知義務や周知方法

　就業規則を作成した場合には、従業員に対してこれを周知する義務があります。しかし、それらを従業員に交付することまでは求めておらず、見やすいところへ掲示したりして従業員がいつでも閲覧できるようにすることが必要とされています（労働基準法106条）。したがって、ご質問をされている会社の現在の対応で法律はクリアしています。

　最近では採用の際や変更をした場合に、従業員に就業規則を配布したり、イントラネット上で閲覧できるようにするなどにより、周知する企業等も多くあります。

2　就業規則

(1)　就業規則の意義や範囲など

(a)　就業規則の作成義務や意義など

　就業規則は、常時10人以上の従業員（アルバイトなども含む）を使用する事業場では、就業規則を作成し労基署へ届け出ることが義務となっています

154

（労働基準法89条）。また、就業規則は「職場の憲法」とも呼ばれ、企業等における基本的なルールを書面化したものといえます。使用者と労働者の間で交わした約束事であり、トラブルがあった場合には、判断の拠りどころとなるものといえます。

(b) 就業規則に記載する事項

就業規則には、労働時間や休日、賃金など必ず記載すべき事項があり、これを「絶対的必要記載事項」といい、次のものがあります。

絶対的必要記載事項

1　始業および終業の時刻、休憩時間、休日、休暇、労働者を2組以上に分けて交替に就業させる場合においては、就業時転換に関する事項（労働基準法89条1号）

2　賃金（臨時の賃金等を除く）の決定、計算および支払いの方法、賃金の締切および支払いの時期、昇給に関する事項（同条2号）

3　退職に関する事項（同条3号）

相対的必要記載事項として、定めがある場合には記載しなければならない事項には、次のものがあります。

相対的必要記載事項

1　退職手当の定めが適用される労働者の範囲、退職手当の決定、計算および支払いの方法、退職手当の支払いの時期に関する事項（労働基準法89条3号の2）

2　臨時の賃金等（退職手当を除く）、最低賃金に関する事項（同条4号）

3　労働者に負担させる食費、作業用品その他に関する事項（同条5号）

155

第4章 労働条件をめぐる相談事例

4 安全および衛生に関する事項（同条6号）

5 職業訓練に関する事項（同条7号）

6 災害補償および業務外の傷病扶助に関する事項（同条8号）

7 表彰および制裁の種類、程度に関する事項（同条9号）

8 前記1～7に掲げるもののほか、当該事業場の労働者すべてに適用する事項（同条10号）

(2) **就業規則の作成、届出の手順例**

就業規則の作成（変更の場合も同様）から従業員への周知までの流れは、一般的に次のとおりとなります。

① 現状の分析、作成（変更）方針の決定

　　　↓

② 就業規則（案）の決定・作成

　　　↓

③ 従業員過半数代表者の選出と従業員代表者の意見書の提出

　　従業員の過半数を占める労働組合があるときにはその労働組合、それがないときには従業員の過半数を代表する者の意見を聴取（意見書として提出させ、届出の際に添付）

　　　↓

④ 従業員への周知

　　　↓

⑤ 所轄の労基署へ届出

3 就業規則、ここが重要！

(1) 就業規則には、さまざまな規程等も含まれる

勤務時間や休憩時間、休日、休暇など基本的な内容を記載した「就業規則本則」のほかに、賃金規程や退職金規程などが含まれます。平成11（1999）年の労働基準法改正前までは、前記の規定以外には安全衛生や災害補償などの限られた事項しか別規程化は認められていませんでした。しかし、改正後は、職種ごとや雇用形態ごとの就業規則作成や、就業規則の記載事項の項目ごとに、別規程化が認められるようになりました。これらの規程は就業規則の一部として、作成や変更の場合には提出の義務が生じることになります。

(2) 効果的な活用で問題が解決した例も

(a) 試用期間に関する規程を作成し活用

前述のように就業規則には、規程など書面化されたルールが含まれます。たとえば、A社では、試用期間中の解雇をめぐるトラブルが発生した経験を活かして、「試用期間における遵守事項及び解雇に関する規則」を作成し、従業員に周知し、労基署へ届出をして明確な根拠としました。

(b) 「営業管理規程」を作成し活用

外資系のB社では、毎年10月に「営業マニュアル」を作成し、営業担当者にサインを求めていますが、それに応じない外国人労働者が毎回のように数名存在しました。そこで、営業マニュアルを「営業管理規程」として作成し従業員に周知し、就業規則の一部として労基署にも提出しました。これにより、個々人の同意がなくてもルールとして順守を求めることができるようになりました。

(3) 就業規則の内容や従業員への周知の重要性

(a) 内容の適合性や周知が効力に重要

就業規則を従業員に無断で作成したり、変更したりした場合には、就業規則の効力が否定されることがあります。また、就業規則を労基署へ提出する

だけで効力が発生するのではなく、就業規則の内容が提示した労働条件等に
合致していることや、従業員への周知が重要であるとされています。

(b) 周知の重要性に関する裁判例

就業規則に法規範性が認められるためには、就業規則が周知性を有すること
を要し、周知性を有するには、事業場の労働者の大半が就業規則の内容を
知り、または知ることのできる状態におかれていることを要するとされた裁
判例（東京高裁平成12年8月23日判決・判時1730号152頁）などがあります。

(4) 不利益変更は原則、同意が必要

これまでの労働条件について、労働者にとってマイナスとなる内容に変更
を行う場合には、「不利益変更」となり、原則として不利益を被る労働者本
人の同意が必要となります。なお、不利益変更にあたり、代替措置をとるな
どの場合に、労働者の同意は必要ないとされることもあり、個々のケースに
よって判断されることになります。

(5) 就業規則と労働契約の関係

平成20（2008）年3月1日に施行された労働契約法12条では、原則として
就業規則の規程が労働契約書に優先するとされています。それまでは、個別
に合意した労働契約書が優先される傾向にありましたが、同法の施行により
就業規則の定めに満たない内容の労働契約書はその部分について無効とされ
るため、就業規則の重要性が増しています。

（本間　邦弘）

Q28 マイナンバー制でダブルワークが判明するか

　当社で、日曜日に清掃のアルバイトをする外国人労働者が、「マイナンバー制度により、正社員として働く会社に内緒にしていたアルバイトが判明してしまう」として退職を申し出てきました。本当にダブルワークがわかってしまうのでしょうか。

☞ ここがポイント

① 　原則としてマイナンバー制度だけでダブルワークは判明しない。
② 　住民税の徴収金額、その他で判明する可能性はあるものの、これはマイナンバー制度施行以前からあったものである。
③ 　アルバイトからマイナンバーを提出してもらう場合に強制できる法律はないが、税務などでは必要となるため、提出が求められる。
④ 　就労資格で、清掃業務が許されていない場合には、不法就労となる可能性が生じる。

1　ダブルワークが判明する可能性など

(1)　マイナンバー法の守秘義務

　マイナンバーの利用目的は、税や社会保障などとなっており、マイナンバー制により、従業員が複数箇所から賃金や所得を得ていることが会社に判明する可能性はないといってよいでしょう。マイナンバーを利用目的以外に使うことは禁止されており、マイナンバーの取扱機関から、複数箇所から賃金などを得ているという情報が、勤務する会社に連絡されるということは考えられないからです。しかし、税務関係や社会保険関係の手続等が理由で、判明する可能性は否定できません。これらはマイナンバーが原因ではなく、また、マイナンバー制度施行以前からあったリスクといえます。

第4章 労働条件をめぐる相談事例

(2) マイナンバーに関係なく判明したケース

(a) 住民税額で判明の可能性

会社は原則として正規従業員の住民税を給与から天引き（特別徴収といいます）する義務があり、ダブルワークをしている場合には、給与だけでなくアルバイト分を含んだ収入が合算されて住民税額が決定されます。住民税を扱う経理担当者が、他の同じ給与額の従業員に比べて住民税が著しく高い場合に気がつく可能性はあるかもしれません。

(b) 鉢合せのパターンも

その他にも、ダブルワークが判明する可能性としては、たとえば、従業員が居酒屋などでアルバイトをして、その店に会社の上司などが来店して鉢合せした場合が考えられます。実際にOLのSさんは、勤務先の規程にアルバイト等の禁止の記載があることを知りながら、平日の20時から飲食店でアルバイトをしており、上司の部長が来店し「君はここでアルバイトしているのか？」と言われ真っ青になったことがあったそうです。

2 中途半端な対応はトラブルのもと

(1) 確定申告をして住民税のリスクを回避

前記の住民税の特別徴収から判明しないようにするために、アルバイト（雇用）ではなく個人事業主として業務を行い、税金の申告を確定申告として行うことで対応する例がみられます。しかし、個人事業主となるには必要な要件があり、名ばかりの個人事業主ではさまざまなトラブルが生じることがあります（Q62参照）。

(2) 労災保険の適用がなされないためのトラブル

アルバイトが個人事業主として業務を行う場合には、原則として労災保険の適用がありません。これにより、アルバイト先への通勤や帰宅途中、業務中にケガなどをした場合でも、労災保険から治療費などが支給されないこともあります。OLをしながら、飲食店でアルバイトをしていたAさんは個人

160

事業主の扱いとなっていましたが、アルバイト先に向かう途中で車に轢かれて大けがを負いました。店側がAさんは労災保険を適用されないはずだと主張したため、Aさんは裁判を起こし店側が労災申請を行うことになったという例もあります。

（本間　邦弘）

コラム4　1通の封書でダブルワークが判明することも

　A社は1階が事務所であり、2階と3階を自社の従業員寮として、単身者を居住させています。ある日、会社の事務室に封書が届き、B社長が受け取りました。社長が封書を見ると、宛名は2階に住む外国人労働者のCさん宛てでしたが、宛名の横に「マイナンバー報告のお願い」と記載されています。差出人は、あるファミリーレストランとなっており、B社長はCさんを呼び事情を聞いたところ、会社に内緒でアルバイトをしていたことを認めました。CさんはB社長から厳しく注意を受け二度とこのようなことをしないと約束することになりました。

第5章

労働環境をめぐる
相談事例

第5章 労働環境をめぐる相談事例

Q29 ストレスチェックの実施義務

　当社は全体で90名の従業員がおり、法律上の義務であるストレスチェックを実施しようとしたところ、外国人労働者に拒否されました。拒否者には実施はできないのでしょうか。また、ストレスチェックについて教えてください。

> ☞ **ここがポイント**
>
> ① ストレスチェックは、希望しない従業員には原則として実施できないことになっている。
> ② ストレスチェックは、50人以上の事業所において実施義務がある。
> ③ 実施義務のある事業所は毎年1回報告の義務がある。

1 ストレスチェックの実施など

(1) ストレスチェックとは

(a) 基本的な考え

　ストレスチェックとは、メンタルヘルス不調の大きな要因といわれるストレスをためすぎないようにするなどのために、メンタルヘルス不調を未然に防止するための仕組みといわれています。

　ストレスチェックにより労働者が自分のストレス状態を知ることで、改善の対処をしたり、早めに医師の面接を受けて助言をもらったり、会社側に仕事の軽減などの措置の実施を要望するなどにより、職場環境の改善につなげ、「うつ」などのメンタルヘルス不調を未然に防止することが大きな目的であるといわれています。拒否した方には、ストレスチェックの趣旨を説明し、理解を得ることも大切であると考えます。

(b) 法改正と実施義務

　労働安全衛生法が改正・施行され、「労働者が50人以上の事業所をもつ企業」が、平成27 (2015) 年12月から毎年1回、この検査をすべての労働者に

164

対して実施することが義務づけられました。「労働者が50人以上の事業所をもつ企業」とは、あくまでも事業所ごとの労働者数であり、この労働者数はアルバイトやパートタイマー、常時派遣されて勤務する派遣労働者も含みます。

(2) ストレスチェックの流れ

(a) 基本事項

ストレスチェックは次の3点の実施を義務づけています。

① 労働者のストレスを把握するための、医師等による検査（ストレスチェック）を受ける機会を希望する労働者に提供すること。

② 実施の結果、問題ありとの検査結果を通知された労働者に対して、労働者の希望に応じて、医師による面接指導を実施すること。

③ 面談指導の結果、医師の意見を聞いたうえで、必要な場合には、作業の転換、労働時間の短縮その他の適切な就業上の措置を講じること。

(b) 基本的な流れなど

具体的には、ストレスに関する質問票（選択回答）に労働者が記入し、それを集計・分析することで、自分のストレスがどのような状態にあるのかを調べる簡単な検査もあり、厚生労働省ホームページにて「厚生労働省版ストレスチェックプログラム」が公開されています。そのほかに「ストレスチェック制度マニュアル」なども公表されており、これらを活用することも考えられます。

基本的な流れは、後記2の「ストレスチェック制度の実施手順」を参照してください。

(c) 実施対象者から除かれる場合

ストレスチェックを行う労働者から除かれるものとして次のケースがあります。

① 契約期間が1年未満の労働者および労働時間が通常の労働者の所定労働時間の4分の3未満の短時間労働者（労働安全衛生法66条の10、労働安

安全衛生規則52条の9、厚生労働省「労働安全衛生法に基づくストレスチェック制度実施マニュアル」30頁）

② ストレスチェックを拒否した労働者

　ストレスチェックについては、法的には強制的に行うことのできる規定はないため、労働者が拒否した場合は実施することはできません（前記①マニュアル4頁参照）。

(3) ご質問のケース

(a) 会社としての実施義務

「労働者が50人以上の事業所をもつ企業」の50人とは、企業全体の数ではなく、その企業等に労働者が50人以上の事業所がある場合に、その事業所についてのみ実施義務があるということです。ご質問のケースでは社員90名ですが、もし、本社45人、他の事業所で45人というように1つの事業所にて労働者が50人に満たない場合には、実施する義務はないことになります。

(b) 希望しない社員には実施できない

前述のとおり、ストレスチェックについて、拒否した場合には実施できないことになります。そのほかに、ストレスチェックの結果については労働者本人の同意がない場合には事業主において保管ができず、ストレスチェックの結果により医師の面談を実施する場合にも、労働者本人の申出がある場合となります。

実施に例外があることは、労働者のストレスの完全な把握やその後の対応に支障を来す可能性があることを危惧しています。

2　ストレスチェック制度の実施手順

ストレスチェック制度（準備から事後措置まで）の流れは〈図3〉のとおりです。

〈図3〉 ストレスチェック制度（準備から事後措置まで）の流れ

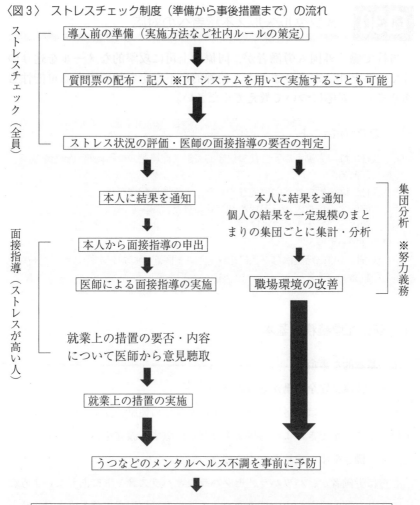

（本間　邦弘）

第5章 労働環境をめぐる相談事例

Q30 メンタルヘルス不調者への対応

当社で働く外国人労働者が、同僚や上司に攻撃的なメールを送りつけていると相談がありました。精神的に不安定な状態である可能性もあります。対応について教えてください。

☞ ここがポイント

① 会社には、労働者が安全かつ健康的に働く環境をつくる義務（安全配慮義務）がある。
② 会社には、働きやすい環境をつくる、労働環境配慮義務もある。
③ 実際のメールなどから現状を確認するなど、事実を確認することが重要。
④ 必要に応じて本人からの聴取りを行い、メール送信の事実や理由などの直接の確認も重要。
⑤ 状況により、産業医など医師の面談や専門医の受診などを命じることも考えられる。

1 安全配慮義務の基本

(1) 基本的な事項

(a) 健康に安全に働かせる義務

安全配慮義務とは、労働者がその生命や身体の健康や安全を確保しながら労働することができるよう、事業主などが配慮する義務をいいます。

(b) 働きやすい環境をつくる義務

さらに労働者が、パワハラ、セクハラなどハラスメントにあわないようにすることなど、働きやすい環境をつくる「労働環境配慮義務」もあります。

(2) その他の法律

また、労働安全衛生法では労働者の安全を守りかつ健康に働けるようにするために、健康診断や安全基準など使用者が遵守すべき事項、その他を定めています。使用者とは、労働者に指示をする上司などをいい、安全配慮義務については使用者が重い責任を負うということができます。

168

(3) 働き方改革による健康への配慮

平成31（2019）年4月の改正労働安全衛生法の施行に伴い、事業主の労働者への健康の管理や対応が、今後はさらに厳しく求められることになります。具体的には、法定時間外労働月80時間以上の労働者への医師の面談などが求められる、労働時間を把握する義務などがあります。

2　体調不良・メンタルヘルス不調者への対応

(1) 病気かどうか事実を確認

体調不調やメンタルヘルス不調を、労働者自身が訴えたり、周りの同僚や上司などが指摘した場合には、状況を正確に把握することが重要となります。

具体的には、医師の診断を受けさせ、本人の同意を得たうえで、主治医に診断結果を確認するなどの事実確認を行い、診断書などでその事実を証明してもらうことが考えられます。

(2) 業務の継続が可能かを確認

医療機関を受診させ、病名や病状、勤務を継続することが労働者の心身の健康に支障がないかなどを、診断書に記載してもらうことも重要になります。

(3) 体調やメンタルヘルスの不調を訴えた場合

特に労働者本人が、不調を訴えた場合には医師の判断が出るまで就業を停止することも重要となります。

3　メンタルヘルス不調者の増加など

(1) 厚生労働省の資料や指針からみる傾向

(a) 精神障害の労災認定

厚生労働省発表の平成29年度「過労死等の労災補償状況」によれば、精神障害の労災申請件数は、請求件数は1732件で前年度比146件の増となり毎年増加しています。労災申請に限らず、メンタルヘルスの不調が原因で職場内でのトラブルが生じる事例が増加しており、各企業などでは対策に頭を痛め

169

第5章　労働環境をめぐる相談事例

ているのも事実です。

(b)　心の健康保持の指針

労災認定の増加などを受け、厚生労働省では平成18（2006）年3月に「労働者の心の健康保持のための指針」を出し、平成27（2015）年11月には最新の改訂を行い、事業主が従業員にうつなどのメンタルヘルス不調が発生しないような職場づくりをすることを求めています。さらに同指針では、メンタルヘルス不調者が発生した場合に、本人が休職に至ることのないような早期の対応や、休職したとしても円滑に職場復帰し、就業を継続できるよう配慮することなどとしています。

(2)　安全配慮義務

(a)　安全配慮義務とは

安全配慮義務とは、労働者は通常は、労働契約に基づき、指定された場所で提供された機械などを用いて指示された業務を行うことから、事業主などへ労働者の心身の安全や健康の確保への配慮を義務づけたものです。これまでは民法など法律の規定はなく、電通事件〔過労自殺〕（最高裁平成12年3月24日判決・民集54巻3号1155頁）やシステムコンサルタント事件〔過労死〕（最高裁平成12年10月13日判決・労判791号6頁）から、判例上認められていました。しかし、平成21（2009）年3月に労働契約法5条において、安全配慮義務が明文化され、裁判などで具体的な判断が行われています。

(b)　傷病者だけでなく労働者全体に必要

安全配慮義務は、けがや病気になった従業員本人だけでなく、その職場で働く労働者全体にも及びます。実際に統合失調症になった従業員が突然攻撃的になったものの、当事者はそのことを覚えておらず、また、医師の診断を受けてもその時には全く症状が出ないため、病気かどうかわからないということがありました。しかし、現実に症状が出ると他の従業員を大声で罵倒するなどしたため、他の従業員を守るために休職を命じ、その後に専門医の診断により統合失調症であることが判明し、身元保証人である親が実家に引き

170

とり、療養に専念させた例もあります。

(3) 指針の定め

外国人指針では、安全衛生の確保として、事業主に対して次の事項を求めており、留意が必要となります。

① 安全衛生教育の実施

② 労働災害防止のための日本語教育等の実施や外国人労働者が労働災害防止のための指示等を理解することができるようにするため必要な日本語および基本的な合図等を習得させるよう努めること

③ 労働災害防止に関する標識、掲示等

④ 健康診断の実施等

4　ご質問のケースの対応例

(1) 会社としての対応の流れ

(a) 事実確認

メンタルヘルスの不調について、従業員自身が訴えたり、周りの同僚や上司などが指摘したりした場合には、状況を正確に把握することが重要です。具体的には、本人からの申出であれば本人から詳しく状況を聞き、通訳が必要な場合には、その手配も必要です。さらに所属部署の上司や同僚からも状況を聞くことにより、細かく状況を把握することや本人の同意を得て主治医に確認したりすることも考えられます。

ご質問のケースのように上司や同僚からの申出であれば、まずはその上司や同僚に聴取りなどを行い、送信されてきたメールの内容の確認などを行うことが考えられます。そのうえで本人を呼び、メール送信の事実などを聞き、可能であれば病気の事実についても聞くことが考えられます。

(b) 業務の継続が可能かを確認

外国人労働者が医療機関で受診していることが判明した場合には、病名や病状、勤務の継続により心身の健康に支障がないかなどを記載した診断書を

171

第5章　労働環境をめぐる相談事例

提出してもらうことが考えられます。

　病気に関する専門家は医師であり、従業員の言い分を鵜呑みにし、会社が勝手に判断し勤務の継続を決めてしまうことは、安全配慮義務上も問題があると考えます。

⑵　就業規則の確認など

　欠勤を繰り返す従業員や長期休職中の従業員の有無にかかわらず、雇用側はメンタルヘルス不全を抱える従業員に対して、健康診断の受診義務などを規定し、事業主が受診や診断書の提出などを命じる根拠をつくることが重要です。

　以下は規定の一例です。参考にしてください。

　従業員は、健康診断について会社が法令に基づいて行う場合や労働契約法第5条の安全配慮義務上から必要と判断し命じた場合には、医師の診断を受診し、結果を報告するなど会社の指示に従うものとする。

（本間　邦弘）

Q31 時間外労働や休日労働で注意すべき点

外国人労働者が時間外労働を拒否しています。対応などについて教えてください。

☞ ここがポイント

① 残業や休日労働の必要性をていねいに説明し、理解を得ることが重要。
② 労働契約書での確認や就業規則への記載で、指示の根拠とすることも重要。
③ 法律を超える時間外労働などには、事前に36協定の締結や届出が必要。

1 時間外労働や休日労働など

(1) 法律の規定と例外

(a) 法定を超える労働など

労働基準法では、法定労働時間を超え、または法定休日に労働させることは原則としてできないとされています。原則的な法定労働時間とは1日8時間であり、法定休日とは1週1日または4週4日をいいます（同法32条、35条）。

(b) 法定を超えて労働が許される場合

前記(a)に限らず、非常災害等の避けることのできない事由がある場合などには、労基署長の事前の許可または事後に届けることで、法定労働時間を超えて、または法定休日に労働させることが可能となります（労働基準法33条）。

また、業務の都合により法定を超えて労働する必要がある場合には、事前に時間外・休日労働に関する労使協定を締結（36協定といいます）のうえ、所轄の労基署の届出が必要であり、その労使協定の範囲内で時間外労働や休日労働を行うことができます（労働基準法36条）。

第5章　労働環境をめぐる相談事例

(2)　ご質問のケース

(a)　雇入れ時の説明内容の確認

　雇入れに際しては、労働条件通知書などにより、労働条件等に関する書面の交付が義務づけられていますが（Q21 参照）、その中に時間外労働の有無や時間数を明記することになっています。まずは、記載内容やこれまでの説明の内容などを確認することが重要です。もしも説明をしていた場合には、そのことを再確認し、協力を求めることができます。

(b)　36協定や就業規則の確認と説明

　また、法定を超えた労働を行う場合の要件である36協定書の提出や就業規則に時間外労働に関する規定がある場合には、それを根拠として協力を求めることが考えられます。

2　会社が気をつけるべき事項

(1)　36協定の期限切れに注意

　36協定は1年以内の期間を定めて締結することになり、自動更新はできないことになっています。そのため協定の期限が過ぎないように注意が必要であり、経営者側と労働者側が対立している場合などにおいては、3カ月など短期間の締結しかできず、毎回労使交渉をするケースもあります。

(2)　36協定の特別条項と注意点

　36協定には、建設現場や運送業などを除いて、原則的な時間外労働の目安時間（1カ月45時間、1年360時間）があり、原則としてその時間内で行うことになっており、これ超えて労働させた場合には違反となります。しかし、特別に忙しい場合などには、それを超えて労働を行えるという条項（特別条項）を定めることで、年間6回までは目安時間を超えて労働できるとされています。しかし、特別条項の時間を超えて労働することはできず、この時間を超えた場合にも36協定違反となります（Q32 参照）。

174

3 割増賃金

(1) 割増賃金と割増率

時間外労働や休日労働の場合には、割増賃金を、労働者に支払わなくてはなりません。

(a) 割増率

時間外労働の割増率は以下のようになっています。

① 25%の場合　法定労働時間を超えて（原則として8時間）働く場合や深夜時間（原則として午後10時から午前5時）に勤務する場合

② 35%の場合　法定休日（1週1日または4週4日）の休日に勤務する場合

③ 50%の場合　法定時間を超え、かつ深夜時間に勤務する場合

④ 60%の場合　法定休日かつ深夜時間に勤務する場合

(b) 大企業の場合

大企業では、1カ月の法定時間外労働が60時間を超えた場合には、50%の割増賃金を支払うことになります。資本金の額または出資の総額、または、常時使用する労働者数の基準を下回っている中小企業には、現在のところ猶予期間が設けられています（〔表22〕）。

〔表22〕 割増賃金につき、猶予期間が定められている中小企業

業　種	会社の規模
小　売　業	5000万円以下または50人以下
サービス業	5000万円以下または100人以下
卸　売　業	1億円以下または100人以下
そ　の　他	3億円以下または300人以下

第5章 労働環境をめぐる相談事例

(2) 固定残業代の支給

(a) 固定残業代と差額の支払いなど

　残業抑止や人件費の高騰を防止するなどの理由から、割増賃金の割増分または割増を含んだ賃金について定額支給する場合があります。会社によっては、営業手当などとして月3万円を支払い、営業担当者の残業手当とすることがありますが、実際の残業時間とその金額が営業手当の額を上回る場合には、その差額を支払うことになります。最近では、「固定残業手当」などとして手当を支給するケースもありますが、その場合には「月あたり20時間分の時間外手当として固定残業手当を支払う」などと手当の名称と時間数を明記することなどが原則として必要となります。

(b) 固定時間外手当が否定された判例

　従業員がサービス残業代の支払いを求めた裁判で、基本給と時間外の割増賃金との区別などが明確になされておらず、また、基本給の一部が時間外労働に対する賃金である旨の合意もされていないなどの場合に、会社側に支払いが必要であると判断した例などがあります（最高裁平成24年3月8日判決・判時2160号135頁（テックジャパン事件））。

（本間　邦弘）

Q32 過重労働防止と事業主の義務

Q32 過重労働防止と事業主の義務

　当社で働く外国人労働者から、時間外労働が多く、過重労働ではないかと指摘されました。過重労働とはどのような場合をいうのでしょうか。また、対応を教えてください。

☞ ここがポイント

① 時間外労働時間数などにより過重労働と判断される基準がある。
② 過重労働の要因には、精神的な負担など長時間労働以外の要因もあげられている。
③ 長時間労働の防止は、労働基準監督署の重点調査事項であり、調査で過重労働の事実が判明した場合には、労働時間削減など行政指導がなされる。
④ 平成31（2019）年4月から時間外労働の上限規制がスタートした。

1　過重労働と判断基準

(1)　過重労働の要因

(a)　長時間労働が大きな要因

　近年、長時間労働や職場でのストレスによって過重な負荷がかかり、脳・心臓疾患やうつ病等の精神疾患を発症するケースが増加し、心身ともに働き過ぎによる健康障害の問題が深刻化しているといわれます。過労死・過労自殺による労災の請求件数は増加傾向にあり、そこで厚生労働省では、「過重労働による健康障害防止のための総合対策について」（平成18年3月17日基発第0317008号）を策定し、事業者が講ずべき措置を示し、その中で長時間労働と脳・心臓疾患発症の因果関係などをまとめています。

【労働時間評価の目安と脳・心臓疾患発症の因果関係（一部）】

> 1．発症前1カ月間に100時間超または発症前2〜6カ月間平均で1カ月あたり80時間超

177

第5章　労働環境をめぐる相談事例

> → 　業務との発症との関連性が強い
> ２．発症前１〜６カ月間平均で１カ月あたり45時間超
> → 　時間外労働が長くなるほど業務との関連性が強まる

※　その他に心理的負荷による精神障害の認定基準も平成23年12月に出されています。

(b)　事業者の義務

前述の総合対策では、過重労働予防のために事業主が講ずべき対策として次のような事項を定めています。

① 　労働時間等に関する対策

a　36協定は時間外労働の限度に関する基準に適合するように設定する。

b　労働時間は適正に把握する。

c　年次有給休暇の取得促進

d　労働時間等設定改善委員会を設置し、労使が話し合う機会を整える。

② 　労働者の健康管理対策

a　産業医や衛生管理者、衛生推進者等の健康管理体制を整備する。

b　健康診断を確実に実施し、結果に基づき事後措置を講じる。

c　長時間労働者に対して面接指導等を実施する。

③ 　万一、過労死事案が発生した場合

産業医等の助言を受ける、労働衛生コンサルタントを活用するなどしながら、原因を究明し、再発防止対策を立て適切に実施する。

(c)　医師による面談

さらに前述の「過重労働による健康障害防止のための総合対策について」では、医師の面談の実施により、労働者の健康状態を把握し、必要な指示を受けることにより、労働者の心身の健康を守ることなどを示しています。具体的には、時間外・休日労働時間が１カ月あたり100時間を超える長時間労働者が申し出た場合には、医師による面接指導を義務づけたり、80時間を超

えて疲労の蓄積が認められたり、健康上の不安を有している労働者、事業場で定めた基準に該当する労働者にも、面接指導等の必要な措置の実施などを定めています（労働安全衛生法66条の8、66条の9、労働安全衛生規則14条1項1号、同規則52条の2など）。

(d) 心身のストレスなども要因

長時間労働だけでなく、職場でのパワハラなど過度なストレスやストレスの蓄積、寒暖差など心身に負担の多い労働環境なども、過重労働の要因の1つとされています。

(2) ご質問のケース

(a) 現状の確認

ご質問の外国人労働者については、まず過去1年間（入社1年未満の場合には入社日から）の時間外労働の時間数を確認し、さらに担当業務や業務量などが過度になっていないか、その他の負担がないかを確認することが考えられます。そのうえで、本人から事情を聞くことにより正確な状況の把握が重要と考えます。

(b) 必要に応じた対策

さらに時間外労働の時間が、前述の「労働時間評価の目安と脳・心臓疾患発症の因果関係」を超えているか、あるいは近い時間であれば速やかに医師の面談を受けることが重要です。そのうえで、医師の指示があればそれを実行していくことが基本となります。特に長時間労働やその他の負担がないことを確認できたとしても、会社としては安全配慮義務（Q30参照）の観点からも、医師の面談を実施することも大切と考えます。

2　労基署の過重労働の調査と指摘

(1) 主な調査事項と指摘など

(a) 時間外労働月80時間超を確認

労基署が行う過重労働の調査では、タイムカードなど勤務時間の記録から、

第5章 労働環境をめぐる相談事例

月あたりの時間外労働や休日労働の合計時間を割り出し、月80時間超の時間外労働の事実が確認された場合には、削減するよう命じられます。

(b) **労働時間削減計画などの策定や定期的な報告**

さらに、過重労働の理由と削減のための具体的な措置を作成し、その内容を報告することが求められます。あわせて、毎月1回、3カ月間など定期的な実労働時間の報告など削減の状況の報告が命じられることがあります。

(c) **悪質な法令違反と判断された場合**

事業所において、長時間など過重労働が行われ労働基準関係法令に違反した場合には、労働基準法違反容疑で書類送検される例が多くなっています。その他、労基署における調査でも、長時間労働の有無の確認や健康診断の結果記録の保管などについて、重点項目の1つとして調査が行われています。調査の結果、違法性など指摘事項がある場合には、是正して報告するよう、行政指導が行われます（Q64参照）。

(2) **働き方改革における時間外労働の上限規制**

労働時間に関する制度の見直しとして、労働基準法および労働安全衛生法などが改正され、次のような時間外労働の上限規制が行われます。

(a) **基本的な上限時間**

月45時間、年360時間を原則とし、臨時的な特別な事情がある場合でも年720時間、単月100時間未満（休日労働含む）、複数月平均80時間（休日労働含む）を限度に設定され、違反には罰則が定められています。

(b) **適用年月日など**

時間外労働の上限規制は、大企業が平成31（2019）年4月1日から、中小企業が令和2（2020）年4月1日から施行されます。ただし、建設事業、運送事業、医師などは、猶予期間が設けられています。

(本間　邦弘)

Q33 パートタイマーへの年次有給休暇の付与

Q33 パートタイマーへの年次有給休暇の付与

当社でパートとして働く外国人労働者が、「パートにも年次有給休暇がある」として、有給休暇の取得を申請してきました。パートにも有給休暇を与える必要はあるのでしょうか。

☞ ここがポイント

① 年次有給休暇は、一定の日数や一定の時間以上働くアルバイトやパートタイマーにも付与される。
② 事業主には、年次有給休暇の取得の時季を変更させる権利があることを説明することも重要。
③ 働き方改革の実施で、年次有給休暇を10日以上付与される労働者には、5日以上を付与することが義務となった。

1 年次有給休暇の基礎知識

⑴ 年次有給休暇の基本

⒜ 年次有給休暇の目的など

労働基準法39条では、一定期間継続して勤務した労働者に対し、年次有給休暇（以下、「有給」といいます）を与えることを定めており、これは労働者の心身の疲労回復や、ゆとりある生活の実現などが目的といえます。なお有給は、正規従業員など常勤でフルタイム勤務する者のほかに、パートタイマーとして週所定労働時間が30時間未満かつ週所定労働日数が4日以下の勤務をする者についても、比例的に付与することになっています（〔表23〕参照）。

⒝ 有給付与の条件

有給は、採用後6カ月以上継続して勤務し、全労働日（年間などで出勤すべき日）の8割以上出勤した労働者に対して付与されることになっています。全労働日とは、原則として本来労働すべき日（所定労働日）をいいます。

181

第5章　労働環境をめぐる相談事例

〔表23〕　有給の付与日数の考え方

〈常勤者の有給の付与日数〉

勤務時間	6カ月	1年6カ月	2年6カ月	3年6カ月	4年6カ月	5年6カ月	6年6カ月以上
付与日数	10日	11日	12日	14日	16日	18日	20日

〈パートタイマー等の有給の付与日数〉

	週所定労働日数	1年間の所定労働日数	継続勤務期間						
			6カ月	1年6カ月	2年6カ月	3年6カ月	4年6カ月	5年6カ月	6年6カ月以上
付与日数	4日	169～216日	7日	8日	9日	10日	12日	13日	15日
	3日	121～168日	5日	6日	6日	8日	9日	10日	11日
	2日	73日～120日	3日	4日	4日	5日	6日	6日	7日
	1日	48日～72日	1日	2日	2日	2日	3日	3日	3日

(c)　出勤した日として取り扱う期間

また、以下に掲げる休業等については、出勤したものとみなすことになっています。

① 業務上の傷病による休業期間

② 産前産後の休業期間

③ 育児・介護休業期間

④ 年次有給休暇を取得した期間

⑤ 遅刻・早退した日

(2)　パートタイマーの有給

(a)　パートタイマーの労働日

〔表23〕のとおり、パートタイマーについても有給は発生し、週1日の勤務の場合でも、1日の有給が発生します。パートタイマーにおける全労働日とは、雇用契約書などに勤務日として定められた日が基本となると考えます。たとえば週3日間の勤務と雇用契約書等に記載され、すべての週を労働する場合には、全労働日は156日（3日×52週）となり全労働日の8割とは125日になると考えます。

182

（b）　勤務日が特定されていない場合

　従業員として登録しているものの、雇用契約書等で勤務日や勤務日数が特定されていない場合には、労働日を正確に算出することができないこともあります。その場合には、「１年の総暦日数のうち、労働者が労働契約上労働義務を課せられている日数」（最高裁平成４年２月18日判決・金判909号40頁）などから検討することになると考えます。

（c）　ご質問のケース

　ご質問のパートタイマーの人についても勤続年数や労働日・出勤率などを確認したうえで、〔表23〕に照らし合わせて付与日数を決めることが必要と考えます。なお、有給の時効は２年となり、原則として消化していない有給は翌年に限り持ち越すことが可能です（労働基準法115条）。

（3）　有給の半日や時間単位の付与

（a）　有休の半日付与

　年次有給休暇は、暦日を単位として与えるのが原則ですが、年次有給休暇の取得促進および仕事と生活の調和を図る観点などから半日単位や後記のとおり時間単位の付与が可能となっています。半日とは、所定労働時間が８時間の場合には、４時間が基本となると考えます。

（b）　有給の時間単位の付与

　時間単位の付与は、年間で５日間に相当する時間数が限度となっています（労働基準法39条６項）。この制度を導入する場合には、労働者の過半数で組織する労働組合があるときはその労働組合、そのような労働組合がないときは労働者の過半数を代表する者との書面による協定において、以下の事項について定めることが必要です。

１　時間単位年休を与えることができることとされる労働者の範囲

２　時間を単位として与えることができることとされる有給休暇の日数
　（５日以内に限る）

第5章 労働環境をめぐる相談事例

　　3　時間単位年休1日の時間数（原則として所定労働時間数。1時間に満
　　　たない時間は1時間に切り上げ）
　　4　1時間以外の時間を単位とする場合はその時間数（1時間を下回る
　　　分単位は不可）

2　有給の重要ポイント

(1)　時季変更権や計画付与

(a)　時季変更権

　有給は、原則として労働者が指定する日に与えることになります。しかし、労働者から申出のあった日に有給を与えることが事業の正常な運営を妨げる場合には、労働者が指定した日を変更する権利が使用者に認められています。これを「時季変更権」といいますが、「事業の正常な運営を妨げる」とは、必要な交替要因を確保するなど企業等が努力しても、やむを得ない事情があるなどが必要であり、単に「忙しい」というだけでは時季変更権を行使することはできないため注意が必要です。

(b)　有給の計画的付与

　事業場で計画的に有給を取得させる日を定め、労働者が休暇を消化しやすくすることなどを目的として、個々の労働者が取得できる有給のうち、5日を超える部分について、計画的に付与する対象とすることができます。

　計画的付与には、時間単位の付与と同様に労使協定を締結する必要があります（労働基準法39条5項）。

(2)　働き方改革による有給付与義務

　働き方改革関連法は、平成31（2019）年4月1日から順次施行されており、年次有給休暇を10日以上付与される労働者には、年間で5日以上を付与することが義務となりました。会社が新たに創立記念日を有給日と指定したり、夏季休暇や年末年始の休暇を増やし、計画的に有給を付与するなどさまざ

184

な方法が検討・実施されています。有給の5日取得の義務を充足する方法は、①5日間すべてを事業主が指定する、②5日間のうちの一部を事業主が指定して、5日に足りない日数を労働者が自身の都合などで取得する、③5日間すべてを労働者が自己の都合で取得する、のいずれかに該当した場合が考えられます。

(3) 有給に支払う賃金や買上げ

(a) 有給に支払う賃金

有給を取得した場合に労働者に支払う賃金については、次のいずれかにより、あらかじめ定めておくことも重要です。

① 平均賃金（労働基準法12条）

② 所定労働時間労働した場合に支払われる通常の賃金

③ 健康保険法による標準報酬日額に相当する金額

通常①と②を原則とし、③を適用する場合には労使協定が必要となります。これらはその時々で支払う方法を変えるのではなく、どの方法で支払うかあらかじめ就業規則等で規定しておく必要があります。一般的には②を採用する企業が多いようです。

(b) 有給の買上げ

有給の「買上げ」が問題となることがしばしばあり、原則として、有給の買上げは違法とされています（昭和30年11月30日基収第4718号）、しかし、法定日数を超えて与えられている有給日数部分については、買上げをしても法違反とはならず、また、労働者が有給を取得せず、時効や退職等の理由で消滅するような場合に残日数に応じて調整的に金銭の給付をすることは事前に買上げを予約したこととは異なり、違法ではないとされています。

（本間　邦弘）

第5章　労働環境をめぐる相談事例

Q34　育児休業および介護休業の取得

　当社で働く男性の外国人労働者が、奥さんが本国で出産したとして育児休業を請求しました。具体的な対応や、育児休業制度についても教えてください。

☞ ここがポイント

① 育児休業については、要件に該当すれば原則満１歳まで、最大で子が２歳になるまで取得が可能。
② 育児休業のほかに、育児短時間勤務などの制度も義務化されている。
③ 介護休業は、要件が該当すれば最大で93日間（３回まで）の取得が可能。
④ 介護休業のほかに、介護短時間勤務などの制度も義務化されている。

1　育児休業制度の概要

　育児休業制度を規定する育児介護休業法は、少子化といわれるわが国にあって女性が安心して出産し、子育てができるための重要な法律として位置づけられ、育児休業等が取得しやすいように改正が行われてきており、平成29（2017）年１月１日にも改正法が施行されています。

(1)　育児休業の要件・期間など

(a)　基本的な要件

　労働者は、１歳未満の子を養育する場合には、子１人につき原則として１回、事業主に申し出ることによって休業することができます（育児介護休業法５条１項・２項）。ただし、日雇い労働者や期間を定めて雇用される労働者がその事業主に引き続き雇用された期間が１年未満の場合など、要件を満たさない場合には適用されないことがあります（同条１項ただし書）。

(b)　休業の期間

　子が満１歳になるまでとされていた育児休業の期間が、保育所に申し込んでいても入所できない場合や、子を養育する予定であった配偶者が死亡また

186

は病気になってしまったなどの例外的な場合には、子が1歳6カ月になるまで育児休業を延長することができます（育児介護休業法5条3項、育児介護休業法施行規則4条の2）。さらに、平成21（2009）年の改正では、男性が育児に参加することなどを目指して、父母の労働者がともに育児休業を取得する場合には、子が1歳2カ月になるまで取得可能となりました（パパ・ママ育休プラス、育児介護休業法9条の2）。さらにその後の改正で、最大で子が2歳になるまで取得が可能になりました。

(2)　育児休業関係の給付や労働時間の制限など

(a)　育児休業給付金

育児休業期間中は、事業主が賃金を支払う義務はありませんが、一定の要件のもとで、雇用保険法による育児休業給付金として休業前の賃金の約67％（最初の6カ月、その後は50％）が支給されたり、申出によって健康保険や厚生年金保険の保険料の免除（労働者および事業主）を受けたりすることができます（健康保険法159条、厚生年金保険法81条の2）。

(b)　時間外労働・深夜業の制限

また、時間外労働・深夜業の制限もあり、3歳に満たない子を養育する労働者が時間外労働をしないことを請求した場合には、事業の正常な運営を妨げる場合を除き、1カ月につき24時間、1年につき150時間を超えて労働時間を延長することはできないと定められています（育児介護休業法16条の8第1項）。

(c)　看護休暇

さらに看護休暇として、小学校就学前の子を養育する労働者は、事業主に申し出ることによって、負傷または病気をした子どもの世話、または病気の予防のために必要な世話（予防接種や健康診断を受けさせること）を行うために、当該子1人で1年間に5日、2人以上であれば年10日の休暇をとることができるとされ、半日単位でとることもできるようになりました（育児介護休業法16条の2）。

187

第5章 労働環境をめぐる相談事例

(3) 育児短時間勤務

　事業主は、3歳未満の子を養育し、または要介護状態にある対象家族の介護を行う労働者については、勤務時間の短縮等の措置を講ずること（育児介護休業法23条）、また、3歳から小学校就学前の子を養育し、または家族を介護する労働者については、育児・介護休業の制度または勤務時間の短縮等の

〔表24〕　育児介護休業法による休暇および不利益取扱いの禁止（主な改正ポイントも含めて）

●育児・介護休業に関する休暇や不利益の禁止
1　育児休業関係
子の看護休暇として、小学校就学前の子を養育する場合には1年に5日まで（該当する子が2名以上の場合には10日）、半日単位でも取得可能
2　介護休業関係
介護休暇として、要介護状態にある対象家族について、1年に5日まで（該当家族が2名以上の場合には10日）、半日単位でも取得可能
3　育児・介護共通
事業主に、妊娠・出産・育児休業・介護休業等を理由とする不利益な取扱いの禁止
●平成29（2017）年1月1日からの主な改正ポイント
1　仕事と介護の両立のために
①　介護休業について、対象家族1人につき通算93日まで、3回（同一要介護状態を含む）を上限に取得が可能
②　介護休暇の半日単位での取得が可能
2　仕事と育児の両立のために
①　対象となる子に、特別養子縁組の子（監護期間中を含む）も新たに追加
②　看護休暇の半日単位での取得が可能
3　その他
事業主に、妊娠・出産・育児休業・介護休業等を理由とする、上司・同僚からの嫌がらせ等を防止する措置を義務化

措置に準じた措置を講ずるよう努めなければならないとされています（同法24条）。

　具体的には、短時間勤務制度として1日の所定労働時間を短縮する制度、週または月の所定労働時間を短縮する制度を設けたり、フレックスタイム制などのいずれかの措置を講じたりすることになります。そのほかにも、不利益な取扱いの禁止なども定められています（〔表24〕参照）。

2　法律の順守の必要性など

　事業主は、原則として労働者からの育児休業の申出を拒むことができず（育児介護休業法6条1項）、事業主は、労働者が育児休業の申出をしたこと、または育児休業を取得したことを理由として、当該労働者に対して解雇その他の不利益な取扱いをしてはならないとされています（同法10条、「子の養育又は家族の介護を行い、又は行うこととなる労働者の職業生活と家庭生活との両立が図られるようにするために事業主が講ずべき措置に関する指針」厚生労働省告示第509号（平成21（2009）年12月28日））。罰則としては、違反した会社の社名公表や過料20万円が規定されています（育児介護休業法56条、56条の2、68条）。この罰則は、あくまでも可能性であり、違反行為によってすぐに罰則の適用となることはないともいえますが、コンプライアンスや労働者の獲得、女性の活躍の推進や企業イメージなどからも注意する必要があります。

3　ご質問のケースへの対応

　ご質問のケースですが、まずは、法律に照らして適用されるかどうかを確認することが必要ですが、外国人労働者の事情を勘案することも重要であり、会社が誠意をもって話し合い、合意点を見出すことも重要と考えます。

（本間　邦弘）

第5章　労働環境をめぐる相談事例

Q35 セクシュアル・ハラスメント（セクハラ）

　管理職から、部下である女性の外国人労働者が同僚から体を触られるなど、セクハラ行為を受けていると相談があったと報告がありました。会社の対応について教えてください。

☞ ここがポイント

① 会社などにセクハラの相談があった場合には、職場環境配慮義務などからも適切な対応が求められる。
② セクハラ対応の社内ルールがあればそれに従って対応することが基本。
③ 事実確認については、相談者の意思を尊重することが重要。
④ 社内ルールがない場合には、専門家への相談なども重要。

1　セクハラへの対応義務

　会社には、従業員が働きやすい職場の環境を整える、職場環境配慮義務があります（労働安全衛生法1条・3条、労働契約法5条）。

2　ご質問のケースへの対応

　ご質問のケースは、上司が部下の女性従業員からセクハラに関する相談を受けたとのことから、事実関係を確認し必要かつ適切な対応が求められます。
　まず、社内でセクハラに関する対応のルールがある場合には、その内容に沿って進めていくことになります。しかし、ルールがない場合には、一例としてまず相談を受けた上司が本人に対して、会社へ相談をすることについて承諾を得ることも重要です。相談を受けた場合に、決して相手方とされる従業員を呼んで事実を確かめるということはせず、「○○君（さん）を呼んで事実を確かめてもいいですか」などと相談者に確認していくことが重要と考えます。また、「必ずすぐに解決するから」など安易に解決を確約することも避け、あくまでも相談者本人の意思を尊重するように努めることが大切で

190

す。

　そのうえで、人事や総務または担当役員などに相談する場合には、相談していることが社内に漏れることなどがないように配慮が必要です。社内で意見がまとまらない場合などには、外部の専門家（弁護士や社会保険労務士など）に相談することも考えられます。

3　セクハラの基本的な考え

(1)　セクハラの定義

職場におけるセクハラは、次のように定義されています。

> 　職場において行われる性的な言動に対するその雇用する労働者の対応により当該労働者がその労働条件につき不利益を受け、又は当該性的な言動により当該労働者の就業環境が害されること（男女雇用機会均等法11条1項）。

セクハラは大きく次の2つに大別されています。
① 　対価型（地位利用型）セクハラ
② 　環境型セクハラ

①は、労働者の意に反する性的な言動に対する労働者の対応（拒否や抵抗）により、その労働者が解雇、降格、減給等（労働契約の更新拒否、昇進・昇格の対象からの除外、客観的にみて不利益な配置転換等）の不利益を受けることとされています。

②は、労働者の意に反する性的な言動により労働者の就業環境が不快なものとなったため、能力の発揮に重大な悪影響が生じる等その労働者が就業するうえで看過できない程度の支障が生じることとされています。

(2)　セクハラに関する行政の方針

厚生労働省が定めている「事業主が職場における性的な言動に起因する問

第5章　労働環境をめぐる相談事例

題に関して雇用管理上講ずべき措置についての指針」（平成18年厚生労働省告示第615号）では、セクハラ行為といわれる基準として、労働者の主観を重視しつつも、一定の客観性が必要とされるため、被害を受けた労働者が女性である場合には、「平均的な女性の感じ方」を基準とし、被害を受けた労働者が男性である場合には「平均的な男性の感じ方」を基準とすることが適当である、としています。

4　会社側としてのセクハラ予防対策の例

(1)　セクハラ禁止に向けた会社の具体的行動

(a)　セクハラ禁止の明記など

就業規則の服務規律などにセクハラを禁止する旨の規定を加えたり、セクハラ防止のポスターを貼るなど、会社としてセクハラ防止に努めていることや、相談窓口（後記(2)）に相談することができることなどを広く周知することが考えられます。

(b)　研修の実施

会社によっては、管理職や従業員に対してセクハラ防止や相談を受けた場合の対応などの研修を行うこともあり、また、行政が貸し出すビデオで基本的な事項を学び、専門家による講義を行うなどの例もあります。

(2)　相談窓口の設置

社内または社外の専門家に依頼するなどして、相談窓口を設置してこれを周知し、さらに相談をしたことで不利益がないことや相談内容の秘密順守や本人の意思を尊重して解決を進めることなどを、相談窓口の設置について周知する際にあわせてその旨を知らせることも重要と考えます。

(3)　対応の基本

(a)　迅速な対応

前述したとおり、部下などから相談を受けた場合には何らかの対応が求められますが、その際には相談窓口への相談を進めたりするなど、迅速に対応

192

することも大切です。

　(b)　**裁判例**

　会社がセクハラの相談を個人的な問題として先送りした結果、問題が大きくなり裁判に発展し、上司と会社の双方が損害賠償を支払うことを命じられたケース（福岡セクシャル・ハラスメント事件（福岡地裁平成4年4月16日判決・判時1426号49頁））や、勤務先の営業部長であった被告による継続的なセクハラ行為によって、精神的苦痛を受けるとともに、会社を退職せざるを得なくなったとして、慰謝料200万円、弁護士費用20万円を認定したもの（東京地裁平成26年6月19日判決・判例集未登載）などがあります。

（本間　邦弘）

> **コラム5**　　下請会社の社長が、元請会社にセクハラ防止を直談判
>
> 　A社は、女性の外国人労働者Bさんを営業担当として勤務させていましたが、元請会社の従業員Cさんが、休日にBさんを頻繁に飲食に誘うなどの行為がありました。Cさんの行動はますますエスカレートし、Bさんの自宅にまで押しかけるようになり、身の危険を感じたBさんは会社に相談し、A社のD社長の耳に入りました。D社長はすぐに元請会社の社長に直談判し、その結果Cさんは非を認め退職することになり、Cさんの上司は降格の処分となりました。迅速なD社長の対応が功を奏し、Bさんは元気に勤務を続けていますが、このようにセクハラの当事者は、同じ会社だけでなく元請けなど取引先の関係者も含まれ、場所についても社内だけでなく打合せ先や自宅など広範囲にわたります。

第 5 章　労働環境をめぐる相談事例

Q36 パワー・ハラスメント（パワハラ）、その他のハラスメント

　外国人労働者から、上司が理由もなく自分を厳しく叱るので怖い思いをしているという相談がありました。対応について教えてください。

☞ ここがポイント

① パワハラの相談やその他のハラスメントの相談には、会社の職場環境配慮義務などからも適切な対応が求められる。
② 社内の対応ルールがあればそれに従って対応することが基本。
③ 事実確認については、相談者の意思を尊重することが重要。
④ 社内ルールがない場合には、専門家への相談なども重要。

1　パワハラにおける労働環境配慮義務や対応例

　パワハラについてもセクハラと同様に、会社の職場環境配慮義務から事実関係を確認し適切な対応が求められます。対応についても、社内でルールがある場合にはその内容に沿って進めていくことになり、ルールがない場合には社内で検討したり、外部の専門家（弁護士や社会保険労務士など）に相談したりすることによって、対応していくことになると考えます。

2　パワハラ

(1)　パワハラの定義など

厚生労働省では、職場のパワハラは、次のように定義しています。

> 　同じ職場で働く者に対して、職務上の地位や人間関係などの職場内の優位性を背景に、業務の適正な範囲を超えて、精神的・身体的苦痛を与える又は職場環境を悪化させる行為

194

また、パワハラの行為類型として、以下の行為があげられています。

①　暴行・傷害（身体的な攻撃）

②　脅迫・名誉毀損・侮辱・ひどい暴言（精神的な攻撃）

③　隔離・仲間外し・無視（人間関係からの切離し）

④　業務上明らかに不要なことや遂行不可能なことの強制、仕事の妨害（過大な要求）

⑤　業務上の合理性なく、能力や経験とかけ離れた程度の低い仕事を命じることや仕事を与えないこと（過小な要求）

⑥　私的なことに過度に立ち入ること（個の侵害）

(2)　パワハラの問題点

　パワハラの問題は、当事者である労使が問題の重要性に気づいていないケースや、「業務上の指導との線引きが難しい」、「どこからがパワハラになるのか」といった理由から、対応が難しいという声もあります。しかし、会社が早期の対応を怠れば、対象となった労働者の心身のダメージが大きくなり、後記の裁判例のように、自殺など最悪の結果にもなりかねません。その場合には、加害者の責任として不法行為に基づく損害賠償責任（民法709条）が発生しますが、会社の責任として会社自体の不法行為責任（同条）や使用者責任（同法715条）などを負うことになりかねません。

　裁判では、会社の安全配慮義務違反、職場環境配慮義務違反を問われる場合もあります（東京地裁平成22年1月26日判決・判例集未登載）。

(3)　パワハラの防止や解決をするために

(a)　具体的な防止策

　職場のパワハラについては、防止について、就業規則に禁止を定め、事業所での啓発（ポスターや社内研修など）や、研修の実施、相談窓口の開設などが考えられます。また、解決には、相談窓口の活用や職場の対応責任者の決定、外部専門家との連携なども考えられます。

第5章　労働環境をめぐる相談事例

(b)　ご質問のケースへの対応

ご質問のケースへの対応としては Q35 のセクハラの場合と同じように、事実確認を行い、相談者の意思を尊重しながら、解決に向けた会社側の的確な対応が求められます。さらに、最近はパワハラ禁止について法制化の動きもあり、適切な対応が求められます。

(4)　パワハラについての裁判例

自殺の原因をパワハラと認定した裁判として、会社従業員であった A さんが自殺したのは、上司である B から「死んでしまえばいい」などの発言や、仕事上のミスに対する叱責の域を超えて人格を否定し威迫するパワハラを受けたためであると相当因果関係を認定し、損害賠償請求を認めた判決（福井地裁平成26年11月28日判決・労判1110号34頁）などがあります。

3　その他のハラスメント

ハラスメントには、これまで述べたパワハラやセクハラのほかに、モラルハラスメント（モラハラ）、マタニティーハラスメント（マタハラ）などがあります。以下、それぞれのハラスメントについて簡単に説明します。

(1)　モラハラ

職場のモラハラは、暴力を伴わない精神的な嫌がらせなどのことであり、「こうあらねばならない」、「こうなるはずである」などといった価値観の押しつけ等により、精神的なダメージを与えることなどをいいます。社是や営業方針などとの境目がつけにくく、パワハラとの違いを判断するのが難しい場合があります。しかし、教育もしないまま過度な要求などを行わないように留意する必要などがあり、上司が部下に、「社会的な常識である」、「当然知っておくべきであること」などとせず、意味合いなどを教えることなども必要であると考えます。

(2)　マタハラ

職場のマタハラとは、働く女性が妊娠や出産をきっかけに、職場で嫌がら

196

せやいじめを受けたり、解雇や退職に追い込まれるなど不利益を受けたりすることをいいます。平成26（2014）年10月23日に最高裁判所の判断が出された事件（広島中央保険労働組合事件、民集68巻8号1270頁）は、病院で理学療法士として勤務する女性が、妊娠を機に負担の軽い業務への転換を希望したところ、副主任の役職を外されたのは不当であるとして提起した裁判でした。最高裁判所の判断は、妊娠や出産を理由とした降格は自由な意思に基づく明確な同意、または業務上の必要で女性労働者の仕事の充実という男女雇用機会均等法の目的に反しない特別な事情がなければ、違法であるというものでした。妊娠や出産を理由とした不利益な取扱いを原則的に否定したものであると考えられます。そのほかにも介護ハラスメント（カイハラ）などもあり、ハラスメント防止については、事業主が適切な管理をすることが求められています。

（本間　邦弘）

第5章　労働環境をめぐる相談事例

Q37　社宅入居者が行方不明になった場合の対応

　当社では、借り上げたマンションに外国人労働者を入居させました
が、荷物を置いたまま1カ月以上行方がわからないままです。どのよ
うに対応したらよいでしょうか。

☞ **ここがポイント**

① 　社宅には、事業主所有の寮などのほかに、事業主が借り上げた部屋を提供
するなどさまざまな形態がある。
② 　それぞれの実態に合ったルールが重要となり、入寮などの際には誓約書や
保証人も重要となる。
③ 　残留物の処分は慎重に行う必要があり、引取りについては保証人に要請す
ることも考えられる。

1　社宅の定義など

(1)　社宅や従業員寮とは

　社宅や従業員寮などに明確な定義はなく、会社が所有または借り上げてい
る一軒家やマンションに従業員が家族と住む場合に「社宅」と呼んだり、会
社が所有または借り上げている建物などに単身者の労働者が共同で住む場合
等を「社員寮」と呼んだりするなど、呼び方も扱いも異なります。

(2)　入居時の提出書類や規定の作成など

　社宅や従業員寮に入居する際には、ルールの遵守などに関する誓約書の提
出や保証人からの保証書の提出などを受けることが重要です。また、社宅規
程などとして、居住上の注意事項や他の住人との協力など守るべき内容を具
体的に定め、これに違反した場合には退去を命じることなどを含めて作成し、
周知することも多くあります。

198

2 ご質問のケース

(1) 保証人への確認

　入居にあたり保証書の提出を受けている場合には、保証人への確認を行うことが大切であり、もしも保証人を定めていない場合には、同僚や上司に友人など行先を知っている可能性のある人がいないかなどを問い合わせるなどして、所在確認に努めることが大切です。本人の所在がわかった場合には、訪問するなどにより退職や荷物の処理などを依頼し、所在がわからない場合には、後記(2)などを参照してください。

(2) 残留物の取扱い

　入居に際して誓約書の提出を受けているかどうか、提出されている場合にはその内容の確認が重要です。誓約書には、「正当な理由のない残留物については所有権を放棄する」という旨が記載されることが多くありますが、1カ月間行方がわからないとしてもすぐに処分できるわけではなく、勝手に処分したとして損害賠償の請求を受ける可能性もあります。

　今後も行方がわからず、新たに従業員を居住させたいなどの理由で部屋の残留物を移動させたい場合には、保証人がいる場合には残留物の引取りを依頼することや、いない場合には残留物を会社の倉庫などに移動することが考えられます。この場合、2人以上で立ち会い、残留物の写真を撮ったり、そのリストを作成したりして、確実にすべての残留物を間違いなく移動した記録を残すことが重要と考えます。

(3) その他想定されるトラブル例

　ご質問のケースのほかに、想定されるトラブルの例として、部屋への立入りに関するトラブルがあげられます。会社が賃貸借契約を締結し、従業員に社宅として貸していた（転貸）のケースで、従業員が数日間行方知れずになったため、心配した会社の人事担当者が合鍵を使って部屋へ立ち入ったところ、その従業員から「勝手に入るのはプライバシーの著しい侵害だ、警察に

199

第5章　労働環境をめぐる相談事例

不法侵入で訴える」と厳しく言われた例もあります。

　この場合、刑法130条の住居侵入罪とまではならなくとも、プライバシーの侵害となる可能性があり、あらかじめ、社宅規程などに立入りに関する定めをおき、誓約書にも立入りに関する承諾を得ておくことも重要と考えます。

（本間　邦弘）

| コラム6 | 退職した外国人労働者の荷物を片づけたところ、高価な品物がなくなったと大騒ぎ |

　ホテル業を営むＡ社では、マンションを借り上げて寮としています。寮に住む外国人労働者の従業員が退職することになり、部屋の退去は退職の日から１週間以内となっていました。寮の退去日まで２日を残していましたが、人事担当者が寮に行くとその部屋の窓が少し開いており、中を見ると荷物は小さなダンボール箱１つだけでした。人事担当者は、すでに引っ越したものと勘違いして部屋の鍵を開け、その箱を倉庫に移動させました。翌日、退職する外国人労働者が会社を訪れ、「大切な箱がなくなった、その中には100万円のダイヤの指輪が入っていたはずだ」と抗議し、賠償を求め警察にも被害届を出すと主張し大騒ぎになりました。何とか説得したものの、どんなに小さな荷物でも慎重に対応すべきことを教えてくれる事例といえます。

200

第6章

社会保険をめぐる
相談事例

第6章　社会保険をめぐる相談事例

Q38 雇用保険の加入義務

　昼に日本語学校で学び、夜に当社の工場で働いている外国人アルバイトが、雇用保険の加入を希望しています。加入の必要はありますか。

☞ ここがポイント

① 雇用保険は、31日以上雇用の見込みがない場合や、週20時間未満の勤務の場合などには加入義務はなし。
② 昼間学生についても原則として加入義務がない。
③ 夜間学生や通信教育を受けている学生などは、原則として加入することになる。

1 雇用保険

(1) 雇用保険とは

　雇用保険は政府が管掌する強制保険制度で、労働者を雇用する事業所には、原則として適用されます。雇用保険は、労働者の生活および雇用の安定と就職の促進のために、失業者や教育訓練を受ける者等に対して、失業等への給付や、雇用状態の是正および雇用機会の増大などを図る制度です。

(2) 雇用保険の加入対象事業所

(a) 事業所の場合

　雇用保険は、労働者を1人でも雇用する事業所は、農林水産事業の一部、官公庁などを除き、法人や個人業に関係なく、原則としてすべての事業所に強制的に適用されることになります。

(b) 加入対象となる労働者

　雇用保険は、原則として正規従業員や、パートタイマー、アルバイトなど雇用される場合には、名称や雇用形態にかかわらず対象となります。ただし、労働時間の要件として、1週間の所定労働時間が週20時間以上かつ31日以上の雇用見込みがある場合などとされ、それを下回る場合には加入できないこ

202

ととなります。

「所定労働時間が週20時間以上」とは、1週間だけでなく、1カ月の平均で週20時間以上の場合も含まれ、「31日以上の雇用見込み」とは、31日以上雇用が継続しないことが明確である場合を除き該当することとなります。たとえば、契約期間の定めのない正規従業員や雇用契約期間が31日以上の場合、当初は31日未満でも更新する可能性がある場合などは雇用保険の加入対象になります。なお、平成29（2017）年1月1日より、65歳以上で新たに雇用される場合には加入対象となっています（〔表25〕参照）。

(3) 雇用保険の加入対象とならない場合

雇用保険の加入対象とならない労働者は、次に掲げる場合などがあります。

① 季節的に雇用される者であって、4カ月以内の期間を定められている者

② 季節的に雇用される者であって、1週間の所定労働時間が30時間未満である者

〔表25〕 雇用保険法改正のポイント

●平成29（2017）年1月1日からの主な改正ポイント
1　新たな加入義務
　　平成29（2017）年1月1日以降に、65歳以上の従業員を新たに雇用した場合には、雇用した時点から「高年齢被保険者」として雇用保険の適用対象となり、ハローワークへ届出を行う必要が生じます。
2　現在、高年齢継続被保険者として雇用し、すでに雇用保険に加入している場合
　　平成29（2017）年も引き続き雇用する場合には、自動的に高年齢被保険者となるため届出は不要です。
3　雇用保険料の徴収
　　満64歳以上の労働者については、雇用保険料が免除となっていますが、改正によりこの免除制度が廃止されることとなりました。ただし、調整期間として平成31（2019）年度までは免除期間が継続されることになっており、令和2（2020）年度から発生することになります。

第6章 社会保険をめぐる相談事例

③　昼間学生（後記2を参照）
④　株式会社の取締役（取締役であって、同時に部長、支店長、工場長等の[*13]
　　労働者としての身分を有する者は、公共職業安定所が認める者に限り加入）

2　ご質問のケースへの対応

(1)　学生の加入義務

　学生で雇用保険に加入する義務があるのは、夜間学生や定時制の学生、通信教育を受けている学生などです。昼間学生は原則として含まれず、昼間学生でも卒業見込みであって卒業後も引き続き同一の事業所に勤務することが予定され一般の労働者と同様に勤務する場合は加入することになります。

(2)　ご質問のケース

　ご質問のケースですが、昼間に日本語学校に通う就学生ですので、昼間学生にあたり、原則として雇用保険に加入する必要はないと考えます。

3　トラブル例

　A社は従業員5人の小さな会社ですが、忙しさにかまけて社会保険の手続もいい加減なままでした。最近になり、20年以上勤務した外国人労働者（在留資格「永住者」）のBさんが退職することになり、初めて雇用保険の手続をとらないままでいたことに気がつきました。

　Bさんは当然に雇用保険に加入しているものと思っており、**離職票など会**社にハローワークへ提出する書類を請求したところ、未加入であることがわかりました。Bさんは会社に「本来受けられるはずの基本手当分の金額を払ってほしい」と請求し、会社は交渉の末、その金額の40％を支払うことで、Bさんの了解を得ることになったそうです。必要な雇用保険の手続を忘れないように、注意することが重要です。　　　　　　　　　　（本間　邦弘）

[*13]　実務的には、様式「兼務役員雇用実態証明書」に賃金台帳、現在事項全部証明書、就業規則などを添付して公共職業安定所に提出し、審査を受けます。

204

Q39 アルバイトにも労災の適用があるか

Q39 アルバイトにも労災の適用があるか

　当店は、居酒屋を経営していますが、**外国人労働者のアルバイトが、皿を洗っていて熱湯で誤ってやけどをし、退職後に労災の適用を求めてきました。アルバイトでも労災の適用はあるのでしょうか。**

☞ ここがポイント

① 労災保険の適用は、原則として労働者であれば正社員やアルバイトなど身分や国籍に関係なく、適用される。
② 労災の適用の基本は、業務上と通勤（退勤）途中のけがや病気が対象となる。
③ 業務上の労災適用は、業務起因性と業務遂行性の２つであり、該当した場合には原則適用になる。
④ 労災保険からの給付には、治療費や休業保障などがある。

1　社会保険と労災保険

(1)　社会保険とは

　社会保険とは、労働者災害補償保険（労災保険）や雇用保険、健康保険、厚生年金（共済年金を含む）などを総称していいます。

　社会保険のうち、労災保険や雇用保険（Q38参照）を労働保険といい、健康保険・国民健康保険・共済組合保険および国民年金・厚生年金（旧共済年金を含む）などを社会保険（Q47参照）と呼ぶことがあります。

(2)　労災保険

　労災保険制度は国が行い、業務上の事由または通勤による労働者の負傷、疾病、障害または死亡等に対して必要な保険給付を行い、あわせて被災労働者の社会復帰の促進、被災労働者とその遺族の援護、労働災害の防止等を目的とする社会復帰促進等事業などを行う総合的な保険制度といえます。

205

第6章 社会保険をめぐる相談事例

2 労災保険の制度

(1) 労災保険の適用事業所

労災保険の加入義務は、法人や個人業を問わず、1時間のパートタイマーを雇う場合にも生じます。事業所で、加入義務がありながら未加入のまま1年を超え、もしも労災事故が発生した場合には、給付した金額の40％の費用の返還（「費用徴収」といいます）の処分を受ける場合もありますので、注意が必要です。

(2) 労災保険の給付と適用対象者など

(a) 基本的な給付と時効

労災保険は、業務上の事由または通勤による労働者の負傷・疾病・障害または死亡など（保険事故）に対して、労働者本人やその遺族に必要な保険給付を行う制度です。給付については、治療費や休業補償などがあり時効が2年、遺族年金などの年金関係については5年が時効となっています。

(b) 適用対象者

労災保険は、正規従業員だけでなく、兼務役員（取締役工場長など）、パート、アルバイトなども当然に適用されます。

(3) 通勤途中と業務上の災害

(a) 通勤途中（通勤災害）

通勤とは、労働者が就業に関し、住居と就業の場所との間を、合理的経路および方法により往復することをいい、(b)の業務上に関するものを除きます。通勤は食料品の買物など日常の生活に必要な行動の際に通勤経路を逸れた場合（逸脱）中には適用されずに、逸脱の前および経路上に復帰した後に適用されます。また、友人との飲食などのために経路から外れた場合（中断）には、中断以後は適用されないことになります。

(b) 業務上の災害（業務災害）

業務災害とは、労働者が業務において負傷または疾病になったり、障害を

206

Q39　アルバイトにも労災の適用があるか

〔表26〕　労災保険からの主な給付の種類、支給事由、給付内容

療養［補償］給付	
療養が必要なとき	療養の給付（原則）：労災指定病院等にかかった場合は、現物給付（治療・薬剤など）となり原則無料で療養できます。 療養の費用の給付（例外）：労災指定病院等以外で治療を受けた場合、患者がいったん費用を支払い、後日その分の現金が支給されます。
休業［補償］給付	
療養のため働くことができず賃金を受けられない日が4日以上続くとき	給付金額は、給付基礎日額（平均賃金相当額）の6割です。そのほかに特別支給金2割が加算
傷病［補償］年金	
療養開始後1年6カ月経っても傷病が治癒せず、かつ傷病等級1～3級に該当するとき	等級に応じ、給付基礎日額の245日～313日分が支給されます。休業［補償］給付に代わって支給されます。
障害［補償］給付	
傷病が治癒したときに身体に一定の障害が残ったとき	障害［補償］年金：障害等級が1～7級のとき。等級に応じ、給付基礎日額の131日～313日分が年金で支給されます。 障害補償一時金：障害等級が8～14級のとき。等級に応じ、給付基礎日額の56日～503日分が一時金で支給されます。
介護［補償］給付	
障害［補償］年金・傷病［補償］年金を受ける人が一定の障害により介護を受けているとき	原則は、介護費用として支出した額が支給されます。常時介護か随時介護か、親族・友人・知人の介護を受けているかなどによって、上限額・最低保障額・一律定額などが決まっています。
遺族［補償］給付	
被災労働者が死亡したとき	遺族［補償］年金：生計を維持されていた家族に支給されます。遺族の数や状況に応じ、給付基礎日額の153日～245日分が年金で支給されます。 遺族［補償］一時金：遺族［補償］年金を受ける家族がいない場合等に最先順位の遺族に支給されます。給付基礎日額の1000日分が一時金で支給されます。
葬祭料（通勤災害では葬祭給付）	
葬祭を行うとき	葬祭を行う人に、31万5000円に給付基礎日額の30日分を加えた額または給付基礎日額の60日分の額のいずれか高いほうの額が支給されます。
二次健康診断等給付	
定期健康診断等で、血圧・血中脂質・血糖・腹囲またはBMIの各検査すべてに異常があったとき（ただし、脳血管疾患または心臓疾患の症状を有する人は対象外）	二次健康診断と特定保健指導の現物給付のみです。本人の請求に基づき1年度内で1回のみ受診できます。

207

第6章　社会保険をめぐる相談事例

負ったりすること、または死亡することをいいます。業務災害には、業務を行っていること（業務遂行性）および業務を行っていることが原因となったこと（業務起因性）が必要となります。

3　ご質問のケース

(1)　労災の適用対象になるかなどを確認

ご質問のケースへの対応として、まず、事業所で労災保険に加入しているかを確認し、あわせて今回の請求している元アルバイトの外国人労働者に、けがが業務を行っているときに発生したのか、どのようなことが原因になったのか、その時に他の従業員がいた場合には確認（原則として書面で報告）し、事実関係を調べることも重要です。

(2)　労災かくしにならないように注意が必要

本人などへの確認で、労災保険の適用が妥当であると判断された場合には、労災保険の申請を行うことが必要になります。ご質問のケースの3カ月前のけがが労災として認定された場合には、労災保険から治療費などが支給される可能性が生じます。会社が労災申請を行わず、「労災かくし」といわれることのないように注意することが重要です（Q42参照）。

4　主な労災保険からの給付や時効

(1)　労災保険からの主な給付など

労災保険からの主な給付の種類、支給事由、給付内容は〔表26〕のとおりとなります、給付の名称は業務災害では「補償」の字が付された名称になります。

(2)　時効の基本

原則として給付関係2年、年金関係は5年となり、治療費に関する時効は2年となります。

（本間　邦弘）

208

Q40 隠れて自転車通勤をしてけがをした場合の労災適用の可否

通勤定期券代を支給している外国人労働者が、隠れて自転車で通勤していたところ、転倒してけがをしました。労災保険は適用されるのでしょうか。また、過払いの通勤定期代の返還を求めることはできるのでしょうか。

☞ ここがポイント

① 通勤における労災は、合理的な方法とルートであれば原則適用される。
② 日常的な自転車通勤が事実であり、定期代の過払いがあれば返還の請求は可能となる。
③ 不正に定期代を請求していた事実があれば、懲戒の対象となる可能性もある。

1 自転車通勤の増加など

(1) 自転車通勤の増加

阪神・淡路大震災や東日本大震災の発生などにより、災害が起きた際には電車通勤や車通勤の場合に帰宅困難となることや、健康増進などの理由により自転車通勤が増加しているといわれています。それに伴い自転車の放置による問題や交通事故の発生など課題も多く発生しています。

(2) 自転車通勤と労災の適用

原則として、通勤中の事故には労災保険が適用され、自転車通勤の場合も同様となります。労災保険でいう「通勤中」の事故に該当する要件は、就業に関する住居と就業場所との往復または別の就業場所への移動であること（Q39参照）や単身赴任先からの帰省などであることおよび合理的な経路および方法によるものであることが重要になります。

209

第6章　社会保険をめぐる相談事例

2　交通事故の増加など

(1)　交通事故の増加

　自転車は車両に含まれるため、原則として車道を走ることになり、これにより車と接触する事故が増え、また、歩道を走行中に歩行者との接触、自転車同士の衝突などの事故が発生しているようです。

(2)　交通法規違反も増加

　自転車が関係する事故の増加などから、交通法規の適用も厳しくなっています。平成27（2015）年6月に道路交通法が改正され、3年以内に2回取締りの対象になると「自転車運転者講習」（受講時間3時間、手数料5700円）を受けなくてはならなくなり、この講習を受けない場合には5万円以下の罰金が適用されることになりました。

　違反行為の対象は、信号無視や歩道における車両の義務違反（徐行違反）、酒酔い運転など14項目が指定されています。もともと、傘を差しての運転なども違反であり反則金の対象となるとされており、厳しい内容が以前から規定されていました。

(3)　会社としての判断やルールづくりなど

(a)　自転車通勤を許可するどうか

　会社としては、自転車通勤を認めるかどうかを決定する必要があります。そのためには、実際に自転車通勤をしている従業員がいるか、従業員で自転車通勤を希望している人数などを聞取りやアンケートなどで確認することも考えられます。

(b)　ルールづくりをどうするか

　自転車通勤を認める場合には、会社としてルールを定める必要があり、事前の届出や賠償保険の加入、交通法規の遵守などをルールとすることなどが考えられます。特に業務での使用の可否については、使用者責任との問題もありますので、明記することが重要です（3(3)）。

210

3　ご質問のケース

(1)　本人からの聞取りと労災の適用

ご質問のケースへの対応として、まずは、自転車通勤の内容やけがをした状況、通勤経路などを聞取りや報告書などの提出により事実関係を確認し、前述の「通勤」中の事故に該当するかを判断することが重要です。労基署に通勤災害と認定された場合には、労災保険から治療費などの保険給付がなされることになります。

(2)　懲戒などの可能性

けがをした従業員は、通勤定期券代を受けながら隠れて自転車で通勤し、嘘の申請で通勤定期券代を受け取っていたことになります。定期代を受け取っていた経緯や期間、金額などを始末書として提出させ、定期代の返金を命じることも考えられます。

返金を求める期間は、賃金の消滅時効である2年間または不正に受けとっていたすべての期間などが考えられます。懲戒については、就業規則に照らして判断することも重要です（Q51参照）。

(3)　通勤途中の事故は使用者責任がないとした裁判例

従業員が自転車で通勤途中に、他の自転車に衝突した事故により、相手方に障害等級5級の後遺障害を負わせたため、被害者が本人だけでなく会社に対しても使用者責任による損害賠償を求めた事件で、従業員が単に通勤に自転車を使用していたもので、会社には賠償の責任がないと判断した裁判（松江地裁平成14年5月16日判決・判タ1131号181頁）などがあります。

（本間　邦弘）

第6章 社会保険をめぐる相談事例

Q41 海外出張中のけがの労災適用の可否

　当社で雇用している外国人労働者を海外の会社に出張させたところ、宿泊先のホテルの部屋で入浴中に転倒し、けがをしました。この場合に労災は適用されますか。もしも適用される場合には業務上になりますか。

☞ **ここがポイント**

① 出張中の労災は、プライベートな時間でも適用されるケースが多い。
② 海外出張も原則として国内と同じように労災適用がなされる。
③ 出張中の労災適用については、多くの場合に業務災害となる。

1　出張中の労災事故と適用

(1)　出張中の労災は、業務災害

(a)　出張中が業務災害となる理由

　労災保険の適用に関して、出張については打合せだけでなく、出張先への往復（自宅を出てから自宅に戻るまで）など、基本的に出張中に負ったけが等は業務災害とされます。

　これは、出張に向かう段階ですでに用務を帯びていることなどから、事業主の支配下にあるものとみなされるからです。そのため、出張中の行為は、宿泊先のホテルに戻ってからも業務上とされる場合が多くあります。つまり、出張自体が業務に起因したものであり、業務遂行責任が本人に包括的に委ねられているとされ、出張中に負ったけが等の認定は業務災害とされることになります。

(b)　具体的な例

　たとえば、打合せが終わり、翌日に備えていったん宿泊先のホテルに戻り、食事をしようとしてレストランに向かう途中に階段で転倒してけがを負った

212

場合でも、業務上の災害として労災保険が適用されることになります。理由は前記のとおり、出張自体が業務に起因しており、遂行責任が本人に包括的に委ねられているとの考えからです。そのため、出張に通常伴う行為であれば、昼食や喫茶店でのコーヒータイム、宿泊先における食事や部屋で過ごす一連の行為についても、原則として業務上とされることになります。

(c) 国内および海外出張中の労災は同じ判断基準

出張中の労災の適用基準は、国内においても国外においても基本的には同様です。ただし、国外の場合には政情不安という安全面や感染症などの健康面での判断が加わることもあり、完全に同じではありません。

(2) ご質問のケース

(a) 原則として適用

ご質問のケースは、海外にある法人への出張中における、宿泊先ホテルにおけるけがとのことですので、原則として業務災害として適用されると考えます。

(b) 労災認定後の治療費の支払い

海外出張中に、現地の医療機関でけがの治療を受けた場合には、労災保険からその費用が支払われることになります。実際には、海外の医療機関では自費で支払い、帰国後に現金で返金される（療養費といいます）ことになります。ただし、海外では医療費が著しく高額になることなどから、渡航する前に傷害保険などの加入により治療費について民間の保険適用がなされることも多くあり、その場合には労災から同じ目的の給付はなされないことになります。

(3) 労災の未適用、適用の例

(a) 著しく私的な行為などは適用されない

たとえば、宿泊先のホテルに戻り、他の従業員と食事をした後に1人で町に飲みに出かけ、酔って第三者とけんかをしてけがをした場合や、打合せ終了後に1人で趣味の釣りに出かけて、その場でけがをした場合など業務起因

第6章 社会保険をめぐる相談事例

性や業務遂行性が著しく欠落している場合は、労災は適用されません。

(b) 労災の適用が命じられた裁判例

中国に出張中の従業員が、宿泊先のホテルの客室で強盗にあい殺害された事件で、遺族が遺族補償年金の申請をしたところ、労基署は本件を業務上の事由による死亡とは認められないと決定したため、遺族側が提訴した事件があります。裁判所は、特段の私的行為や恣意的行為がなく、財布を強奪されていることや、事件の前にも日本人旅行者が強盗で殺害されたり、事件後も同じ市内で日本人が被害者となったりする事件が複数発生していることなどから、日本人が強盗殺人に遭遇する危険性があり、業務起因性があったと認め、労基署長の遺族補償年金の不支給処分は取り消すよう命じた裁判（鳴門労基署長遺族補償給付等不支給処分取消事件（徳島地裁平成14年1月25日判決・判タ1111号146頁））があります。

2 海外出張と長期海外派遣の労災適用

(1) 海外派遣には原則労災適用なし

海外出張の場合には労災保険給付を受けることができますが、海外派遣が6カ月以上とみなされる場合には、原則として「海外派遣者」として特別に加入手続をしていなければ労災保険給付を受けることができません。労災保険法の適用については、法律の一般原則として属地主義がとられており、国内の事業所から出張等で業務を行う場合には労災保険の対象となりますが、海外の事業に派遣され、現地の指揮命令を受け、その事業に使用される場合には、労災保険の対象となりません。なお、海外「出張」に当たるか「派遣」に当たるかの判断は、その労働者の海外における労働関係などによって判断されることになります。

(2) 「海外派遣」の特別加入

海外派遣の場合には、労災保険の「海外派遣者特別加入制度」が設けられており、この制度に加入した場合に業務災害や通勤災害の適用がなされます。

214

海外派遣者については、この制度への加入が重要です。

　特別加入には範囲や要件がありますので、前記の海外出張か海外派遣かの判断を含め、あらかじめ労基署に確認することが重要と考えます。

（本間　邦弘）

第6章 社会保険をめぐる相談事例

Q42 労災申請をしないように頼まれた場合の対応

当社で働く外国人労働者が作業中にけがをして5日間休みました。しかし、本人が労災申請をしてほしくないといいます。会社として、何か問題があるでしょうか。

> **ここがポイント**
> ① 業務中に労働者がけがをした場合などに、本来は労災の申請が適切であるにもかかわらず、申請しないと「労災かくし」と指摘される可能性が生じる。
> ② 労災かくしを行ったと判断された場合には、厳しい罰則を受ける可能性が高くなる。
> ③ 労災かくしは、「死傷病報告書」の提出漏れで指摘されることが多く、注意が必要。

1 労災かくしと法令違反や罰則など

(1) 法令違反と罰則

　(a) 監督機関からの指摘など

厚生労働省配布のパンフレットには、「『労災かくし』は犯罪です」と大きく記載されています。

「労災かくし」とは労働災害の発生事実を隠ぺいするため、故意に労働者死傷病報告書を所轄労基署長に提出しないこと、または虚偽の内容を記載した「労働者死傷病報告書」を提出することとされ、防止が強く呼びかけられています。

「労働者死傷病報告書」とは、業務上の災害が発生した場合に、所轄の労基署に提出する義務があるもので、休業が4日以上の場合には遅滞なく、休業が3日以内の場合には定められた時期までに提出す

る義務があります。

(b) 書類送検や罰則など

「労災かくし」は、労働災害発生の原因となった措置を怠ったり、発生などの責任の追及を免れようとしたりする悪質な意図が存在し、被災者に犠牲を強いるなど悪質な行為であるとされており、発覚した場合には、ただちに書類送検の対象とすると厚生労働省では公表しています。

労災かくしは、労働安全衛生法100条および労働安全衛生規則95条に違反することになり、罰則としては50万円以下の罰金とされています（労働安全衛生法120条）。

(c) 送検事例などの公表

労災かくしを行い、書類送検や罰金刑を受けた場合には、違反の具体的事案などについて都道府県労働局のホームページで公表される場合があり、東京労働局のホームページでは、タクシー会社に勤める労働者が車の洗浄中に転倒し、骨折のけがを負ったにもかかわらず、会社がこれを隠していたため中央労基署が東京地方検察庁に会社とその営業所長を書類送検した事例などが公表されています。

(2) ご質問のケース

ご質問のケースは、作業中にけがをして4日以上の休業をしたものであり、本人から頼まれたとしても、労災申請を行わず「死傷病報告書」の提出も行わない場合には、「労災かくし」と指摘される可能性が高くなります。また、最初は労災の申請をしたくないと話していた外国人労働者が、退職後に「やはり労災で治療費などを補償してほしい」と依頼してくる可能性もあります。そこで、法律で報告などが会社の義務になっていることや、治療について健康保険では3割負担でも、労災では原則負担がないことなどを話して、理解を得て速やかに申請することが重要です（Q39参照）。

第6章　社会保険をめぐる相談事例

2　労災かくしとその後の事例

　A社は、東北地方で建設業を営み、ある工事現場では二次下請けとして工事に参入しています。ある日、外国人労働者のBさんが、脚立から転落して足の骨を骨折してしまいましたが、A社では元請会社との関係悪化を心配して、労災を申請せずBさんに健康保険で治療をするように話をしました。A社が治療費を全額負担し、小遣いまでもらったBさんは居酒屋で友人Cにそのことを話し、これを聞いた友人Cが後日A社に口止め料を請求してきました。A社ではすぐに元請けと相談し、労災の申請を行い、事なきを得たといいます。「労災かくし」にはさまざまなリスクが伴います。

（本間　邦弘）

Q43 海外に住む親族も健康保険の扶養にできるか

外国人労働者が、本国に住む母親を健康保険の扶養にしたいと言ってきています。そのようなことが可能でしょうか。また、法的な扶養の範囲や社会保険の加入義務などについても教えてください。

☞ ここがポイント

① 正社員やパートタイマーでも正社員の3/4以上（原則）の労働時間があるなど、加入要件を満たせば、加入義務がある。
② 扶養家族の要件は、収入や3親等以内などの要件がある。
③ 政府管掌保険と健康保険組合では、対応が異なることもあり、確認が必要。
④ 外国人の被扶養者の認定は、厳しくなる傾向にある。

1 外国人労働者の親族の扶養

(1) 健康保険の扶養とするための要件

配偶者や子どもなど親族について健康保険の扶養の認定を受けることを、健康保険の「被扶養者認定」といいます。認定の主な条件として、①親族の範囲は3親等以内（父母、祖父母、兄弟姉妹からひ孫や曾祖父母など）、②同居要件として、配偶者（内縁を含む）・子・孫・弟妹・父母など直系尊属以外は同居が必要、③収入の要件として、配偶者（事実婚を含む）・子・親・弟妹の場合は年収130万円未満、60歳以上は年収180万円未満など、④その他に1カ月の生計費の負担割合や親族世帯の人数、同居・別居の有無、生計維持関係などを総合的に勘案して判断するとしています（日本年金機構ホームページ「健康保険（協会けんぽ）の扶養にするときの手続き」）。

(2) 被扶養者認定の原則

被扶養者認定は、年金事務所や健康保険組合（保険者）が判断するものであり、会社としては、前記(1)の要件を満たしているようであれば、原則として申請書類に必要書類を添付して保険者へ提出することになります。申請に

第6章 社会保険をめぐる相談事例

必要な書類には、被扶養者となる家族の状況を証明する書類等があり、それを取り寄せ、さらに日本語に翻訳が必要な場合にはそれを行って提出するなど手間がかかることもあります。

(3) 海外に住む家族の扶養認定に必要な書類など

ご質問のように、外国人の従業員が海外に住む母親を扶養にしたい場合などには、次のような条件が付されています。

① 現況申立書の添付

被保険者との続柄、収入状況、仕送り状況等の記載を行い提出

② 身分の確認

被保険者との続柄が確認できる公的証明書またはそれに準ずる書類[14]

③ 生計維持関係の確認書類

ⓐ 扶養される方の収入の状況

収入あり：公的機関か勤務先から発行された収入証明書[15]

収入なし：収入がないことを証明する公的証明書またはそれに準ずる書類

ⓑ 被保険者からの仕送り額等

扶養される方に対する被保険者からの送金事実と仕送り額が確認できる書類[16]（金融機関発行の振込依頼書または振込先の通帳の写し）

なお、被扶養者として認定されるためには、扶養される方の年間収入が被保険者からの年間の仕送り額未満であることが必要。

④ その他

認定に必要な手続の厳格化が図られており、事前に十分な確認が必要となります。詳しくは、日本年金機構 HP リーフレット「海外にお住い

---

[14] 同居が要件とされている親族の場合は、前記に加え、被保険者と同居していることが確認できる公的証明書またはそれに準ずる書類

[15] 原則年収130万円未満、60歳以上または一定の障害の状況の場合には年収180万円未満

[16] 書類が外国語で作成されている場合には、翻訳者の署名がされた日本語の翻訳文を添付が必要。

の家族について扶養認定を受ける場合は次の手続きが必要です」や年金事務所等への問合せをおすすめします。

(4) 保険者により内容が異なるケース

健康保険の保険者には、主に政府管掌と健康保険組合（国民健康保険組合を含む）、共済組合の3つがあります。政府管掌とは協会けんぽが行うものであり、健康保険組合や共済組合は、原則として健康保険について国から委託を受けて手続などを代行し、単一企業または同業者で構成されています。健康保険組合や共済組合によっては、外国人を被扶養者とする場合には原則として日本国内に居住していることを要件とするケースもあります。また、扶養審査の申請に際して「家族滞在ビザ」、「外国人登録証」などの取得がない場合には、認定の対象とならない場合があるなど、対応が異なるケースもありますので、該当する保険者に問合せを行うことが重要です。

被扶養に関する給付額の急増などから、すべて保険者において認定が厳しくなる傾向にありますので、リアルタイムの確認をおすすめします。

(5) 被扶養者の健康保険証使用を国内居住者に限定も

令和元（2019）年5月10日現在、国会において健康保険法の改正案が審議中であり、その中では、被扶養者が健康保険証を使用できる場合を、原則として日本国内居住者とする、とされており、今後の流れに注意が必要です。

2 事業所や社員の社会保険の加入義務

(1) 企業や社員の加入義務

(a) 企業等の加入義務

法人では代表取締役1人でも報酬が支払われている場合には原則として加入義務があり、個人業では被保険者となるべき対象者（被保険者）が5人以上（アルバイトなども含む）の場合に加入義務があります。

(b) 原則的な社員の加入義務

前記(a)のような事業所で働く正規従業員はもちろん、次の要件にすべて該

第6章　社会保険をめぐる相談事例

当する従業員も社会保険に加入することになります。

① 正規で働く従業員のおおむね3/4以上の労働時間があること（1日の所定労働時間または1カ月の労働日数がおおむね3/4以上）

② 雇用契約期間が3カ月以上または3カ月以上が見込まれること

(2) パート労働者への適用拡大

　(a) 法的な加入義務となる対象者

平成28（2016）年10月1日から、パート労働者について社会保険の適用が拡大されました。新たに対象となったのは、次のすべての条件を満たす場合となっています。

① 勤務している事業所が、6カ月以上厚生年金の被保険者数が501人以上いること

② 週の所定労働時間が20時間以上あること

③ 賃金の月額が8.8万円（年収106万円）以上であること

④ 勤務期間が1年以上の見込みであること

⑤ 学生ではないこと

　(b) 任意で加入する対象者

前記(a)以外の被保険者数500人以下の会社等でも、同様の加入について労使協定を締結し、手続を行った場合には加入対象となります。

（本間　邦弘）

Q44 自国（海外）での出産に給付金は支給されるか

当社で２年勤務している女性外国人労働者が妊娠し、自国で出産することになりました。日本での出産と同様の給付金の支給などはされるでしょうか。

☞ ここがポイント

① 被保険者本人の出産は、国内、国外での出産にかかわらず、原則として同様の給付となる。
② 健康保険からの給付には、出産手当金および出産育児一時金がある。
③ 雇用保険からの給付には、育児休業給付金がある。
④ 出産育児一時金、出産手当金には現地の出生証明の添付とその日本語訳が必要となる。
⑤ 出産手当金受給対象期間中および育児休業給付金受給対象期間中は、申請により社会保険料の免除がある。

1 被保険者の出産に伴う主な給付

保険に加入する人を「被保険者」と呼びますが、被保険者本人の出産に伴い支給（給付）されるものは、以下に記載するものがあります。また、これは国内での出産または国外での出産を問わず、原則として同じ給付となります。

① 出産育児一時金
② 出産手当金
③ 育児休業給付金

2 健康保険からの具体的な給付

(1) 出産育児一時金

出産育児一時金は、被保険者およびその被扶養者が出産したときに加入している健康保険へ申請すると１児につき42万円が支給されるものです。（産

223

第6章　社会保険をめぐる相談事例

科医療補償制度に加入していない医療機関等で出産した場合は39万円（平成27
(2015) 年1月1日以降の出産は40.4万円)) となります。なお、多胎児（双子
以上）を出産した場合には、出産した人数について支給されます。たとえば
双生児の場合は、2人分が支給されることになります。

　なお、全国健康保険協会（協会けんぽ）または国民健康保険、国民健康保
険組合の加入者については同様の金額になり、健康保険組合の加入者には別
途加算されることがありますので、確認することが大切となります。

(2)　出産手当金

　協会けんぽおよび健康保険組合等の被保険者が出産のため会社を休み、事
業主から給与等が受けられないときは、原則として出産手当金が支給されま
す。これは、被保険者や家族の生活を保障し、安心して出産前後の休養がで
きるようにするために設けられている制度といえます。

　ただし、国民健康保険加入者には支給されず、国民健康保険組合の加入者
には出産手当金の支給があるところとないところがあります。また、健康保
険組合の加入者には別途加算されることがありますので、加入する保険の取
扱機関（保険者）へ確認することが必要です。

(3)　出産手当金が受けられる期間

　出産手当金は、出産の日（実際の出産が予定日後のときは出産の予定日）以
前42日目（多胎妊娠の場合は98日目）から、出産の日の翌日以後56日目までの
範囲内で会社を休んだ期間について支給されます。

(4)　出産が予定より遅れた場合

　予定日より遅れた場合には、その期間についても支給されることになりま
す。たとえば、実際の出産が予定より4日遅れた場合は、その4日分につい
ても出産手当金が支給され、出産日後56日（前記(3)参照）に4日分が加算さ
れ、60日分となります。

(5)　賃金が支払われる場合の支給金額の調整——協会けんぽの場合

　出産手当金の支給対象となる期間について賃金（報酬）が支給され、その

224

金額が出産手当金の額より多い場合には、原則として出産手当金は支給されません。

ただし、休んだ期間について給与の支払いがあってもその給与の日額が、出産手当金の日額より少ない場合は、次の計算で出産手当金と給与の差額が支給されます。

【1日あたりの金額】
「支給開始日の以前12カ月間の各標準報酬月額を平均した額」（※）÷30日×(2/3)
　※支給開始日とは、一番最初に出産手当金が支給された日のことです。
　※支給開始日の以前の期間が12カ月に満たない場合は、計算方法が異なります。

3　雇用保険からの給付──育児休業給付金

(1)　原則的な要件

育児休業給付金は、雇用保険の被保険者が1歳または1歳2カ月（保育所に入所を希望したが入所できない等の支給対象期間の延長に該当する場合は1歳6カ月または2歳）未満の子を養育するために育児休業を取得した場合に支給されるものです。

これは、育児休業開始前の2年間に賃金支払基礎日数が11日以上ある月（過去に基本手当の受給資格や高年齢受給資格の決定を受けたことがある方については、その後のものに限ります）が、12カ月以上あることが基本的な条件となっています。

(2)　その他の要件

前記(1)に加え、①育児休業期間中の各1カ月ごとに、休業開始前の1カ月あたりの賃金の8割以上の賃金が支払われていないこと、②就業している日数が各支給単位期間（1カ月ごとの期間）ごとに10日（10日を超える場合にあっては、就業している時間が80時間）以下であること、（休業終了日が含まれる支給単位期間は、就業している日数が10日（10日を超える場合にあっては、就業

第6章　社会保険をめぐる相談事例

している時間が80時間）以下であるとともに、休業日が1日以上あること）の要件を満たすことが必要であり、すべての要件を満たした場合に支給されます。

(3)　支給額

育児休業給付金の支給額は、支給対象期間（1カ月）あたり、原則として休業開始時賃金日額×支給日数の67％（育児休業の開始から6カ月経過後は50％）相当額となっています。

4　社会保険料の免除など

その他に、出産手当金受給対象期間中および育児休業給付金受給対象期間中は、申請することにより社会保険料（健康保険・厚生年金保険料）を免除することができます。

なお、免除期間についても健康保険証は使用することができ、また年金については保険料を支払っているとみなされることになります。

（福島　継志）

Q45 在職老齢年金と支給停止

　当社に勤務し、老齢厚生年金を受給する外国人労働者が70歳になり、報酬に関係なく年金が全額もらえるはずなのに年金額が少ない、と申出がありました。会社の手続が間違っているのでしょうか。

☞ ここがポイント

① 　一定年齢になって受給する年金を老齢年金といい、働きながら受給する場合には、在職老齢年金という。
② 　在職老齢年金は、収入により年金額が減額されるものであり、原則として平成19（2007）年4月から年齢に関係なく適用されることになっている。

1　公的年金制度の基礎

(1)　国民皆年金・皆保険制度

　日本では、原則としてすべての国民は何らかの公的な健康保険および年金に加入することになっており、これを国民皆年金・皆保険制度といいます。日本が世界に誇るこの制度は、日本に在住する外国人労働者にも原則として適用されます。

(2)　公的な年金制度と老齢年金

(a)　公的年金の給付と老齢年金

　公的年金の主な種類と支給理由は、一定の年齢以上になった場合に支給される老齢年金、病気やけがで一定の障害を有することとなった場合に支給される障害年金、年金受給者または被保険者（加入者）が死亡した場合、一定の遺族に支給される遺族年金があります。

(b)　公的年金制度

　公的な年金制度は、大きく、①国民年金、②厚生年金、③共済年金の3つに分かれていました。

227

第6章 社会保険をめぐる相談事例

しかし、平成27（2015）年10月から、被用者年金各法の一元化が実施され、共済年金は厚生年金に統合されました。ただし、給付内容等については、時間をかけて統合することになっています。

（c）　基本的な加入対象者

3つの制度の主な加入者は、国民年金は20歳以上の個人事業主や農業等に従事する人、学生、フリーター、無職の人などが加入し、厚生年金保険は会社の役員や従業員などが加入し、旧共済年金（現厚生年金）は公務員や私立学校の教職員などが加入することになります（例外あり）。

2　在職老齢年金と年金の減額

（1）　在職老齢年金の基本

在職老齢年金は、その名のとおり働きながら受給する年金のことであり、老齢年金を受給できる人が社会保険に加入している事業所で働く場合には、事業所から受ける賃金や報酬の金額により年金額が減額されることになります。[*17]

（2）　在職老齢年金と減額

年金の減額は60歳以上65歳未満と65歳以上という2つのケースで支給停止の対象額が異なり、対象額を超えた金額の1/2が減額されることになります（原則。〔表27〕参照）。

（3）　ご質問のケースにも適用されることに

平成19（2007）年4月より、原則として70歳を迎えた人が引き続き、または新たに厚生年金保険の適用事業所に使用される場合には、65歳以上の在職老齢年金の仕組みが適用されています。事業主は、その者の給与額、賞与額、月額報酬変更等の届出をしなければならないため、ご質問のケースの労働者の方は70歳以上とのことですので、会社において法律に従い届出をしたこと

---

*17　平成31（2019）年4月30日現在、在職老齢年金の廃止について検討されているとの報道があり、今後の動きに注意が必要です。

により、減額されたものと思われ、手続は正しいものと考えられます。

〔表27〕 在職老齢年金の停止額の計算表（月額） （平成29（2017）年1月1日現在）

●60歳以上65歳未満の在職老齢年金（月額の停止額の計算）
(1) 基本月額(A)＋総報酬月額相当額(B)の合計が28万円以下の場合
　　停止額0円となり、年金は全額支給されます。
(2) 基本月額(A)＋総報酬月額相当額(B)の合計が28万円を超える場合
　① 基本月額が28万円以下、総報酬月額相当額47万円以下の場合
　　（総報酬月額相当額＋基本月額－28万円）÷2
　② 基本月額が28万円以下、総報酬月額相当額47万円超の場合
　　｛(47万円＋基本月額－28万円)÷2＋(総報酬月額相当額－47万円)｝
　③ 基本月額が28万円超、総報酬月額相当額47万円以下の場合
　　総報酬月額相当額÷2
　④ 基本月額が28万円超、総報酬月額相当額47万円超の場合
　　｛総報酬月額相当額÷2（47万円＋基本月額－28万円）÷2
　　　＋(総報酬月額相当額－47万円)｝
●65歳以上の在職老齢年金（月額の停止額の計算）
(1) 総報酬月額相当額＋基本月額が47万円以下の場合
　　停止額0円となり、年金は全額支給されます。
(2) 総報酬月額相当額＋基本月額が47万円超の場合の計算式
　　（総報酬月額相当額＋基本月額－47万円）÷2
※用語の解説
(A) 基本月額＝老齢厚生年金の年金額（65歳未満は特別支給の年金）÷12
(B) 総報酬月額相当額＝標準報酬月額＋計算する月以前1年間の標準賞与額÷12

（本間　邦弘）

第6章 社会保険をめぐる相談事例

Q46 社会保険未加入と年金事務所の調査

社会保険への加入を拒否する外国人労働者を未加入にしていたところ、会社に年金事務所の調査があり、過去6カ月分の保険料の支払いを命じられました。従わなければならないのでしょうか。

> ☞ ここがポイント
>
> ① 原則として、4年に1度は年金事務所の調査が実施される。
> ② 基本的には日本の法律に基づき社会保険の加入義務が生じる。
> ③ 社会保険料の支払いは、最大で2年遡及して命じられるケースもある。
> ④ 虚偽の申告などには、最大で懲役6カ月以下の罰則が規定されている。
> ⑤ 一部、国家間の年金協定で救済されている場合もある。

1 社会保険の加入義務など

(1) 基本的な加入義務

現在の基本的な社会保険の加入義務は、パート等でも労働時間が正規従業員の3/4以上かつ3カ月以上の勤務または勤務することが明らかな場合となっています（被保険者501人以上の企業等は適用が拡大されています。詳しくはQ43参照）。3カ月以上勤務することが明らかな場合とは、期間の定めなく3カ月以上であることが明らかな場合や当初から3カ月以上の雇用期間を定めた場合などが該当します。日本における外国人労働者についても、この要件に該当した場合には、原則として社会保険の加入義務があります。

(2) 現状の課題など

(a) 二重加入の問題

社会保険の加入をめぐっては、外国に派遣される日本人および外国から日本に派遣される外国人について、さまざまな問題が生じているのも事実です。まず、「二重加入の問題」として、相手国に派遣され就労している人については、派遣中でも自国の年金制度に継続して加入している場合が多く、自国

230

の公的年金制度と相手国の公的年金制度に対して二重に保険料を支払うことになる場合があります。

(b) 年金保険料の掛捨ての問題など現状の課題

また、「年金保険料の掛捨ての問題」として、日本の公的年金制度に限らず外国の公的年金制度についても老齢年金の受給資格の1つとして、一定期間以上の制度への加入を要求している場合があります。その場合、相手国に短期間派遣され、その期間だけ相手国の公的年金制度に加入したとしても老齢年金を受給するための加入年数を満たすことができないこともあり、相手国で負担した保険料が掛捨てになることもあります。

(3) 社会保障協定の締結

そこで、これらの問題を解決するために、後掲（《資料⑤》）の国と以下の2つを主な内容とした社会保障協定を締結しています。それは、適用調整や保険期間の通算などをするために最低必要とされる期間以上であれば、それぞれの国の制度への加入期間に応じた年金がそれぞれの国の制度から受けられるようにすることなどの内容となります。

① 適用調整として、相手国への派遣の期間が5年を超えない見込みの場合には、当該期間中は相手国の法令の適用を免除し自国の法令のみを適用し、5年を超える見込みの場合には、相手国の法令のみを適用する。

② 保険期間の通算として、両国間の年金制度への加入期間を通算して、年金を受給するために最低必要とされる期間以上であれば、それぞれの国の制度への加入期間に応じた年金がそれぞれの国の制度から受けられるようにする。

2 年金事務所の調査など

(1) 原則として4年ごとに実施

(a) 4年に1回の調査を決定

日本年金機構では、平成24年度計画（平成24年3月30日付厚生労働省発年

第6章 社会保険をめぐる相談事例

《資料⑤》　社会保障協定締結等に関する一覧

ドイツ（平成12年2月1日発効）	英国（平成13年2月1日発効）
韓国（平成17年4月1日発効）	アメリカ（平成17年10月1日発効）
ベルギー（平成19年1月1日発効）	フランス（平成19年6月1日発効）
カナダ（平成20年3月1日発効）	オーストラリア（平成21年1月1日発効）
オランダ（平成21年3月1日発効）	チェコ（平成21年6月1日発効）
スペイン（平成22年12月1日発効）	アイルランド（平成22年12月1日発効）
ブラジル（平成24年3月1日発効）	スイス（平成24年3月1日発効）
ハンガリー（平成26年1月1日発効）	イタリア（平成21年2月署名）
インド（平成24年11月署名）	ルクセンブルク（平成26年10月署名）
フィリピン（平成27年11月署名）	

※日本年金機構のホームページから（平成28（2016）年3月末現在）
　なお、詳しい内容は国により異なりますので、確認が必要です。

0330号17号認可）において、厚生年金・健康保険・船員保険の適用の促進に努める旨などを明記しました。そして、その計画の中で、「総合調査及び定時決定時調査等の事業所調査については、全ての適用事業所を対象に4年に1回実施することを基本とする」としています。

　(b)　平成28（2016）年4月から調査の2回目がスタート

　前記の決定により、平成24（2012）年から平成28（2016）年3月までの約4年間にほぼ全適用事業所に対して調査が行われ、第2回目の4年が平成28（2016）年4月より開始されました。たとえば、適用事業所が約3万件の都内のある年金事務所では、1年間で7500件近い件数の調査が必要となっており、毎年7月初旬から行われる、算定基礎届出という年1回の報告の時期を中心に効率的に調査を行うことを決め、1カ月間で約5000件の適用事業所の調査を行ったとのことです。

　(c)　調査の指摘は厳しくなる傾向に

　全国の年金事務所では、過去の調査の経験を活かして、効率的に調査を実施しようとする動きがみられ、未加入に対しては厳しく対応する動きも加速

232

しています。調査の結果、社会保険料の徴収漏れが見つかった場合には、1年または2年遡及される場合もあります。

(d) ご質問のケース

ご質問のケースの調査は、4年に1回の調査の対象となり行われたものと考えられ、未加入の外国人労働者が判明したため、加入させるよう命じられたものでしょう。社会保険料については、最大で2年の遡及を命じることが可能（健康保険法193条1項）で、実際の調査で6カ月や1年、さらに2年分の支払いを命じられた例もあります。そのため、今後の加入について拒否をした場合には、さらに遡及して支払いが命じられる可能性もあり、また「調査の拒否や虚偽の申告などには、最大で懲役6カ月以下」の罰則の規定（健康保険法208条）もありますので、従うことが大切です。

(2) 注意を要する調査

(a) 年金事務所への相談で徹底調査も

従業員の家族から年金事務所に相談があり、それをきっかけに調査が入り、社会保険の未加入が発覚することもあります。

A社では、社会保険の加入者を100人以上少なく報告しており、従業員から加入を希望されても無視していました。しかし、ある従業員の妻が年金事務所に相談したため、年金事務所の職員が2名でA社を訪問し、徹底した調査が行われた結果、約100名の新たな加入を命じられ、年間の社会保険料は、約7000万円増加しました。

(b) 会計検査院の調査も

会計検査院の調査とは、年金事務所については適正に保険料を徴収しているかを中心に調査するものであり、「保険者への調査」といえます。実際には、ランダムに抽出された事業所などに調査が行われ、年金事務所の職員に加え会計検査院の職員が立ち会い、法律で定められた2年間分の資料について徹底して調査が行われます。他の調査と最も異なるのは、過去2年間の社会保険料について徴収漏れがあれば、すべて支払うことが命じられる点であ

233

第6章　社会保険をめぐる相談事例

り、すでに退職している社員についても法律に基づいて支払いが命じられることになりますので、注意が必要です。

（本間　邦弘）

コラム7　傷病手当金を申請、しかし、金額が半分だけ、なぜ？

　製造業で働く外国人労働者のＡさんは、自宅で激しい胸の痛みを感じ病院に行ったところ、心不全の疑いで入院しました。手術の必要があるとされ、会社を長期間にわたり休職することになったＡさんは、健康保険の傷病手当金の手続を会社に申請しました。Ａさんは、手術の後に母国で回復に努めようと、傷病手当金は受けられるかを確認すると大丈夫とのことで、安心して帰国しました。ところが、振り込まれた金額は、本来もらえるはずの額の50％しかありません。実は、業績が悪化した会社が従業員から社会保険料を全額徴収し、年金事務所には50％の金額で届出を行い、会社の負担をごまかしていたのでした。違法行為を指摘された会社は、すぐに修正をしたそうです。

234

Q47 社会保険未加入の従業員への補償

Q47 社会保険未加入の従業員への補償

当社はまだ社会保険に加入していませんが、勤務する外国人労働者が休日にけがをして長期欠勤をしており、社会保険の休業補償を求めてきています。補償はしなければならないのでしょうか。

☞ **ここがポイント**

① 法人は、原則として社会保険の加入義務がある。
② 社会保険の給付には傷病手当金という、いわゆる休業補償制度がある。
③ 未加入事業所には2年遡及して社会保険料の支払いを命じられることがあり、適切な対応が重要。

1 社会保険の種類や加入義務など

社会保険とは、労災保険や雇用保険、健康保険、厚生年金（共済年金を含む）などを総称します。また、社会保険のうち、労災保険や雇用保険を労働保険といい、健康保険、厚生年金を社会保険と呼ぶ場合もあります。

(1) 労働保険の加入義務とトラブル

(a) 労災保険の未加入とトラブル例

労災保険は、パートタイマーを1人雇用する場合でも加入義務があり、業務上の事由または通勤による労働者の負傷、疾病、障害または死亡等に対して必要な保険給付などを行いますので、会社等が未加入のために、仕事中にけがをしても治療費などが受けられない場合などに労働者からその費用を請求されることもあります（Q39参照）。

(b) 雇用保険の未加入とトラブル例

雇用保険は、原則として週20時間以上勤務する労働者を雇用する事業者は、強制的に適用され、失業した場合などに基本手当等が支給されますが、会社等が未加入のために受けられない場合に、従業員からその金額を請求される

235

第6章 社会保険をめぐる相談事例

ともあります（Q38参照）。

(2) 社会保険の加入義務

(a) 健康保険の未加入とトラブル例

健康保険は、法人では社長1人、個人業では加入対象者5人以上で原則として加入義務があり、出産に伴い一定期間欠勤した場合に支給される出産手当や業務外のけがなどで長期欠勤した場合の傷病手当金の支給といういわゆる休業補償制度があります。未加入の場合には、ご質問のケースのように本来受けられる補償が受けられないとしてトラブルが発生することがあります。

(b) 厚生年金の未加入とトラブル例

厚生年金は、原則として健康保険と同じ加入義務要件になります。厚生年金では、老齢や障害、死亡について年金が受給できる可能性が生じますが、会社等が未加入のために、60歳や65歳から老齢年金が受けられない場合などに、平均寿命をもとに本来受けられる年金額を請求されることもあります。

2 傷病手当金

(1) 傷病手当金の内容

会社が加入する健康保険では、傷病を理由に欠勤した場合には、原則として休業4日目から最長で1年6カ月の休業補償（傷病手当金）の制度があります（医師が就労不可と判断することなどの条件や留意点があります）。

傷病手当金として受け取れる金額は、標準報酬という社会保険上で登録した賃金額の2/3になります。たとえば、標準報酬が月額30万円の人が長期欠勤により1カ月間分の傷病手当金を受け取るとすれば、約20万円が受給できるということになります。

また、傷病手当金の受給は最大で1年6カ月となり、次の〈図4〉に記載のとおり、受給した期間ではなく受給が始まった期間からの暦日であり、途中で復職しても支給期間は経過し、支給開始から1年6カ月経過で終了しますので、注意が必要です（現在見直しの案もあるとのことです）。

236

〈図4〉 傷病手当金給付イメージ

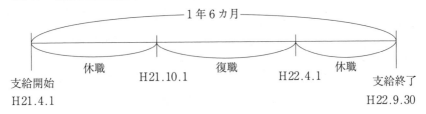

(2) 退職後の傷病手当金の受給

退職後も次の要件をすべて満たした場合には、原則として傷病手当金が受給できます。

① 在職中に待機が完成していること

　在職中に傷病手当金の申請をすることなどが重要です。

② 1年以上継続して、社会保険に加入していること

　1年以上同じ事業所で加入するか、転職などの場合には1日も空白がなく1年以上継続して社会保険に加入していることが必要です。

③ 原則として受給開始から1年6カ月以上（最大の受給期間）が経過していないこと

(3) ご質問のケース

ご質問のケースは、会社に健康保険の加入義務があるにもかかわらず加入しなかったというものであり、会社の責任であるといわれても仕方ありません。傷病手当金は原則として申請日より遡って支給されませんので、本来受けられた傷病手当金について請求された場合には、受けられた可能性のある傷病手当金の金額を算出して話し合い、合意した金額を支払うことも、解決の一案として考えられます。

（本間　邦弘）

第7章

労働時間をめぐる
相談事例

第7章 労働時間をめぐる相談事例

Q48 変形労働時間制と割増賃金

　当社では、1カ月単位の変形労働時間制を適用していますが、4週間以内に振替休日をとることとしていたところ、外国人労働者から割増賃金を請求されました。支払う必要があるのでしょうか。

☞ ここがポイント

① 変形労働時間制でも、同一週内に振替休日を取得できない場合には法定の40時間が適用され割増賃金の支払いが必要となる。
② 変形労働時間制は、1週間から1年までの期間で適用されるもので、法定の1日8時間や1週40時間の例外の制度である。
③ 変形労働時間制は、原則として就業規則への規定や労使協定の締結が必要であり、労基署への届出が必要な場合もある。

1 変形労働時間制

(1) 変形労働時間制の種類と内容

(a) 変形労働時間制を適用する理由など

　変形労働時間制とは、1日8時間、1週40時間という法定労働時間を超えて働くことが可能になる制度ということができ、1週間単位から最大1年までの期間を定めることができます。また、2週間、4週間など週単位や1カ月、3カ月などの月単位、1年単位までの定めが可能です。

(b) 業種などと変形労働時間制

　具体的には、1週間単位の変形労働時間制として、週末が忙しい料理店（労働者30人未満）が平日の労働時間を6時間に短縮し、週末の労働時間を10時間などとして、1週間の合計時間を40時間とすることなどがあります。また、1カ月単位の変形労働時間制として、月末・月初が忙しい事業所で1カ月を平均して週40時間となるようにする制度や、1年単位の変形労働時間制として、工場などで1年間の稼働日があらかじめ決まっている場合などに、

240

1年を平均して週40時間となるようにする制度などがあります。

(2) ご質問のケース

(a) 振替休日や代休

振替休日とは、あらかじめ振替日を指定して休日に労働することであり、休日のスライドということができます。この場合には、原則として休日労働の割増賃金の支払いが不要とされています。また代休は、振り替える休日を指定することができないものの、休日出勤の後に休日をとる場合であり割増賃金の支払いが必要となります。

(b) 振替休日でも割増賃金の支払いが必要な場合も

変形労働時間制は、シフト表や休日表などであらかじめ勤務日・休日等を特定してすることにより、法定労働時間の例外的な取扱いを受けるものといえます。変形労働時間制を適用しつつ休日を振り替えた場合で、その週に40時間を超えて労働した場合などには、割増賃金の支払いが必要になります。

2 具体的な変形労働時間制の例

(1) 1カ月単位の変形労働時間制

(a) 導入する場合など

1カ月単位の変形労働時間制とは、原則1カ月以内の期間（変形期間）を平均して週の法定労働時間（週40時間）を超えないようにすることです。この制度を採用することにより、業務繁忙の特定の日または週に、法定労働時間を超えて労働させることが可能となり、また、隔週土曜日を労働日とする場合にも適用されることがあります。

(b) 導入の要件

導入には、原則就業規則の規定や労使協定の締結が必要となります。就業規則には、原則として1カ月単位の変形労働時間制を採用する旨に加えて、変形労働期間中の各日の始業・終業時刻、変形期間の起算日（例：毎月1日）を定める必要があります。労使協定を締結する場合には、労働者の過半数で

241

第7章　労働時間をめぐる相談事例

組織する労働組合か、そのような労働組合がないときは労働者の過半数を代表する者と締結する必要があり、労使協定には変形の期間と変形期間の起算日、対象となる労働者の範囲、変形期間中の各日および各週の労働時間、協定の有効期間を定めることになります。

(c)　変形期間中の始業・終業時刻

始業・終業時刻はできる限り具体的に記載することが必要ですが、業務の実態から月ごとに勤務割を作成する必要がある場合は、就業規則において勤務パターンごとの始業・終業時刻と、各パターンの組合せの考え方、勤務割表の作成手続およびその周知方法を定めておき、各日ごとの勤務割は、変形期間の開始前までにシフト表などで特定できればよいとされています（「労働基準法関係解釈例規について」昭和63年3月14日基発第150号）。

(d)　割増賃金の支払い

1カ月単位の変形労働時間制を採用した場合は、特定の日または週に法定労働時間を超える定めをしても割増賃金の支払義務は生じませんが、その時間を超えて労働させた場合または変形期間における所定労働時間の総枠を超えて労働したときは割増賃金の支払いが必要となります。

(2)　1年単位の変形労働時間制

(a)　導入する場合など

1年単位の変形労働時間制とは、1カ月超から1年以内の期間を変形労働期間として、行う場合をいいます。変形労働の期間（対象期間）内の平均の労働時間を法定労働時間内（週40時間以内）とすることで、週または1日の労働時間を弾力的に運用する制度といえます。具体的には、夏季または冬季が特に忙しいなど、季節的な繁忙期がある、あるいは繁忙期と閑散期が一定の周期で繰り返されるなどの場合に、繁忙期に長い労働時間を、閑散期に短い労働時間を配分するなど効率的な時間配分をして、年間の労働時間を調整することなどを目的とした制度です。

242

(b) 導入の要件

この制度を採用する場合は、労使協定の締結と管轄の労基署へ届出をすることが必要です。労使協定の労働者代表の要件は、前記の1カ月単位の変形労働時間制の場合と同様です。労使協定で定める事項は、対象労働者の範囲や対象期間、特定期間、労働日および労働日ごとの労働時間、労使協定の有効期間となります。

(c) 対象期間内の労働時間、労働日の要件

原則として、変形労働制の対象となる期間の全期間について、各日や各週の所定労働時間を定めることが必要です。ただし、対象期間を1カ月以上の期間に区分する場合は、最初の期間以外の各期間については労働日数と総労働時間数のみ定めておき、それぞれの期間が始まる前に、書面により具体的な労働日と労働時間を定めることになっています。また、対象期間内の所定労働時間は、平均して法定労働時間（週40時間）の枠内に収める必要があります。

(d) 労働時間の限度

1年単位の変形労働時間制は、1日および1週の労働時間の限度が定められており、1日10時間、1週52時間が限度となります。対象期間が3カ月を超える場合は、週48時間を超える所定労働時間を設定する週は連続3週以内とする等の制限があります。

(e) 割増賃金の支払い

1年単位の変形労働時間制を採用した場合は特定の日または週に法定労働時間を超える定めをしても割増賃金の支払義務は生じませんが、その時間を超えて労働させた場合または対象期間における所定労働時間の総枠を超えて労働させた場合は、割増賃金の支払いが必要となります。

（本間　邦弘）

第7章 労働時間をめぐる相談事例

Q49 フレックスタイム制・みなし労働時間制

当社では、フレックスタイム制を適用していますが、外国人労働者から所定休日に働いたとして、割増賃金を請求されました。支払いの必要はあるのでしょうか。

☞ ここがポイント

① フレックスタイム制では、休日労働に対する割増賃金支払義務は、原則として法定休日に労働した場合のみとなる。

② みなし労働時間制には、事業場外労働や裁量労働などがあり、適用の対象者に制限もあるので確認と検討が必要となる。

③ 裁量労働時間制においては、休日労働も深夜労働も割増賃金の支払義務が生じる。

④ みなし労働時間制では、就業規則への規定や労使協定の締結、労基署への届出が必要な場合があり、確認が必要となる。

⑤ 平成31（2019）年4月の法改正により、フレックスタイムの清算期間が最大で3カ月となった。

1 フレックスタイム制

(1) フレックスタイム制の要件など

(a) フレックスタイム制の意義など

フレックスタイム制とは、最大で3カ月以内の一定期間（清算期間）の総労働時間を定め、労働者がその範囲内で各日の始業・終業時刻を自主的に決定して働く制度です。

(b) コアタイム

フレックスタイム制では、いつ出社、退社してもよい労働時間帯（フレキシブルタイム）と、必ず勤務しなければならない時間帯（コアタイム）を区別して、その範囲内において労働者が出社、退社の時刻を決定します。なお、コアタイムは必ず設ける必要はなく、すべての時間をフレキシブルタイムと

244

することも可能です。

(c) フレックスタイム制の導入要件

フレックスタイム制の導入では、就業規則等に始業および終業の時刻を労働者の決定に委ねる旨の定めなどについて、労使協定に定めることが必要となります。なお、労使協定は労基署に届け出る必要はありません。

労使協定で定めるべき事項は、対象となる労働者の範囲や清算期間（労働者が労働すべき時間を定める期間、最大で3カ月以内）、清算期間中の総労働時間（法定労働時間の枠内で1カ月の労働時間を決定）、標準となる1日の労働時間などが必要です。

(d) 時間外労働や休日労働

フレックスタイム制における時間外労働は、清算期間を単位として考えます。清算期間における実働時間が事業所で定めた労働時間の総枠の範囲を超える場合には、超過時間が時間外労働となります。法定労働時間を超える場合には、割増しが必要となり、36協定（Q31参照）の締結も必要となります。

また、休日労働の概念は、所定休日ではなく法定休日に勤務した場合が原則的な対象となるため、4週で4日の休日をとれない場合に割増し（35%）をすることになります。平成31（2019）年4月の労働基準法改正により、1カ月以内の清算期間を定めた場合と、1カ月を超えた清算期間を定めた場合の割増賃金の支払い内容が異なるなど変更がなされており、確認が必要です。

(2) ご質問のケース

割増賃金の支払いを請求をした外国人労働者には、フレックスタイム制が適用されていますので、所定休日に働いた場合でも基本的に割増賃金を支払う必要がありません。ただし、1カ月の清算期間において、総労働時間を超えて労働した場合には時間外労働の手当が必要となります。

2 みなし労働時間

みなし労働時間とは、業務の性質上、労働時間の算定が困難である場合や、

245

第7章　労働時間をめぐる相談事例

労働時間の配分を大幅に労働者に委ねて労働時間の算定が困難である場合に、法律または労使の定めにより、実際に労働した時間にかかわらず一定の時間働いたものとみなす制度をいいます。みなし労働時間には主に次のような制度があります。

(1)　事業場外労働のみなし労働時間制

(a)　事業外みなし労働時間の算定

外交セールスや記事の取材などの業務、または出張など、労働者が事業場外で業務に従事した場合で、労働時間の算定が難しい場合の取扱いについて定めた制度です。この制度の対象となる場合、労働時間の算定は以下の取扱いとなります。

①　原則として所定労働時間労働したものとみなす

②　当該業務を遂行するためには通常所定労働時間を超えて労働することが必要となる場合は、当該業務の遂行に必要とされる時間労働したものとみなす

③　前記②の場合であって、書面による労使協定があるときは、その協定で定める時間労働したものとみなす。

(b)　適用されない場合に注意

事業場外での業務であっても、グループで事業場外労働に従事し、そのメンバーの中に労働時間の管理をする者がいる場合や、携帯電話等で常に使用者の指示を受けながら労働している場合、事業場で訪問先や帰社時刻など具体的な指示を受けて指示どおりに労働する場合などは、労働時間の算定が困難とはいえず、みなし労働時間制の適用はできないため、注意が必要です。

(2)　裁量労働時間制

(a)　裁量労働時間制の適用など

裁量労働時間制とは、研究開発や事業運営に係る企画、立案等の業務など、業務の性質上、労働時間の配分を大幅に労働者に委ねる必要がある業務について、実際の労働時間にかかわらず、労使で定めた時間を労働したものとみ

246

なす制度です。裁量労働には「専門業務型裁量労働時間制」と「企画業務型裁量労働時間制」があり、専門業務型裁量労働時間制は、新商品の開発やデザイナーなど、専門的な業務として指定されている19業務が対象となります。企画業務型裁量労働時間制は、会社の事業運営にかかる企画、立案、調査、分析を行う業務が対象です。裁量労働を導入する場合は、あらかじめ労働したものとみなす時間等について、専門業務型の場合は労使協定、企画業務型の場合は労使委員会の決議により定め、協定届または決議届を所轄の労基署に届け出ることが必要です。

(b) 休日労働や深夜労働は支払いが必要

裁量労働時間制について、「何時まででも、いつでも、無制限に働かせることができる制度」と勘違いしていると思われる話をよく耳にします。裁量労働時間制においても、事業主には実労働時間の把握が求められ、また所定休日に労働した場合には休日労働となり、深夜労働についても割増賃金の支払義務が生じます。

都内のある労基署では、管内で裁量労働時間制を適用している大部分の事業所に調査を行い、あるマスコミ関係の会社では、労働時間の把握がなされていないとして、毎日の終業時間をスマートフォンで会社に報告させるよう命じられた例もありますので、注意が必要です。

(3) 裁量労働制への厳しいチェック

裁量労働制については、適用できない社員であるのに裁量労働制を適用して行政指導を受けるケースもみられることなどから、適用している事業所に対して労基署の調査が活発に行われています。労基署から悪質とされた場合には、社名の公表もあるため、事業所としては、適用要件を確認し適切な運用が求められます。

(本間　邦弘)

第7章　労働時間をめぐる相談事例

Q50　サービス残業代の請求と例外など

　当社は飲食店を何店か経営していますが、店長を務める外国人労働者が、時間外労働や深夜労働分の賃金が未払いだとして、2年分約500万円を請求してきました。店長でも支払わなければならないのでしょうか。対応などについて教えてください。

> ☞ **ここがポイント**
>
> ①　サービス残業代の請求トラブルが高じると、労働審判や裁判などに発展することがある。
> ②　労働審判では、事業主側が、労働者が就業していないことの証明をするよう求められるケースが多い。
> ③　裁判では、残業代に加えて最大で2年分の付加金が加算されることもある。
> ④　平成31（2019）年4月より、事業主が従業員の労働時間を把握する義務が法律で定められたため、労働時間を明確に把握する必要がある。

1　サービス残業に関する法律や指針

(1)　法律の規定とサービス残業

(a)　サービス残業とは

　賃金や給料、諸手当、賞与など名称のいかんを問わず、労働の対償として使用者が労働者に支払うすべてのものを、労働基準法11条では賃金と定めており、本来労働者に支払うべき賃金で事業者側が支払っておらず、労働者が享受する権利のある賃金を「未払賃金」といいます。また、同法では法定労働時間を超えたり、法定休日に働いたりした場合などには割増賃金を支払うものとしています（32条、33条、37条など）。

　これらの義務に反して賃金を支払わないことを俗に「サービス残業」と呼んでいますが、労働者からサービス残業代の請求がなされることがあり、違反者に対しては、労働基準法119条では6カ月以下の懲役または50万円以下

248

の罰金も規定されています。

(b) 労働時間把握等に関する指針

厚生労働省の「労働時間の適正な把握のために使用者が講ずべき措置に関する基準について」（平成13年4月6日付厚生労働省指針第339号）では、使用者は労働時間を適正に把握するなど労働時間を適切に管理する責務を有するとしています。これは、労働基準法に労働時間、休日、深夜業等について規定が設けられていることなどを受け、同指針でも同法の労働時間に係る規定が適用されるすべての事業場において労働時間を適正に管理するものであり、労働者の労働日ごとの始業・終業時刻を確認し記録するために、タイムカード、ICカード等の客観的な記録、自己申告制により始業・終業時刻の確認および記録を行うことなどを定め、また、その記録を3年間保管する（同法109条）ことなども定めています。なお平成29（2017）年1月20日に、この基準に沿った新たなガイドラインが出されています。

また、その後「賃金不払い残業の解消を図るために講ずべき措置等に関する指針」（平成15年5月23日付厚生労働省指針第0523004号）も出され、その内容にも注意が必要です。

(2) サービス残業代トラブルの主な内容

(a) 労働者や代理人からの請求

ご質問のケースのように、労働者自身から口頭または内容証明郵便の送付などにより、使用者に対し請求がなされることがあります。また、弁護士や司法書士が代理人として請求する場合もあります。

(b) 労基署の調査（是正勧告および指導票の交付）

未払賃金について、労働者が労基署に相談し、解決を依頼（申告）した場合には、事業所へ調査がなされて支払いを命じる是正勧告がなされ、その結果について報告を命じる行政指導が行われることがあります。

(c) 労働審判

交渉が決裂した場合などに、労働者が自身または代理人に依頼して、労働

第7章 労働時間をめぐる相談事例

審判を申し立てる可能性があります。労働審判は原則3回で結論を出す短期決戦であり、労働者の請求に対して、事業主が労働者の不就業時間などを証明することが求められるケースも多くあります（Q5参照）。

(d) **通常の訴訟**

裁判を提起するものであり、未払賃金のほかに請求するサービス残業代と同額の付加金（労働基準法114条）が請求されることも多くあります。

(e) **労働組合**

労働者が労働組合に相談をして組合員となり、労働組合が代理して、請求者に代わって事業主に交渉を申し込むこともあります。

(3) **サービス残業代請求の内容および請求期間**

(a) **サービス残業代請求の内容など**

サービス残業代において、労働者から請求される内容は、主に次のとおりです。

① サービス残業代として、時間外労働・休日労働・深夜労働に対する賃金（割増賃金を含む）の支払い

② 遅延損害金として、在職中の労働者は、退職日まで6％（商法の適用がある場合）、退職労働者の場合は、退職日の翌日以降14.6％の支払い

③ 付加金として、最大で労働者が請求するサービス残業代と同額の支払い

④ 付加金の遅延損害金として、裁判確定時より発生した金額の支払い

(b) **請求の期間**

未払残業代の労働基準法上の請求権の時効は2年であり（同法115条）、原則として最大で2年分の請求が可能となります。

2 裁判例などを参考に対応を検討

(1) **裁判例──「名ばかり管理職裁判」**

大手ファーストフードチェーンの店長が、管理職として残業代などを支給

されないのは違法であるとして、未払残業代などの支払いを会社に求めた事件で、店長は長時間勤務を強いられ、権限の範囲も狭いことなどから管理職に当たらないと判断され、残業代や付加金など約750万円の支払いを命じる判決がなされた裁判（名ばかり管理職事件（東京地裁平成20年1月28日判決・判時1998号149頁））があります。

(2) 管理監督者の判断

管理監督者については、原則として次の3点で判断するとされており、具体的には実態に応じて判断されることになります。

① 経営者と一体的な立場で仕事をしている

② 出社、退社や勤務時間について厳格な制限を受けていない

③ その地位にふさわしい待遇がなされている

なお、平成31（2019）年4月の労働基準法改正により管理監督者についても労働時間について把握する義務が生じましたが、出社、退社や勤務時間について厳格な制限を受けないことに変わりはありません。

(3) ご質問のケースへの対応など

(a) 事実確認

ご質問のケースへの対応として、まずは、請求してきた店長が管理職といえるかどうかを検討し、管理職に当たらない場合には、実際の時間外労働や深夜労働分の時間数を調べて、請求金額との差などを確認することが重要です。前述の名ばかり管理職事件では、店長であっても労働時間の自由裁量がなく、アルバイトが休んだ場合などには店長が勤務していたことや、正規従業員の採用など管理職としての権限を有しないこと、賃金も下位の役職者よりも少ないことなどにより、管理職を否定して時間外労働や休日労働などについて支払いを命じたものであり、注意が必要です。

(b) トラブルの行方などについて検討

サービス残業代に関する請求に際しては、本人から直接請求がなされるだけでなく、労働審判や通常訴訟、労働組合からの団体交渉などに移行するケ

第7章　労働時間をめぐる相談事例

ースが多くあります。実態の確認と調査と、トラブルの行方や前記1(1)の内容などを検証しながら、今後の対応を検討することが重要です。

3　事業主による労働時間の把握義務化──トラブル急増のおそれ

　労働安全衛生法が改正され、平成31（2019）年4月から事業主が従業員の労働時間を把握する義務が同法に規定されました。現在でも、労働時間の適正な把握に関する指針が出されていますが、法律で定められたにもかかわらずこれに反した場合には、法令違反とされるため、従業員の労働時間を把握していない事業主は、裁判などで、法令違反の責任を問われ敗訴する事例も増加するのではないかと危惧されます。

（本間　邦弘）

第8章

懲戒をめぐる相談事例

第8章 懲戒をめぐる相談事例

Q51 懲戒処分はどのようなときに科すことができるか

当社で働く外国人労働者が、遅刻を繰り返しても反省がありません。何らかの懲戒を行いたいと思いますが、留意点などを教えてください。

☞ **ここがポイント**

① 懲戒処分は、事実と根拠と程度の3点が重要となる。
② 懲戒処分は、訓戒から懲戒解雇までさまざまな種類がある。

1 懲戒処分

(1) 懲戒処分の考え方

(a) 懲戒処分とは

懲戒処分とは、企業や事業所などの規律保持などを目的に定めたルール、その他に違反した労働者に科す制裁といえます。

(b) 懲戒処分適用の基本

懲戒処分を科された労働者は、不利益を被ることになるため、労働契約法15条では、「使用者が労働者を懲戒することができる場合において、当該懲戒が、当該懲戒に係る労働者の行為の性質及び態様その他の事情に照らして、客観的に合理的な理由を欠き、社会通念上相当であると認められない場合は、その権利を濫用したものとして、当該懲戒は、無効とする」と定めています。つまり懲戒処分には、原則として①違反行為を行ったという事実と、②就業規則などに規定されているという根拠、③その行為に対する懲戒処分の内容（程度）が適切である、という3点が問われると考えます。

(2) 懲戒処分の種類

懲戒処分の種類には、最も軽いものとして口頭で注意を与える「訓戒」や、始末書を提出させて繰り返さないことを約束させるなどの「けん責」、1つの事案で平均賃金の1日分以内、数次の事案で1カ月の賃金総額の10％以内

254

で行う「減給」、一定期間について勤務させずその期間の賃金を支払わない「出勤停止」、昇給をさせない「昇給の停止」、役職等の「降格」とそれに伴う「降給」、「懲戒解雇」(Q53参照)があり、懲戒解雇に相当する行為であるものの、情状などを酌量し退職願意を提出させる「諭旨解雇」などがあります。

(3) ご質問のケース

ご質問のケースへの対応としては、社員は遅刻を繰り返しても反省がないということですが、遅刻の回数や時間数、これまでの注意の有無や内容などを確認し、会社の就業規則の規定内容に照らすなどして、適切な懲戒処分を段階的に行うことが重要です。

2 懲戒処分に当たる事例や裁判例

(1) 私用メールに関する裁判例

最近は、会社のパソコンを利用した私的なメールの送受信や業務と全く関係のないサイトの閲覧などが問題となっています。この場合には、まずは職務専念義務(勤務時間中は仕事などに専念する義務)違反になると考えます。また、施設管理権との関係も問題となり、就業規則等にパソコンの私的利用を禁止する規定がある場合には、これに反したことになります。もしも、就業時間内に長時間にわたって利用している場合などには、職務懈怠、職場規律違反などに当たり、就業規則の条項などに基づき処分される可能性が生じます。以下に紹介する2つの裁判例は、私用メールに関するものです。

(a) 業務中の大量の私用メールの送受信等をもとに行った懲戒解雇処分を容認した裁判例

労働者が、業務用パソコンを利用して出会い系サイトに登録したり、大量の私用メールを送受信したりしたこと等を理由として、会社が労働者を懲戒解雇したことを有効としました(K工業技術専門学校(私用メール)事件(福岡高裁平成17年9月14日判決・判タ1223号188頁))。

255

第8章　懲戒をめぐる相談事例

(b)　1日2通程度の私用メールを相当とした裁判例

労働者も個人として社会生活を送っている以上は、就業時間中に外部と連絡をとることが一切許されないわけではないとし、就業規則等に特段の定めのない限り、職務遂行の支障とならず使用者に過度の経済的負担をかけないなど社会通念上相当と認められる程度で、会社のパソコンを利用して私的メールを送受信しても、職務専念義務に違反するものとはいえないと判示し、1日2通程度の私用メールは、社会通念上相当な範囲にとどまるとして職務専念義務違反とはいえないとしました（グレイワールドワイド事件（東京地裁平成5年9月22日判決・判例集未登載））。

(2)　**勤務懈怠の裁判例**

また、業務上において職務専念義務違反として、職務懈怠による懲戒解雇を認めた裁判もあります。

東京地裁平成26年3月14日判決・労働経済判例速報2211号3頁は、会社から、仕事の能力や勤務成績が著しく劣り、職務怠慢が著しいとして懲戒解雇された社員が、解雇は不当であるとして取消しを求めた事件で、社員に何度となく是正や改善を求めたにもかかわらず改善されず、勤務時間中の私用電話や無断欠勤、居眠りなどを繰り返したとして、解雇が有効であるとしたものもあります。

（本間　邦弘）

Q52　住民税の滞納と懲戒の可否

外国人労働者のアルバイト従業員が住民税を滞納し、給与の差押え
に関する通知が会社に郵送されてきました。懲戒処分の対象となるで
しょうか。

☞ ここがポイント

① 従業員の給与差押えは、会社が第三債務者として支払義務を負う。
② 住民税の滞納だけでは、原則として懲戒処分はできないことが多い。
③ 私的な非行での懲戒処分は、慎重な対応が求められる。

1　住民税の滞納による差押えなど

(1)　給与が差し押さえられる例

(a)　借金などによる差押え

従業員が生活費などを金融機関等から借金をして返済できない場合に、貸
主である金融機関等が裁判所に申し立て、財産等の差押えをする場合があり
ます。差し押さえる財産には、土地や建物などの不動産や預金、動産などが
あり、会社から支払われる給与も、差押えの対象となります。借金をする際
に、勤務先や収入などの告知を行うことから判明するようです。

(b)　税金の滞納処分

各地方自治体では、住民への各種のサービスを行うための財源として、住
民税を徴収しています。また、住民の納税の公平性を確保することなどを目
的に、延滞金の徴収や差押え等の滞納処分を実施する場合があります。通常、
納期限までに納付が確認できない場合は督促状を送付し、それでも納付を行
わず窓口への相談もない場合は、催告書を送付したり電話や訪問をして、納
付を督励する場合が多くあります。それでも納付がない場合には、財産調査
（給与、預貯金、不動産、自動車、生命保険、動産等）を行い、原則として発見

257

第8章　懲戒をめぐる相談事例

された財産を滞納処分として差し押さえることになるようです。給与のほか
に現金での取立てがあり、動産、不動産、自動車等については、差押え後に
公売し、滞納税に充当することもあります（地方税法331条など）。

(c)　住民税の滞納による差押え

会社では、正規従業員の住民税を給与から天引きすることがほとんどであ
り、これを住民税の「特別徴収」と呼んでいます。最近はアルバイトやパー
トなど非正規従業員の住民税を特別徴収するよう市区町村から依頼される例
も多くなったようです。労働者が自身で住民税を支払うことを「普通徴収」
と呼んでいますが、いずれにしても滞納したことにより、給与を差し押さえ
られる例が多くあります。中には上場会社に正規従業員として中途採用され
た従業員が、住民税を滞納したまま就職したため、再就職先の会社で給与の
差押えを受けたという例もあります。

(2)　ご質問のケース

(a)　滞納額は本人か会社が支払うことに

ご質問のケースのように住民税を滞納し、給与を差し押さえられた場合に
は、会社が第三債務者として支払義務が発生するため、もしも本人が即座に
納税しない場合には、通知書に従い会社が給与から支払うことになります。

(b)　会社として事実確認を

会社の対応として、まずは通知を行った地方自治体への確認と本人への聞
取りなどから事実確認を行うことが考えられます（後記コラム参照）。

(c)　口頭注意を行う

住民税の滞納という行為は悪質であるものの、プライベートの問題である
ともいえ、会社の名誉を著しく傷つけたとまではいえないのではないかと考
えます。そのため、今回のことを理由に厳しい懲戒処分は難しいと考えます。
ただし、通知に関する事実確認や差押えによる支払いの労力を会社にかけさ
せたことも事実ですので、顛末書の提出を求め、その内容により、最終的な
判断をすることも考えられます。

2　私生活上の問題と懲戒

　私生活上の非行は、労働契約とは直接関係ありませんが、その非行が業務に重大な影響を及ぼしたり、企業の名誉や信用を損なったりする場合もあります。たとえば、飲酒運転で死亡事故を発生させた場合などが考えられ、普通解雇または懲戒解雇もありうる事案です。具体的な処分は、企業の業務内容、問題行動の内容および悪質性、地位、職務に対する具体的な影響等により判断します。鉄道会社の従業員が、休日に電車内で痴漢行為をしたなど、職務に密接に関連する行為の場合には、厳しい処分が考えられます。

（本間　邦弘）

コラム8　外国人講師が住民税を滞納して差押え、その時の言葉は？

　都内の専門学校で英語の非常勤講師として働く、外国人講師のAさんは2カ月前に引越しをしました。23区内から多摩地域に転居したAさんは、前住所地の住民税を滞納していました。しかし、新たな住所は離れていることから滞納金額を踏み倒そうと考え、支払わずに転居していました。しかし、前住所の住民税課ではAさんの勤務先を探し当て、住民税の納付を要求しましたが、Aさんに全く支払いの意思がないことから、専門学校から支払われる給与の差押えを行いました。通知を受けとった専門学校は、すぐにAさんを呼んで確認をしました。最初は否定していたAさんでしたが、差押えの通知を見せられ、しぶしぶ支払いを約束したそうです。

第8章 懲戒をめぐる相談事例

Q53 懲戒解雇はどのようなときに科すことができるか

当社で働く外国人労働者が、会社の取引先の従業員と共謀して、会社の商品を横領しました。これは懲戒解雇事由になるでしょうか。

☞ ここがポイント

① 懲戒解雇は最も重い懲戒処分であり、慎重な対応が求められる。
② 懲戒解雇による即時解雇は、原則として解雇予告手当の支払義務が生じる。
③ 解雇予告手当の除外認定制度で認定を受けた場合には、その支払いが免じられる。

1 懲戒解雇と解雇予告手当の除外認定など

(1) 懲戒解雇と注意点

(a) 懲戒解雇は最も重い処分

懲戒解雇とは、懲戒処分の中で最も重い処分であり、重大な企業秩序違反行為に対する制裁罰として、使用者からの一方的な意思表示によって労働契約を終了させるものといえます。この場合には、解雇予告（Q58参照）をすることなく、即時解雇することが多くあります。

(b) 懲戒解雇処分の注意点

労働契約法16条では、解雇権の濫用を禁止し、合理的理由や社会通念上相当であることを求めており、処分決定には慎重な検討が必要です。

(2) 解雇予告手当の除外申請

懲戒解雇において即時解雇する際には、原則として労働基準法20条の解雇予告手当の支払いが必要になります。ただし、労基署から解雇予告手当の除外申請が認められた場合には支払いの必要がなくなるため、懲戒解雇に伴い同申請を検討する企業が多くあります。

この申請は、管轄の労基署に「解雇予告手当の除外申請」と必要書類を添付して提出します。必要書類とは、申請の事実を証明できるものであり、ご

260

質問のケースのように横領をした場合には、本人がその事実を認めた書面などが考えられます。

ただし、本人が事実を認めなかったり、所在が不明になったりした場合などには、認定まで1カ月を超えることもあり、その場合などには解雇予告の期間を設け、除外申請を行わず解雇することなどもあります。

2 懲戒解雇の理由として考えられるケースなど

(1) 一般的な例

たとえば、窃盗や横領、傷害など、刑法犯に該当する行為があった場合や賭博などによって職場規律や風紀を乱すことを繰り返すなど他の労働者に大きな悪影響を及ぼした場合、担当する業務に不可欠となる資格や免許を有していないのに虚偽の申告をしたといった重要な経歴詐称などが考えられます。

(2) 具体的な事例

(a) 勤務不良、その他の問題が多い労働者の場合

勤務不良とは、無断欠勤や正当な理由のない遅刻・早退・職場離脱をいい、正常な労務の提供が全くできないため普通解雇事由に当たるだけでなく、職場秩序維持違反を繰り返し、改善の見込みが全くない場合には、懲戒解雇が考えられます。

この場合には段階を踏んで懲戒を行うことが多く、具体的には、勤務不良が発生した場合を第1段階として「教育や改善指導」を根気よく行い、第2段階として戒告・けん責・出勤停止といった懲戒処分を行い、改善を促し、それでも改善がみられない場合には、第3段階として退職を勧奨し、退職を促すことが考えられ、労働者が退職に応じない場合には、懲戒解雇も検討することになります。しかし、懲戒解雇前に普通解雇処分にすることも多く、勤務懈怠については懲戒解雇の適用を慎重に検討することが求められます。

(b) ご質問のケース

ご質問のケースのように、商品の横領をした場合は、業務上横領（刑法

第8章　懲戒をめぐる相談事例

253条）に当たる可能性があります。特に、取引先の社員と共謀するという内容は、計画的であり悪質性も著しいため、懲戒解雇の有効性も高まると考えます。裁判例では、当該労働者の職務内容、勤続年数、横領・着服した金額、回数、期間、企業への返金の有無、使途、事後の対応、企業に与える影響等を考慮して、懲戒解雇の有効性を判断しているようです。たとえば銀行員やバス・タクシーの運転手、レジ係など、金銭を取り扱うことを職務内容とする労働者が金品を横領・着服した場合には、本質的業務との関係性や企業の信用を損なう影響などから、金額に関係なく懲戒解雇を有効とする傾向があるようです（後述(3)(a)(b)の裁判例を参照）。

(3)　懲戒解雇（免職）の裁判例

(a)　バスの運転手が運賃を着服した事件

ワンマンバスの運転手が、運賃9000円を着服したため、懲戒解雇処分になり、これを不服として提起した裁判において、裁判所は、業務の性格から懲戒解雇は有効と判断しました（西鉄雑餉隈自動車営業所事件（福岡地裁昭和60年4月30日判決・労判455号63頁））。

(b)　信用金庫の職員が集金を着服した事件

信用金庫の調査役が、自ら集金した金員1万円を着服し、懲戒解雇処分になり、これを不服として起こした裁判で、金融機関という社会的な責任などから懲戒解雇処分を有効と認めたものがあります（前橋信用金庫事件（東京高裁平成元年3月16日判決・労判538号58頁））。

(c)　公立学校の職員が酒気帯び運転により逮捕された事件

公立学校の職員が、酒気帯び運転をして逮捕されたため、免職処分および退職手当等全部不支給処分を受けたため、裁量権を逸脱または濫用した違法なものであると各処分の取消し等を請求した裁判で、1審、2審ともに懲戒免職処分は有効と裁判所が判断した事件もあります（名古屋高裁平成25年9月5日判決・労判1074号5頁）。

（本間　邦弘）

第9章

休職、退職・解雇を
めぐる相談事例

第9章　休職、退職・解雇をめぐる相談事例

Q54　けがで長期欠勤している従業員への休職命令

　外国人労働者が休日にサーフィンをしてけがをし、そのけがを理由に1カ月以上欠勤しています。この外国人労働者に休職を命じることは可能でしょうか。

☞ ここがポイント

① 　診断書の提出を命じ、本人のけがの程度や療養期間などを確認する。
② 　就業規則で休職に関する規定があればそれに基づき休職を命じる。
③ 　休職のルールが就業規則にない場合には、病気やけがの回復に長期間かかるなどの事情により、休職を命じることも考えられる。

1　休職の意義や期間など

(1)　休職の意義など

　休職は、一定の期間について会社の業務を休むことをいい、病気やけがにより就業できない場合や出向など業務の都合による休職などがあります。私傷病による休職については、事業主に責任はないものの、労働者を安全かつ健康的に労働させる義務（労働安全衛生法3条）や安全配慮義務（労働契約法5条）があり（Q30参照）、従業員が休職をすることにより、病気やけがの回復などが可能であるなどと事業主が判断した場合には、休職を命じるなどして状況を見守ることもあります。

(2)　休職の適用や休職期間など

(a)　休職の適用

　休職の理由は、一般的には就業規則に定めることが多く、「私傷病で1カ月以上勤務できない場合」や「会社の命令で出向する場合」などと定めることが多くあります。

264

(b) 休職期間の定め

休職期間についても、就業規則に定めることが多く「休職期間は6カ月」など一律に期間を定める場合や「勤続年数が3年未満の場合3カ月、勤続年数が3年以上10年未満の場合6カ月」など勤続年数に応じて定める場合もあります。

(c) 休職の規定が重要に

休職の注意点としては、「試用期間中の従業員へは適用しない」との記載がなければ、入社したばかりの従業員にも休職を認めることになり、また、休職期間を定めない場合には「休職期間が満了しても復職できない場合には退職とする」という事項が適用できないため、検討が必要と考えます。最近では、傷病の再発などへ対応するために「復職後6カ月以内に休職と同一又は類似の傷病で欠勤した場合には、その日数を休職期間に通算する」として、休職期間を累積して計算することを規定するケースもあり、規定内容の検討が重要です。

(3) ご質問のケース

(a) 休職を命じるかの判断

ご質問のケースは、まずは診断書の提出を命じ、本人のけがの程度や療養期間などを確認することが重要であり、そのうえで就業規則などの規定の内容を確認することになります。もしも、休職のルールを定めていない場合には、役員会などで休職を適用するかどうかの判断をすることも考えられます。

(b) 休職願いの提出か、休職命令を選択

そのうえで必要と判断した場合には、会社が休職を命じるか、あるいは本人から休職願いなどを提出させることが考えられます。できれば「休職願い」などを提出させ、その中に、「休職期間中に会社から状況の報告や新たな診断書の提出を求められた場合には、これに応じる」など報告義務を記載したうえで、提出させることがよいと考えます。

第9章 休職、退職・解雇をめぐる相談事例

(c) 傷病手当金などの申請

休職中の賃金については、一部の企業等で一定期間の保証をする場合があるものの、無給とする場合が多くあります。その場合には、社会保険の健康保険に傷病手当金（健康保険組合等では名称が異なる場合があります）という休業保証的な給付があります。休職期間中には生活費の確保などとしてこの制度を利用する場合が多くあり、支給要件を確認し、申請について検討することが重要です（Q47参照）。

2 休職に関する解雇をめぐる裁判例

(1) 長期の休職期間を理由として解雇が有効とされた裁判例

病気により会社を休職していた従業員が、1年8カ月近く休職をしても復職できないことを理由に、会社から「身体の障害により、業務に耐えられない」という就業規則の解雇事由に当たるとして解雇されたことに対して、解雇無効を主張した事件で、解雇予告には客観的に合理的な理由があり、解雇は有効と判断された裁判例（東京地裁平成25年10月4日判決・労判1085号50頁）があります。

(2) 休職期間満了後の解雇が有効とされた裁判例

病気により会社を休職していた従業員が、休職期間満了後も復帰できないことを理由に解雇されたことに対して、病気は業務に起因したパワー・ハラスメントなどで発症したものであり、解雇制限期間中の解雇に当たり無効であると主張した事件で、自律神経失調症やうつ病の発症時期や発症原因が明らかでないなどとして、解雇について違法な行為があったとは認められないと判断し、解雇を認めた裁判例（東京地裁平成26年2月7日判決・判例集未登載）があります。

（本間　邦弘）

266

Q55 労災で休職中の従業員の報告義務

Q55 労災で休職中の従業員の報告義務

外国人労働者が業務中にけがをして、労災保険の給付を受けて休職していますが、けがの状況が全くわかりません。報告を命じることはできるのでしょうか。

☞ **ここがポイント**

① 休職中でも、従業員として在籍していることに変わりはなく、報告を求めることができる。

② 状況の把握は、診断書の提出や状況の報告を書面で求めることなどにより、正しい情報を得ることが重要となる。

1 業務上のけがと補償

(1) 事業主の補償義務

労働者が業務上の事故が原因で、負傷したり疾病にかかったりした場合、使用者はその費用で必要な療養を行い、または必要な療養の費用を負担しなければならないとされています（労働基準法75条）。また、使用者は、労働者がその療養のため労働することができず賃金を受給しない場合には、平均賃金の6割の休業補償などがあり、また、治癒した場合において一定の障害が残る場合には障害補償、もしも死亡した場合においては一定の遺族に対して、平均賃金の1000日分の遺族補償を行わなければならないとされています（同法75条〜77条、79条）。

(2) 免責と労災からの給付

前記(1)にかかわらず、業務災害において労働者が重大な過失によって負傷したり疾病にかかった場合で、使用者が行政官庁の認定を受けた場合には、休業補償または障害補償を行わなくてもよいとされています。また、災害補償について労災保険から補償を受ける場合には、その範囲で使用者は、補償

267

第9章 休職、退職・解雇をめぐる相談事例

の責を免れることになります（労働基準法78条、84条）。

2 解雇の制限

(1) 解雇制限の期間

労働者が業務上負傷し、または疾病にかかり、療養のために休業する期間およびその後30日間は、解雇してはならないとされています（労働基準法19条1項）。これは、業務による傷病が原因であり使用者が労働者の生活を保護すべきこと、病気やけがを治療している期間に職を失っても就職が困難であることなどから定められています。

(2) 解雇制限が解かれる場合の例

「療養が終わる」のは、完全に治った場合だけでなく、治療をしてもそれ以上の症状の改善が見込めない状態（「症状固定」といい、治癒しているとみなされる）になることをいいます。症状固定については、医師が作成する治療記録や診断書などで判断することとなり、労基署ではそれらをもとに確認や判断を行います。

(3) 症状固定などの確認方法

労災保険の給付関係の通知状況などは、申請人にしか通知がいかないため、通常は、事業主が問い合わせても労基署では教えてくれません。そのため、労働者本人に確認することが重要になり、労災の支給申請書の内容を毎回確認したり、労基署からの給付に関する状況について、事業主に報告する旨を記載した書面を提出させるなどして、それに基づいて報告を受けることなどが考えられます。

3 ご質問のケース

(1) 報告の命令

ご質問のケースへの対応ですが、休職をしていても、この外国人労働者は従業員としての義務を負うことに変わりはなく、事業主から報告を求められ

268

た場合には、原則として報告する義務があります。また、電話での連絡やメール、住居の訪問などにより状況を確認することも可能と考えます。

(2) 報告しない場合には業務命令違反に

報告を求めても正当な理由なく応じない場合には、業務命令として報告を求め、それでも応じない場合には業務命令違反として、懲戒の対象となる場合もあります。ただし、けがの程度や精神的な状況などを勘案したうえで判断することが重要であり、慎重な対応をする必要があると考えます。

（本間　邦弘）

コラム9　労災で休んで、飲食店でこっそりアルバイト

飲食店Aで働く、外国人労働者のBさんが、仕事中に転倒してけがをしました。Bさんはあばら骨にひびが入り全治2週間と診断されましたが、その後に転倒したときに腰を痛めたとして、2カ月以上姿を現わしません。携帯電話にも出ず、住んでいる部屋に行っても不在であったことが続きました。A店では専門業者に依頼して、Bさんの素行を調べたところ、別の飲食店でこっそり働いていることが判明しました。A店の店長はBさんが働いている店に行き、Bさんに事情を糾したところ、すでに治療が終わっていることなどを認め、A店を退職することを約束したそうです。

第9章 休職、退職・解雇をめぐる相談事例

Q56 従業員からの突然の退職の申出と対応例

当社で正規従業員として働く外国人労働者が、突然2週間後に退職すると言い出しました。これは認めなければならないのでしょうか。

☞ ここがポイント

① 民法では14日前の申出で、労働契約が解除できるとの規定がある。
② 就業規則などで退職に関連する事項を明記することが重要。
③ 突然の退職などが原因で損害が生じた場合には、損害賠償の請求の可能性を明記するケースもある。

1 退職事由や退職の申出時期など

(1) 退職事由と任意退職

(a) 退職の種類など

退職とは、労働契約を終了（解除）させることであり、退職のほかに解雇があります。そして退職の種類には、主に次の5つがあげられます。[*18]

① 任意退職（労働者が労働契約の解除を申し入れ、原則として使用者が承認する合意解約）

② 契約期間満了（原則として、一定期間を定めた労働契約期間が満了した場合）

③ 定年（労働者が一定年齢に達した時に、労働契約が終了する制度による場合）

④ 死亡退職（労働者の死亡または死亡が法律などで類推される場合）

⑤ 休職期間満了（傷病や私的な事由により休職した労働者が復職できない場合）

(b) 任意退職の場合

任意退職は、前述のとおり労働者が使用者に労働契約の解除を申し入れ、その申入れを使用者が承認することですが、使用者がそれを承認しない場合も考えられます。

---

*18 退職か解雇かなどの退職理由は、就業規則の定めその他で判断します。

270

しかし、民法627条では、「当事者が雇用の期間を定めなかったときは、各当事者は、いつでも解約の申入れをすることができる。この場合において、雇用は、解約の申入れの日から2週間を経過することによって終了する」と規定しています。

(2) 就業規則への明記など

(a) 退職の申出の期間を明記

一般に就業規則には、「退職は1カ月以上前に申し出ること」など、民法の規定よりも長い期間を明記するケースが多くあります。急な退職の申出を使用者が拒否したい場合には、就業規則規定を根拠に申出の期間を遵守するよう伝えることができると考えますが、民法か就業規則のどちらを優先するかは、判例でも判断が分かれているようです。

(b) 引継ぎの完了や損害賠償の明記

重要な職務を担当している労働者が急に退職することで、会社などが損害を被る場合も考えられます。そのために、就業規則に損害賠償の事項を規定し、その事由に「引継ぎの未了などが原因で会社に損害を与えた場合」とするケースもあります。損害の賠償を請求するには、「引継ぎの未了等が原因で会社が損害を受けたこと」を会社側が証明することが基本となりますが、会社と労働者が話合いにより、双方にとってよりよい退職時期を模索するきっかけとなることもあると考えます。

(3) ご質問のケース

ご質問のケースは、外国人労働者が2週間後に退職すると言い出したとのことですが、前述の民法の定めからすれば、急な申出とはいえない可能性もあります。まずは、会社の就業規則や現在業務の状況などを確認して、話し合うことが重要と考えます。

271

第9章 休職、退職・解雇をめぐる相談事例

2 トラブルを防ぐための注意点

(1) 労働契約書等への明記

事業主と退職する労働者間の退職をめぐるトラブルとしては、退職事由や退職日をめぐる問題などさまざまな内容があります。したがって、会社は退職手続がトラブルなくスムーズに進むように、労働条件通知書や労働契約書、就業規則等に、退職申出の時期や方法、退職に際しての引継ぎ等を明確に定めることが重要と考えます。

(2) 退職の際の実務上の留意点

(a) 退職日と退職事由

退職願の提出から退職日まで相当な期間があるときに、もしも退職日までの期間について、従業員から未消化の年次有給休暇の請求があった場合には、原則として使用者はこれを拒むことはできません。この場合には、退職日の延期などを申し入れ、引継ぎを完了させたうえで、残りの有給を買い取ることも考えられます（Q33参照）。

(b) 退職までの引継ぎなども重要

退職時には、担当していた業務について必要な引継ぎを行うことも重要です。就業規則に「会社の指示に従って引継ぎを行うこと」や「引継ぎの確認を受けること」などを規定することにより、退職後に業務に支障が来すことのないようにすることも重要です。なお、退職後に会社のノウハウの流出防止や競業会社に就職することなどを考え、守秘義務に関する誓約書の提出をさせるケースもあります。

（本間　邦弘）

Q57 競業避止義務、退職後の守秘義務など

外国人労働者が当社を退職することになりましたが、次に入社予定の会社は当社と競合する会社であるらしいとの噂を聞きました。これは許されるのでしょうか。

☞ ここがポイント

① 職業選択の自由や起業の自由などについては守られているケースも多い。
② 競業避止を主張するには、誓約書等の提出で、秘密保持などの遵守の根拠をつくることが重要。
③ 裁判では、競業避止についてはさまざまな判断がなされており、有効な対策に関する判断は難しい。

1 競業避止義務

(1) 競業避止義務やその重要ポイントなど

(a) 競業避止義務の趣旨

競業避止義務とは、従業員が在職中または退職後に勤務する（していた）企業や事業所の経営などの利益に相反する行為を禁止することであり、業種や職種などにより、遵守すべき事項の内容は異なります。

(b) 対策の重要性

企業や事業所などにおいて、ノウハウや取引先、取引の内容など営業上の秘密、その他は重要な財産ともいえ、その情報の流出や人材の引抜きなどを防止することが求められています。

(2) 会社が行う対策など

(a) 基本的な対策

対策として次の4点などが考えられますが、公序良俗に反するとして無効とされないかなどを精査することが重要です。

① 服務規律および守秘義務に関する規定の整備

273

第9章 休職、退職・解雇をめぐる相談事例

② 守秘義務に関する誓約書などの提出

③ 研修や書面配布による教育や確認

④ 退職金の不支給または減額事由の検討・実施

　(b)　退職時が重要に

就業規則の規定や在職中の誓約書の提出などにより、在職中の遵守を義務づけることも重要です。また、在職時に比べて、退職の際には担当していた業務や取引先などをより具体的に特定することができますので、その内容を具体的に記載し、これを「秘密の保持に関する誓約書」などとして作成し、退職する従業員と確認することも重要と考えます。

ただし、退職後の予定などから従業員が署名などを拒否することもあるため、就業規則に退職の際には秘密保持義務を盛り込んだ誓約書を提出する義務があることなどを規定し、根拠とすることが考えられます。

(3)　ご質問のケースの対応例

　(a)　根拠の確認など

まずは、会社の就業規則や労働者の誓約書などの提出の有無を確認し、守秘義務や競業避止に関する定めなど、その内容がどのようなものかを確認し、退職する従業員に対してその遵守を主張できる根拠があるかの確認が重要です。もしも、誓約書などの提出があり、それに反した場合には、誓約書などの内容を守るよう求めることが考えられます。

　(b)　周囲や本人への確認

ご質問のケースはまだ噂の段階ですので、上司や同僚、取引先などで確実な情報をもつ人への確認や、場合によっては本人に話を聞くなど直接確認することも考えられます。

2　退職後の競業避止義務のポイントや裁判例

(1)　退職後の競業避止義務についての注意点

退職した労働者の「職業選択の自由」と「使用者の被る財産上の不利益」

とのバランスを考慮しながら、競業避止義務について誓約させることが重要です。例としては、次の事項を考慮して、労働契約書、就業規則、誓約書等を整備することも考えられます。

① 企業の営業や顧客などに関する情報（個人情報を含む）など、保護すべき企業の正当な利益の範囲
② 労働者の退職前の担当部署や地位
③ 競業を禁止される期間、場所的範囲、対象業務・職種、対象企業等
④ 退職後の同種・同業社への就職や起業など、利害が相反する行為
⑤ クライアントや関係者、自社関係者等との接触
⑥ 使用者による代償措置（退職金の減額など）の有無
⑦ その他必要な事項

(2) 退職後の秘密保持義務や競業避止義務などを争った裁判

以下では、秘密保持義務や、競業避止義務について争った裁判を紹介します。

(a) 退職後も秘密保持誓約書を有効とした裁判例

退職後も在職中に合意し、提出した秘密保持誓約書を有効とした裁判例があり（ダイオーズサービシーズ事件（東京地裁平成14年8月30日判決・労判838号32頁））、「退職後の秘密保持義務を広く容認するときは、労働者の職業選択又は営業の自由を不当に制限することになるけれども、（中略）労働契約終了後も一定の範囲で秘密保持義務を負担させる旨の合意は、その秘密の性質・範囲、価値、当事者（労働者）の退職前の地位に照らし、合理性が認められるときは、公序良俗に反せず無効とはいえない」としました。

(b) 退職後の同業の設立を不法行為に当たらないとした裁判

学習塾の講師8名が一斉に退職して新しい学習塾を設立した事案において、塾の講師や生徒の引抜きとされる行為の内容などは、社会的相当性を逸脱したとはいえず、在職中の引抜き行為などについても不法行為を認めるほどではないとして、原告である塾側からの損害賠償が認められませんでした（T

第9章　休職、退職・解雇をめぐる相談事例

教育機関事件（東京地裁平成5年8月25日判決・判時1497号86頁））。

(c)　自由競争の範囲を広く認めた裁判

産業用ロボットや金属工作機械部品の製造などを行う会社が、勤務していた営業担当者と現場作業担当者が退職後に同種の事業を設立したことにより、会社の売上げの大部分が減少したとして損害賠償請求をした事件で、自由競争の範囲を逸脱した違法なものとはいえないとしました（三佳テック事件（最高裁平成22年3月25日判決・労判1005号5頁））。

(d)　退職金の不支給が認められなかった裁判

会社を退職した元従業員が、退職直後に競業他社に就職したのは退職金不支給事由に当たるとして、会社が支払った退職金の返還を求めた事件で、同社の競業禁止条項は公序良俗に反するとして返還を認めませんでした（三田エンジニアリング事件（東京地裁平成21年11月9日判決・労判1005号21頁））。

(e)　在職中からの引抜き行為などにより、損害賠償が命じられた裁判

N社は国際会議の企画運営を行う会社であるが、在職中から競業会社の設立準備や従業員引抜き行為をしていて退職した元取締役等に対して、N社が違法行為によって会社の社会的・経済的信用が減少したとして損害賠償の請求を行ったところ、400万円の支払いを認めました（N社をめぐる事件（最高裁平成12年6月16日判決・労判784号16頁））。

(3)　裁判から学ぶ判断基準など

(a)　競業避止期間の問題

同種同業社への就職禁止期間は、職業選択の自由（憲法22条1項に規定された重要な権利）との関連等から、6カ月や1年、場合により2年も認められるケースがありますが、3年、5年などは制約が大きいと判断されることが多いようです。

(b)　債務不履行や違法性の判断基準（一例）

敗訴した会社では、競業避止義務や退職金不支給（一部または全額）の規定や誓約書の存在がないケースが多くみられ、請求すべき根拠が希薄であっ

276

たと考えます。この規定等に加え、顧客名簿の利用、価格情報の利用、勧誘の違法性、虚偽情報の流布等の背信性など、事実や悪質性の存在等が判断の基準となるようです。

(本間　邦弘)

第9章　休職、退職・解雇をめぐる相談事例

Q58　普通解雇はどのようなときにできるか

　当社で働く外国人労働者が、仕事でミスを繰り返しています。解雇したいと思いますが、どのようなことに気をつければよいでしょうか。

☞ ここがポイント

① 不当解雇とならないように注意が必要。
② ミスを注意することに加えて、改善の機会を与えるなどの対応も重要。
③ 解雇ではなく、勧奨退職という選択肢の検討も重要。

1　解　雇

(1)　解雇の種類

　解雇とは、退職とは異なり使用者から雇用契約を一方的に解除することであり、主に普通解雇、整理解雇（後記2(1)参照）、懲戒解雇（Q53参照）の3種類があります。普通解雇とは、労働者が労働契約で定められた内容が履行できないため、使用者から労働契約を終了させることといえます。一般的な事由として「労働能力不足」、「勤務成績不良」などがあり、ご質問のケースは普通解雇に該当するかが重要になります。

(2)　解雇の制限など

(a)　解雇権の濫用を禁止

　解雇は労働者に対する影響が大きいことから、多くの判例等により、客観的に合理的な理由がない解雇や、社会通念上相当と認められない解雇は、解雇権の濫用として無効（解雇権濫用法理）であるとされ、いわゆる「判例法理」として確立していました。その後、平成16（2004）年1月に解雇権濫用法理が労働基準法18条の2に明文化され、平成19（2007）年の労働契約法制定（平成20（2008）年3月施行）により、同法16条に同条文が移行されました。同条文では、「解雇は、客観的に合理的な理由を欠き、社会通念上相当であ

278

ると認められない場合は、その権利を濫用したものとして、無効とする」と規定しています。つまり、いつでも使用者側の意思で解雇が成立するわけではなく、根拠や事実などがなければ無効とされる可能性が高いことになります。

(b) 国籍などによる不利益取扱いとしての解雇の禁止

労働基準法3条では、使用者が労働者に対し、国籍・信条・社会的身分によって賃金、労働時間その他の労働条件について差別的取扱いを禁止しており、その中には解雇も含まれています。

(c) 解雇が制限される場合

女性労働者が産前6週間（多胎妊娠の場合は14週間）、産後8週間休業している期間およびその後30日間や、労働者が業務上の傷病で療養のために休養している期間およびその後30日間などは、原則として解雇できないことになっています（労働基準法19条）。

その他の禁止として、不当労働行為として、解雇の禁止（労働組合法7条1号・4号）や男女雇用機会均等法による解雇の禁止（6条4号）、また、法違反を監督官庁等に報告したことなどを理由として解雇するなども禁止されています（育児介護休業法52条の4第2項など、パートタイム労働法24条2項、25条2項、個別労働関係紛争の解決の促進に関する法律4条3項、公益通報者保護法3条など）。

(3) 解雇の手続

(a) 解雇予告

使用者は、労働者を解雇するときは、少なくとも30日前にその予告をしなければならず、もしも解雇予告をせずに、その日に解雇（即時解雇）をする場合は、不足している30日分以上の賃金（解雇予告手当）を支払うことになります。解雇予告除外認定については、Q53を参照ください。

(b) 解雇予告の例外

解雇予告が不要な例として、次のような場合があります。

第9章 休職、退職・解雇をめぐる相談事例

① 試用期間中の者で採用から14日以内（暦日）の場合や日雇労働者など

② 天災事変その他やむを得ない事由のために事業の継続が不可能となった場合

③ 労基署の解雇予告手当除外認定を受けた場合

　(c)　ご質問のケース

　ご質問のケースは、ミスの回数や内容、注意した回数やその内容、改善の機会を与えたかなど、これまでの経緯を確認することが重要です。もしもこれまで、口頭で注意しただけで突然解雇するような場合には、「解雇権の濫用」と指摘される可能性があります。法令違反や不当解雇と指摘されないように慎重に検討して判断することが重要と考えます。

2　整理解雇

(1)　整理解雇と4要件

　事業経営上の理由から人員削減することを「整理解雇」といいます。この整理解雇をする場合は、判例等から以下の4要件を満たすことが必要といわれています。以前は、4つの要件すべてを満たすことが必要だといわれていましたが、最近の裁判例では、あくまで解雇権の濫用に当たるかどうかを判断する際の考慮の「要素」であって、4つの要件すべてが揃うことが整理解雇の必要条件とまではならない、という説もあります。いずれにしてもこれらの要件を満たさない場合に整理解雇を行い無効とならないよう、十分考慮する必要があります。

【整理解雇の4要件】

① 人員削減の必要性

　経営上、人員削減の必要性が生じていること。

② 解雇回避の努力を尽くしたこと

　解雇を避けるため、配置転換や一時帰休、希望退職の募集などを講

じていること。

③　人選の合理性

整理解雇の対象者の人選基準について、客観的・合理的基準が明確にされていること。

④　手続の相当性

労働者に対して事前の説明、協議など誠実に対応したこと。

(2)　4要件を満たさなくても有効な場合も

整理解雇の4つの要件を満たさない場合でも、整理解雇の有効性が認められる場合があります。たとえば、急激な業績悪化で緊急の融資を受ける必要があり、人件費削減などが融資の条件となった場合に、解雇回避努力を行う時間的な余裕がない状況もあり、そのときに要件が省略されることもあり得ます。

（本間　邦弘）

第10章

税務・控除を
めぐる相談事例

第10章 税務・控除をめぐる相談事例

Q59 日本人労働者と源泉徴収方法の違いはあるか

外国人労働者を雇用するにあたり、給与から源泉徴収する所得税や住民税について、日本人労働者と違いはありますか。

☞ ここがポイント

① 原則としては、日本人と同じであり、違いはない。
② 日本に住所がない場合や、日本に来て1年以内の場合には日本人と異なる。
③ 在留期間の年数によっては課税範囲が異なる。

1 源泉所得税の課税方法

給与の支払いを受ける人が外国人労働者である場合には、その者が「居住者」に該当するか、「非居住者」に該当するかによって、徴収する方法が異なります。

(1) 原則

居住者の場合には、日本人と同じように源泉徴収事務を行います。その給与が主たる給与であれば扶養控除等申告書を提出してもらい、扶養家族等を確認したうえで、源泉徴収税額表の甲欄より税額を求め、源泉徴収します。また、その給与が従たる給与であれば、扶養控除等申告書の提出は必要なく、税額表の乙欄より税額を求め、源泉徴収します。

(2) 非居住者の場合

非居住者の場合、給与の金額から一律20.42％の源泉所得税を徴収することになります。

2 居住者の判定

(1) 居住者

居住者とは、日本国内に「住所」を有しているか、または現在まで引き続

284

き1年以上国内に「居所」を有する個人をいいます。

「住所」とは、その人の生活の本拠をいい、生活の本拠であるかどうかは客観的事実によって判定することとされています。したがって、その人の生活がそこを中心に営まれているかどうかで住所が決まります。

また「居所」とは、住所を有するまでには至らないものの、相当期間継続して住んでいる場所のことをいいます。具体的には、日本に働きに来た人が1年以上にわたり在留している場合には、居所を有する人となり、居住者に該当することになります。

(2) 非居住者

非居住者とは、居住者以外の個人をいいます。したがって、国内に住所または居所を全く有しない人が該当することになります。大まかないい方をすれば、在留期間が1年未満の人、ということになります。

(3) 住所の判定

日本国内に住所を有しているかどうかの客観的な事実については、下記に記載することを勘案して判断します。住民票をもっているかどうかで判断するわけではありません。

① その者が国内において、継続して1年以上居住することを必要とする職業についていること

② その者が日本の国籍を有しており、かつ、その者が国内において生計を一にする配偶者や親族がいて、職業の状況や有している資産の状況に照らし、その者が国内において継続して1年以上居住していると推測できる事実があること

3 課税される所得の範囲

日本で働く外国人労働者でその人の収入が給料のみと限定した場合には、その外国人労働者の収入は、①日本で働いて得る給料（国内源泉所得）と、②海外で支払われている給料（国外源泉所得）に分けることができます。外

第10章 税務・控除をめぐる相談事例

国人労働者がどこまで課税されるかは、下記〔表28〕区分によって異なります。

〔表28〕 外国人労働者の課税区分

居住者	永住者（※1）	国内と海外のすべての所得
	非永住者（※2）	国内で生じた所得のみ
非居住者		国内で生じた所得のみ

※1 永住者とは、居住者のうち、日本国籍を有している、または、過去10年間に日本に住所・居所を有していた期間の合計が5年超ある場合。

※2 非永住者とは、居住者のうち日本国籍を有さず、かつ過去10年間に日本に住所・居所を有していた期間の合計が5年以下である場合。

4 住民税

住民税は前年分の所得金額に応じて課税される税金であり、日本に来た年には課税されません。その外国人労働者が、その年の1月1日時点で、1年以上日本国内に生活を継続している居住者である場合には、住民税を納税する必要が生じます。

（西川　豪康）

Q60 外国人労働者の家族が海外にいても扶養控除が受けられるか

外国人の従業員が本国の家族に生活費を送金していますが、扶養控除の適用をしてよいでしょうか。

☞ ここがポイント

① 外国人労働者の家族が国外にいても、配偶者控除、扶養控除の適用は原則受けられる。

② 扶養控除が適用されるためには、ⓐ生計を一にしていることの証明、ⓑ送金の事実の確認ができることが必要。

1 扶養控除の要件

日本国内で居住している外国人労働者の扶養している配偶者や親族が、国外に在住している場合でも、次の要件を満たせば配偶者控除、扶養控除の適用を受けることができます。

---

① その者の配偶者や親族であること。

② 配偶者、扶養親族のいずれかの場合もその者と生計を一にすること。[19]

③ その配偶者または親族の合計所得金額が38万円以下であること。

---

2 必要書類

(1) 給与所得者の扶養控除等申告書・給与所得者の配偶者控除等申告書

申告書については、日本人と同じになります。

---

[19] 「生計を一にする」とは、必ずしも同一の家屋に起居することをいうものではなく、勤務の都合上、妻子等と別居している場合でも、生活費、学資金、療養費等を送金することにより、生活の資を共通にしている場合にはこれにあたるものとされています。

第10章　税務・控除をめぐる相談事例

(2)　親族関係書類

非居住者である親族が、その外国人労働者の親族であることを証明できるものとして、次の①および②が必要となります。

①　非居住者である親族のパスポート

②　その国の政府が発行した書類（戸籍謄本、出生証明書、婚姻証明書など）

また提出する書類には、その親族の氏名、生年月日、住所のすべてが記載されている必要があります。もし、1つの書類ですべてが記載されていない場合には、複数の書類を組み合わせて証明書類とすることになります。また、外国語で記載されている場合には、日本語の翻訳文が必要となります。

(3)　送金関係書類

外国人労働者が扶養控除等を受けようとする年において、非居住者である親族に生活費または教育費にあてるために支払いをした事実を証明する次に記載するような書類が必要となります。

①　金融機関が発行した非居住者の親族への支払いの事実を明らかにする書類

②　クレジットカード会社が発行した明細書で、非居住者の親族がカードを使用し、その代金をその外国人労働者が負担していることが明らかなもの

3　適用にあたっての留意点

(1)　適用の確認——会社側の責任

雇用者本人について、確定申告ではなく年末調整をする場合には、会社が本人から書類の提示を受けたうえで、その適用の可否について確認することが求められ、また関係書類を保管する義務があります。

(2)　送金関係書類の提示・確認

会社は、外国人労働者に対して、扶養控除等の適用を受ける年に行った送金のすべての書類を提示してもらい確認する必要があります。ただし、同一

288

の親族に対しての送金が年に3回以上ある場合には、その年の最初と最後の送金を証明する書類のみとすることができます。

(3) 親族ごとの送金関係書類

扶養控除の適用を受けようとする非居住者の親族が複数いる場合には、その親族ごとに送金関係書類が必要となります。したがって、配偶者に一括して家族全員が生活するための生活費を送金しているような場合には、その配偶者のみが適用を受けることができ、その他の親族は適用を受けることができません。

扶養控除対象者が複数いる場合には、あらかじめそれぞれに送金するようにしておく必要がありますので注意が必要になります。

（西川　豪康）

第11章

その他の相談事例

第11章　その他の相談事例

Q61 派遣社員を正規従業員とする場合の手続

当社で、3年前から派遣社員として受け入れている外国人労働者の
システムエンジニアを正規従業員として雇用したいと思っています。
派遣会社から費用などの請求はあるでしょうか。また、平成27（2015）
年の労働者派遣法の改正ポイントも教えてください。

☞ ここがポイント

① 派遣会社の社員を正規従業員とする場合に支払いが発生するかは、原則と
して派遣契約の内容による。
② 労働者派遣法の平成27（2015）年改正により、派遣先への優先雇用が努力
義務とされ、派遣社員の派遣先での正規雇用は、国の推奨事項ともいえる。
③ 派遣社員についても、同一労働同一賃金に関するガイドラインが公表され
ており、注意が必要となる。

1 労働者派遣と請負や出向の違い

(1) 労働者派遣とは

(a) 労働者派遣の基本

労働者派遣は、労働者を「他人の指揮命令を受けて、当該他人のために労
働させること」をいいます。他人の指揮命令とは、派遣された従業員が派遣
先の担当者等から直接労働に関する指示等を受けて、派遣先の企業等のため
に業務を行うことなどをいいます。

(b) 労働者派遣が禁止されている業務

労働者派遣は原則どのような業務でも行うことができますが、下記の業務
については、労働者派遣を行うことは禁止されています（労働者派遣法4条
1項）。

① 建設の業務

② 港湾運送の業務

292

③ 警備の業務

④ 医療関連の業務（例外あり）

⑤ 人事労務管理に関する業務（業務に限定あり）

⑥ 弁護士、税理士、社会保険労務士など一定の専門業務（一部に例外あり）

(2) **請負や出向との違い**

(a) **派遣と請負（業務委託）の違い**

派遣は派遣先の従業員から指揮命令を受けて労働に従事するのに対して、請負（業務委託）は請け負った事業者が注文主から独立して労働者に対する業務指示や労務管理を行うことが、大きな違いになります。派遣か請負かの区別は、「労働者派遣事業と請負により行われる事業との区分に関する基準」（昭和61年4月17日労働省告示第37号）に示されています。

(b) **派遣と出向（在籍出向）との違い**

在籍型出向については、「在籍型出向の労働者は、出向先と出向元の双方と労働契約関係をもち、出向先と出向元は労働者について、労基法や使用者としての責任もその範囲内で行われる」（昭和61年6月6日基発第333号、労働基準法解釈例規）とされています。派遣と在籍型出向は、雇用関係がそれぞれ派遣元や出向元にある点では似ていますが、在籍型出向は会社間の業務委託契約に基づいて行われ、派遣は会社間の派遣契約に基づいて行われる点が異なります。出向には、「移籍型出向」として、出向労働者の雇用契約関係も出向先に移し、雇用関係にある出向先の指揮命令のもとに労働させるものがあります。出向は、企業グループ内の人事交流などとして行われることも多いものの、本来の目的から逸脱して単に人出不足を補うために、業として労働力を提供しているなどの判断がなされ、職業安定法44条で禁止されている「労働者供給事業」と指摘されることのないように注意が必要です。

(3) **ご質問のケース**

ご質問のケースですが、派遣社員を受け入れている会社が、派遣社員を正規従業員とする場合には、手数料等の支払いを求められることがあります。

第11章　その他の相談事例

手数料等の支払いの有無や金額などについては、派遣基本契約や派遣契約になどに定められることが多くありますので、契約内容の確認が必要です。派遣社員を派遣先が正規雇用することについては、派遣会社からすればせっかく自社で募集し教育した社員が、他社に移籍することになりダメージになるとも考えられますが、労働者派遣法改正（後記２参照）により派遣社員について派遣先の会社が正規雇用することは努力義務とされており、正規従業員化は法の趣旨や国の施策に沿ったものであると考えます。

2　平成27（2015）年の労働者派遣法改正など

平成27（2015）年に労働者派遣法が改正されました。改正の主なポイントは次のとおりです。

(1)　派遣業の許可制への統一

これまで、派遣会社が正社員として雇用した社員を派遣する「一般労働者派遣」については原則認可制とされていたものを、登録した社員を派遣する「特定労働者派遣」と同様に許可制とすることになり、これにより許可の取消しが可能になりました。さらに、許可要件にキャリア形成支援制度を有することなども追加されました。

(2)　派遣労働者に関する雇用安定とキャリアアップ

派遣元に、派遣労働者に対する計画的な教育訓練や、希望者へのキャリア・コンサルティング、派遣期間終了時の派遣労働者の雇用安定措置などを義務としました。また、派遣先には、事業所における正規従業員等に関する情報提供（賃金や募集など）を義務とし、派遣社員の優先雇用や派遣元の求めに応じて派遣労働者の職務遂行状況などの情報を提供すること、その他を努力義務としました。

(3)　わかりやすい派遣期間制限への見直し

派遣先の同一の事業所に対し派遣できる期間は原則３年が限度となりました（派遣先が３年を超えて派遣を受け入れようとする場合には、派遣先事業所の

過半数労働組合等への意見聴取が必要）。国としては、派遣という不安定とも
いえる雇用形態から正規雇用への転換により、安定した雇用へ移行すること
を推し進めています。

(4) 同一労働同一賃金

同一労働同一賃金は、正規雇用労働者（無期雇用フルタイム労働者）と非正
規雇用労働者（有期雇用労働者、パートタイム労働者、派遣労働者）の間の不
合理な待遇差の解消を非正規労働者の不合理な待遇差の解消を目指すものと
され、平成28（2016）年12月に「同一労働同一賃金ガイドライン案」が策定
されました。

その後に正式なガイドラインとして公表され、さらに平成30（2018）年10
月には「同一労働同一賃金に関する指針」が厚生労働省から示されました。
これらの中で、基本給や賞与、諸手当、福利厚生等について、考え方などが
示されています。

(5) 派遣労働者も対象に

同ガイドラインや指針は、派遣労働者についても対象としており、「派遣
元事業者は派遣先の労働者と職務内容、職務内容・配置の変更範囲等が同一
である派遣労働者に対し、その派遣先の労働者と同一の賃金の支給、福利厚
生、教育訓練等、適切な措置をする。また職務内容、職務内容・配置の変更
範囲等に一定の違いがある場合、その相違に応じた賃金の支給、福利厚生、
教育訓練の実施をしなければならない」としています。

現在、厚生労働省のホームページでは、派遣労働者に関する同一労働同一
賃金について考え方、その他が公表されており、今後ますます適切な対応が
求められます。

（本間　邦弘）

第11章　その他の相談事例

Q62　工場の作業員を個人事業主とした場合のリスク

　当社では、工場の作業員の募集にあたり、契約社員と個人事業主の2種類から本人に選択してもらい契約しています。個人事業主として契約した外国人労働者から、これは違法であると指摘されました。何が問題なのでしょうか。

☞ ここがポイント

① 工場の作業員は、雇用が原則となるため、個人事業主にならない。
② 個人事業主として認められるには要件があり、契約上ではなく実態で判断される。
③ 社会保険逃れや解雇などのトラブル回避に悪用していると指摘された場合には、さまざまなトラブルの要因となる。

1　請負（個人事業主）をめぐる問題など

(1)　正確な知識をもつことが重要

(a)　理解不足はトラブルの要因

　企業は、事業を運営するために、自ら雇用契約（労働契約）に基づいて雇用する労働者のみならず、「業務請負」「派遣」等、さまざまな外部の労働力を活用しています。そして、それぞれの形態により業務の遂行や労務の提供方法などが異なることになります。しかし、法令上の定義などの理解があやふやな状態のまま、本来は雇用とすべきであるのに、契約の形式だけを請負（委託）などとして、個人事業主としているケースも多くみられます。

　厚生労働省では、「労働省派遣事業と請負により行われる事業との区分に関する基準」（昭和61年4月17日労働省告示第37号）を定め、実態に照らして判断することなどを示しています。

(b)　個人事業主の要件など

　個人事業主には基本的な要件があり、①業務の一定の専門性をもち、業務

296

遂行や時間を自己の裁量で行うこと、②交通費や諸経費の負担、③個人業としての課税など税法上の処理、④委託契約書等の締結、などがあります。雇用か個人事業主かは、その人の業務内容や遂行の実態等で判断しますので、形式だけの個人事業主では認められません。個人事業主とは「いつまでに、これこれの仕事をやってほしい」という形で仕事を受けることが一般的であり、発注元や就業の場所において仕事の指示や労働時間管理などを受けることは、原則としてありません。ところが、実態は雇用や労働者派遣などであるのに、請負という形だけをとった「偽装請負」あるいは「違法派遣」と考えられるものがあり、さまざまなトラブルになっています。

(c) 偽って雇用を請負（個人事業主）とする理由

アルバイトや契約社員として雇い入れた場合には、年次有給休暇などの権利が発生し、時間外労働への割増賃金の支払義務も生じます。また、労働時間や日数などにより社会保険（労災保険、雇用保険、健康保険、厚生年金）の加入義務も生じます。さらに雇用において、事業主側が契約を解除する場合には解雇となり、解雇予告手当の発生や解雇そのものの正当性が問われたりすることがあります（Q58参照）。そのため、個人事業主として契約することにより雇用で発生する義務を逃れようという動きがみられるのも事実です。

(2) ご質問のケース

(a) 実態の確認と法令への適合性を

ご質問のケースでは、作業員を募集するのであれば、雇用が本来の形式であると考えます。まずは、外国人労働者の業務実態を確認し、雇用か個人事業主のいずれが法律に適合しているかを判断することが重要です。応募した人が個人事業主を選択するのは、内容を理解したわけではなく、社会保険料の自己負担がなく手取金額が多くなるなどの理由から希望するケースも多くあり、会社としては、コンプライアンス上からも本来の形式をとるべきと考えます。

第11章　その他の相談事例

(b)　労災保険の適用がなされないデメリットも

原則として個人事業主は労災保険の加入ができないため、工場に向かう途中や工場内で業務を行っているときに、万が一けがなどをしても労災保険の適用を受けられない可能性があります。雇用であれば受けられるはずの労災保険の給付が受けられないという問題が起きないようにすることも重要です。

(c)　必要に応じて契約の変更を

これまで述べてきたように実態に即して契約を締結することが重要であり、その結果、個人事業主としての契約を本来のアルバイトや契約社員などに変更することも必要と考えます。

2　トラブル例と裁判例

以下では、偽装請負が問題となった事例と裁判例を紹介します。

(1)　業務委託契約が雇用であるとして解雇予告手当等を請求された事例

A 社は、大手の電子部品製造工場内で、製造作業の一部を請け負っており、そこで作業を行う B さんは個人事業主として契約して 3 年ほど働いています。作業は、A 社の部門長が取り仕切り、業務時間や休憩時間は工場全体が同じ時間でとっています。ある日、B さんは部門長に呼ばれ、受注量が大幅に減るので今月末で契約を解除すると通告されました。B さんは専門家に相談し、実態は雇用であり個人事業主ではないとの判断を受け、解雇予告手当や残業代、年次有給休暇の買取りなど約70万円を請求しました。A 社は、当初は「個人事業主としての契約に問題はない」としていましたが、同じ工場には他に同様の契約をしていた人が約20人いたため、問題が大きくなることを避けたかったのか、全額を払うことで解決に至りました。

(2)　業務委託契約を否定し、雇用と認定した裁判例

派遣業の許可を有しない会社にパートタイマーとして雇用され、業務委託契約に基づき、親会社にて研磨作業・バルブ組立作業に従事したものの、契約を解除されたため、実質的には親会社から直接作業上の指揮命令を受けて

298

労務に従事しており、業務委託契約ではないなどとして提訴し、裁判所が労働契約上の権利を有する地位にあると判断し、会社からの契約解除を無効とした事件（ナブテスコ事件（神戸地裁明石支部平成17年7月22日判決・労判901号21頁））があります。

（本間　邦弘）

第11章　その他の相談事例

Q63　従業員が起こした交通事故と使用者責任

　当社で勤務する外国人労働者が、営業活動中に会社の車を運転し、歩行者の女性を轢いてけがをさせてしまいました。本人の責任や会社の責任について教えてください。

☞ ここがポイント

① 　使用者責任は、従業員が会社の業務中に、他人へ損害を生じさせた場合などに問題となる。
② 　業務外でも従業員が起こした事故についても、使用者責任が生じる場合がある。
③ 　加害者である社員自身も、民事・行政・刑事の3つの責任を問われる可能性が生じる。

1　使用者責任と範囲など

(1)　会社（使用者）の責任

(a)　民法の定め

　民法715条では、「ある事業のために他人を使用する者は、被用者がその事業の執行について第三者に加えた損害を賠償する責任を負う」と使用者の責任を規定しています。

　使用者責任が成立するためには、以下の要件が必要となります。

① 　ある事業のために他人を使用していること

② 　被用者に不法行為責任が成立すること

③ 　その不法行為が「その事業の執行について」行われたものであること

④ 　使用者が、社員の選任およびその事業の監督について相当の注意をしたとき、または相当の注意をしても損害が生ずべきでないこと

(b)　その他の定め

　道路交通法74条では車両等の使用者の義務が規定されており、自動車損害

300

賠償保障法3条では、社員が会社の所有する車で事故を起こし損害を与えた場合には、原則的に運行供用者として損害賠償責任を負うとされています（趣旨、免責など例外もあり）。

(2) 加害者である社員の責任

社員が故意または過失により第三者に損害を与えた場合には、社員自身が損害賠償責任を負うことになります（民法709条、不法行為責任）。このため、交通事故の被害者は、原則として加害者に対して損害賠償を請求することが可能になり、社員は被害者から民事上の損害賠償を請求されることになると考えます。

その他に、運転免許の停止など行政上の責任や、相手にけがをさせた刑事上の責任が問われる可能性が生じます。

(3) ご質問のケース

(a) 事故状況などの確認

まずは事故の状況を確認するために、本人や上司などから次のようなことを聞き取ることが考えられます。

① 事故発生状況：発生した日時や場所、発生した状況など

② 相手について：氏名、職業、けがの程度、年齢、問合せ等に対応してくれる人など

③ 社員について：事故当時の業務内容、これまでの事故歴の有無、その他

(b) 会社としての対応を検討

被害の程度にもよりますが、状況がわかった段階、あるいは、なかなか状況がわからない場合でも、従業員本人から専門家に相談をさせたり、会社の担当者が専門家へ相談することにより、安心して対応できることにつながると考えます。

(c) 今後の会社の対応など

会社としては、今回の事故への対応だけでなく、事故の再発防止などへの

第11章 その他の相談事例

対応も検討する必要があります。具体的には以下のようなことが考えられます。

① 事故情報の共有を行い、注意喚起や原因の追求、再発防止策の検討、実施

② 車輌管理に関する規程等の作成や改訂の検討として、会社の車輌の使用状況など、実態に合った内容の車輌運行規程などを作成し、管理や遵守義務などをルールとして定めること

③ 運転者への定期的な講習や研修などの実施を行い、業務で車輌を運転する社員に対して、交通法規だけでなく会社の使用者責任や懲戒の適用など事故を起こした場合の一連の問題を学ぶようにすること

2 使用者責任をめぐる裁判例

以下に、従業員が起こした交通事故について、会社の使用者責任について問われた裁判例を紹介します。

(1) 運送会社に損害賠償が命じられた裁判例

運送会社の従業員が、業務で事業用の普通乗用自動車を運転中に自転車と衝突し、被害者が傷害を負い、後遺障害が残るなどしたため、加害車輌を所有する会社に損害賠償を求めた事件で、裁判所が民法715条、自動車損害賠償保障法3条に基づき、会社の責任を認め損害賠償金の支払いを命じました（東京地裁平成25年12月26日判決・自保ジャーナル1917号124頁）。

(2) 会社の責任がないとされた裁判例

会社の従業員が、勤務終了後に帰宅のため自己所有の自動車を運転中に、当時小学校2年生の男児を轢いてしまい、その男児に後遺障害が残ったとして、被害者側が会社に自動車損害賠償保障法3条による責任があるとして損害賠償を請求した事件で、裁判所が、会社は自家用車による通勤を禁止しており、社員は自己の便宜のために会社とは無関係に通勤に使用したものであり、事業の執行に関係がなく会社に運行支配および運行利益が認められない

として、会社の責任を否定しました（東京地裁平成8年5月9日判決・交民集29巻3号695頁）。会社としても、使用者責任について留意する必要があります。

（本間　邦弘）

第11章　その他の相談事例

Q64　労基署の調査と行政指導への対応

　当社は外資系の会社ですが、1カ月前に労基署の調査があり、出勤時間が始業時間より早いことや賃金規程の記載不足、管理監督者の見直しなどを指摘されました。従わなければならないのでしょうか。

☞ ここがポイント

① 　労基署は、行政指導の権限をもち、指導を無視するなど悪質とみなされた場合には書類送検されることがある。
② 　管理職の定義は厳しく、管理職に当たらないとの指摘も多くなっている。
③ 　時間外労働手当の算出方法の誤りなどにより賃金の未払いがあった場合には、遡及して支払いを命じられることもある。
④ 　働き方改革関連法の実施により、労働者の労働時間把握が事業主の義務になった。

1　行政指導の種類

(1)　是正命令と指導票での指摘

　労基署が調査を行い、改善などを命じることを行政指導といい、これには大きく2つあります。1つは法律に違反しているとして指摘される「是正命令」であり、もう1つは明確に法違反とはいえないまでも改善するよう求められる「指導票」であり、いずれも改善の期限を指定され、改善結果の報告を求められます。

(2)　報告しない場合などには罰則が

　行政指導により報告を求められても、これを何度も無視して報告しない場合や虚偽の報告を行った場合には、30万円以下の罰金という罰則が規定され（労働基準法101条、120条）、実際に法人や代表者が書類送検され罰金に処せられた例も多くあります。

304

2 最近の労務関係の調査

(1) 調査の実例

(a) 最近はアポなしの調査も

労基署の調査は、発足当初は抜き打ち的なもの、いわゆるアポなしが基本であったようですが、会社担当者の不在や資料が揃わないことがあるなどから、事前に通知を送り訪問や来署（呼出し監督）の日時を指定するようになったようです。しかし、数年前から、またアポなしで訪問し調査（臨検）を行うケースも多くなっています（労働基準法101条1項など）。

(b) 臨検を受けた例

平成29（2017）年1月に臨検があった会社では、タイムカードや賃金台帳、就業規則、健康診断記録、36協定などが確認され、時間外労働の有無や過重労働の有無、時間外手当などの適正な支払い、健康診断の実施や問題が見つかった人への会社の対応、管理監督者の定義や実態などについて確認がなされ問題とされた事項について改善を指導され、結果の報告を命じられました。

(2) 調査と指摘、報告内容の例

ある会社（建設業）では、主に次の3点について行政指導がありました。

① 労働時間関係

② 管理監督者の実態

③ 賃金規程の内容

①については、始業時間より1時間以上早くタイムカードを打刻しているケースがあったため、実際の労働は何時から行っているか、事実関係の調査と報告を命じられました。

【報告内容】 本人に聞取り調査を行い、電車が混むのが嫌なので早く出社しているが、勤務は始業時間からであることを確認し、報告。

305

第11章　その他の相談事例

②については、課長以上を管理監督者としていたところ、労基署から管理監督者とは、経営者と一体になって運営する者であり、労働時間の裁量性や人事権、予算の執行権などのうち一定の権限を有することが必要であるなどとして、見直しを行うよう命じられました。

> 【報告内容】　A社は建設業であり、課長は各現場の管理責任者として、勤務時間は原則として自由であり、担当する現場の予算執行権をもつため、管理職に当たると報告。

③については、10年前に作成した賃金規程の内容が、実際の賃金の支給項目と異なるものとなっており、現状に即した規定に修正したうえで提出し、報告するよう命じられました。

> 【報告内容】　資格手当の金額が異なっており、さらに調整手当が実際に支払われているのに、賃金規程に明記されていなかったため、現状に即した内容に修正して報告。

3　ご質問のケースへの対応

前述のとおり、行政指導を無視することには大きなリスクがあり、また労働基準監督官は司法警察官としての権限があり、労働基準法違反や労働安全衛生法違反等の捜査を行い、検察に送致できるなど、刑法犯等に関する警察署とほぼ同じ権限（労働基準法101条1項、102条）を有しています。会社としても、コンプライアンスの点からも問題が生じる可能性もありますので、基本的には今回の指導に従い改善して報告することが重要になります。

また、働き方改革関連法の実施に伴い、労基署のチェックも厳しくなることが予測されます。 （本間　邦弘）

Q65 「あっせん」の申立てと対応

当社を退職した外国人労働者が、個別労働紛争調整委員会に、不当に退職を迫られたもので無効である、と「あっせん」を申し立てました。「あっせん」やその対応などを教えてください。

☞ ここがポイント

① あっせんは、個別の労働紛争について、裁判前に労使双方が話合いで解決する制度である。
② あっせんの種類にはさまざまあるが、個別労働紛争調整委員会のあっせんは、都道府県労働局で行われることが多い。
③ あっせんは、参加を強制される性格のものではなく、ペナルティもない。
④ あっせんは、社会保険労務士会や弁護士会、その他の機関で行われることもある。

1 労働紛争の主な解決手段

(1) 個別紛争と集団紛争など

労働紛争には、解雇に関するトラブルなど使用者と労働者の個別的な関係での紛争である「個別紛争」と、ストライキなど労働組合がかかわる紛争である「集団紛争」があります。また、解雇の有効性など、法律や労働契約等で決められた権利や義務が対象となる紛争を「権利紛争」といい、賃上げの是非や金額など労・使において有する権利義務にかかわらない内容等に関する紛争を「利益紛争」と呼ぶなどさまざまな区分があります。

(2) 「あっせん」は個別の労働紛争に関する制度

平成13（2001）年より個別労働紛争の未然防止や迅速な解決を促進することを目的として「個別労働関係紛争の解決の促進に関する法律」が制定され、労働局において次の3つの事業を行うことが規定されました。

① 総合労働相談コーナーにおける情報提供・相談

307

第11章　その他の相談事例

② 都道府県労働局長による助言・指導

③ 紛争調整委員会による「あっせん」

そして③の「あっせん」は、労働局に設置された、「労働局紛争調整委員会」が行うこととなっています。

2 「あっせん」の内容とご質問のケースへの対応など

(1) 労働紛争調整委員会の「あっせん」

(a) 「あっせん」とは

「あっせん」は、労働局から委任を受けた紛争調整委員会が行うもので、ADR（裁判外紛争解決システム）の1つです。ADRとは裁判になる前に、話合いにより紛争の解決を図るものであり、同委員会の「あっせん」では、労働問題に関する分野におけるものに限られています。

(b) 対象事由など

前述のとおり、紛争調整委員会による「あっせん」の対象は、労働問題に関する紛争が対象となりますが、具体的には、解雇、雇止め、配置転換・出向、昇進・昇格、労働条件の不利益変更等、労働条件に関する紛争、いじめ・嫌がらせ（なお、セクハラは雇用均等室の調停になります）等職場の環境に関する紛争などがあります。

対象とならない紛争には、募集・採用に関する紛争、裁判所で係争中や民事調定中の案件や、すでに他の労働局で扱っている案件、終了した案件、労働関係調整法における会社と労働組合との間の労働争議に当たる紛争などがあります。

(c) 外国人労働者からの相談やあっせん申立ての増加

紛争調整委員会では、数年前から外国人労働者からの相談が急増し、あっせんを申し立てるケースも増加しているということです。2019年4月からの新たな在留資格の新設による受入れ拡大により、ますます増加することが予測されます。

308

(2) ご質問のケース

(a) 対応の決定

ご質問のケースは「あっせん」に関する通知が会社に届いたとのことですので、まず「あっせん」に応じるか応じないかを決める必要があります。「あっせん」への参加は強制ではなく、また不参加によるペナルティーもありません。しかし、「あっせん」への参加または不参加の判断は、どちらの選択が早期解決を図れるか、もしも裁判になった場合にどう影響するかなど、多角的に検討することが重要です。

(b) 金銭解決が主体

「あっせん」は、話合いによる解決であり、金銭での解決を目指すことが多いため、会社として金銭解決もやむなしとの判断があれば参加して解決を図るのも1つの方法です。ただし、「あっせん」が不調に終わり、裁判になった場合などには、「あっせん」での話合いの内容について証拠申請があれば、提出されることになりますので、注意が必要です。

(3) 「あっせん」の流れ

「あっせん」の流れについては次頁〈図5〉で紹介していますので、参考にしてください。

第11章　その他の相談事例

〈図5〉「あっせん」の流れ（紛争調整委員会の例）

① 申請人が、都道府県労働局など所定窓口へ、「あっせん」の申請書を提出し、申請書が受理される。

↓

② 都道府県労働局長が、紛争調整委員会に「あっせん」を委任する。

↓

③ 「あっせん」の申請内容が、相手方（被申請人）へ送達される。

↓

④ 被申請人が、「あっせん」の参加・不参加を決定。
　　※同委員会事務局が、被申請人に意思確認を行う場合もある。
　　　a　不参加であればあっせんは終了
　　　b　参加の場合には⑤へ進む

↓

⑤ 「あっせん」期日（「あっせん」が行われる日）が決定され、双方に通知される。
　　※同委員会事務局が、調整を行うことになる。
　　※被申請人には、申請人の申請の趣旨や請求内容などが「あっせん」通知書と一緒に送付される。
　　※申請人が非開示を希望した場合には、詳しい内容が開示されないこともある。

↓

⑥ 「あっせん」期日までに、原則として被申請人が回答を提出。
　　※当日に提出する場合もある。

↓

⑦ 「あっせん」当日、「あっせん」委員のもとあっせんが進行される。
　　a　双方の主張が折り合い、和解した場合　→　和解契約書を締結して終了
　　　※この場合には民法上の和解契約の効力が生じる。
　　b　双方の主張が折り合わない場合　→　あっせん不調で終了
　　　※この場合には裁判などへ移行するケースもあり。

（本間　邦弘）

資　料

外国人労働者の雇用管理の改善に関して事業主が適切に対処するための指針（要約）

資　料

外国人労働者の雇用管理の改善等に関して事業主が適切に対処するための指針（厚生労働省告示第276号）──【重要な内容のまとめ】

第一　趣　旨

　この指針は、雇用対策法第8条に定める事項に関し、事業主が適切に対処することができるよう、事業主が講ずべき必要な措置について定めたものである。

第二　外国人労働者の雇用管理の改善等に関して必要な措置の基本的考え方

　事業主は、外国人労働者について、雇用対策法、職業安定法、労働者派遣法、雇用保険法、労働基準法、最低賃金法、労働安全衛生法、労働者災害補償保険法、健康保険法、厚生年金保険法等の労働関係法令および社会保険関係法令を遵守するとともに、外国人労働者が適正な労働条件および安全衛生を確保しながら、在留資格の範囲内でその有する能力を有効に発揮しつつ就労できる環境が確保されるよう、この指針で定める事項について、適切な措置を講ずるべきである。

第三　外国人労働者の定義

　この指針において「外国人」とは、日本国籍を有しない者をいい、特別永住者並びに在留資格が「外交」および「公用」の者を除くものとする。また、「外国人労働者」とは、外国人の労働者をいい、技能実習生も含まれる。

第四　外国人労働者の雇用管理の改善等に関して事業主が講ずべき必要な措置

一　外国人労働者の募集および採用の適正化

1　募　集

　事業主は、労働条件を明らかにした書面の交付または当該外国人が希望する場合における電子メールの送信のいずれかの方法により、明示すること。特に、募集に応じ労働者になろうとする外国人が国外に居住している場合にあっては、来日後に、募集条件に係る相互の理解の齟齬等から労使間のトラブル等が生じることのないよう、事業主による渡航費用の負担、住居の確保等の募集条件の詳細について、あらかじめ明確にするよう努めること。

　事業主は、国外に居住する外国人労働者のあっせんを受ける場合には、職業安定法の定めるところにより、無料の職業紹介事業を行う地方公共団体または職業紹介事業の許可を受けている者もしくは届出を行っている「職業紹介事業者等」から受けるものとし、職業安定法または労働者派遣法に違反する者からは外国人労働者のあっせんを受けないこと。また、申込みを行うにあたり、国籍による条件を付すなど差別的取扱いをしないよう十分留意すること。

2　採　用

　事業主は、在留資格上、従事することが認められる者であることを確認することとし、従事することが認められない者については、採用してはならないこと。

　事業主は、外国人労働者について、在留資格の範囲内で、外国人労働者がその有する能力を有効に発揮できるよう、公平な採用選考に努めること。特に、永住者、定住者等その身分に基づき在留する外国人に関しては、その活動内容に制限がないことに留意すること。

　また、新規学卒者等を採用する際、留学生であることを理由として、その対象から

資　料

除外することのないようにするとともに、異なる教育、文化等を背景とした発想が期待できる留学生の採用により、企業の活性化・国際化を図るためには、留学生向けの募集・採用を行うことも効果的であることに留意すること。

二　適正な労働条件の確保

　1　均等待遇

　　事業主は、労働者の国籍を理由として、賃金、労働時間その他の労働条件について、差別的取扱いをしてはならないこと。

　2　労働条件の明示

　　書面の交付や賃金に関する説明など

　3　適正な労働時間の管理

　　事業主は、法定労働時間の遵守、週休日の確保をはじめ適正な労働時間管理を行うこと。

　4　労働基準法等関係法令の周知

　5　労働者名簿等の調製

　　事業主は、労働基準法の定めるところにより労働者名簿および賃金台帳を調製すること。その際には、外国人労働者について、家族の住所その他の緊急時における連絡先を把握しておくよう努めること。

　6　金品の返還等

　　事業主は、外国人労働者の旅券等を保管しないようにすること。また、外国人労働者が退職する際には、労働基準法の定めるところにより当該外国人労働者の権利に属する金品を返還すること。また、返還の請求から7日以内に外国人労働者が出国する場合には、出国前に返還すること。

三　安全衛生の確保

　1　安全衛生教育の実施

　2　労働災害防止のための日本語教育等の実施

　　事業主は、外国人労働者が労働災害防止のための指示等を理解することができるようにするため必要な日本語および基本的な合図等を習得させるよう努めること。

　3　労働災害防止に関する標識、掲示等

　4　健康診断の実施等

四　雇用保険、労災保険、健康保険および厚生年金保険の適用

　　事業主は、外国人労働者に対し、雇用保険、労災保険、健康保険および厚生年金保険に係る法令の内容および保険給付に係る請求手続等について、雇入れ時に外国人労働者が理解できるよう説明を行うこと等により周知に努めること。また、労働・社会保険に係る法令の定めるところに従い、被保険者に該当する外国人労働者に係る適用手続等必要な手続をとること。

五　適切な人事管理、教育訓練、福利厚生等

　1　適切な人事管理

　2　生活指導等

　3　教育訓練の実施等

313

資　料

　　4　福利厚生施設
　　5　帰国および在留資格の変更等の援助
　　6　労働者派遣または請負を行う事業主に係る留意事項
　　　労働者派遣の形態で外国人労働者を就業させる事業主にあっては、労働者派遣法の
　定めるところに従い、適正な事業運営を行うこと。また、派遣先は、労働者派遣事業
　の許可を受けていない者または届出を行っていない者からは外国人労働者に係る労働
　者派遣を受けないこと。
　　　請負を行う事業主にあっては、請負契約の名目で実質的に労働者供給事業または労
　働者派遣事業を行うことのないよう、職業安定法および労働者派遣法を遵守すること。
六　解雇の予防および再就職の援助
第五　外国人労働者の雇用状況の届出
　事業主は、新たに外国人労働者を雇い入れた場合もしくはその雇用する外国人労働者が
離職した場合には、当該外国人労働者の氏名、在留資格、在留期間等について確認し、当
該事項を当該事業主の事業所の所在地を管轄する公共職業安定所の長に届け出ること。
　一　確認し、届け出るべき事項
　　・雇用保険被保険者資格を有する外国人労働者について
　　　氏名、在留資格、在留期間、生年月日、性別、国籍の属する国のほか、職種、賃
　　金、住所等の雇用保険被保険者資格取得届または雇用保険被保険者資格喪失届に記
　　載すべき当該外国人の雇用状況等に関する事項
　　・雇用保険被保険者資格を有さない外国人労働者について
　　　氏名、在留資格、在留期間、生年月日、性別、国籍・地域
　二　確認の方法
　　　当該外国人労働者の在留カードまたは外国人登録証明書、旅券または在留資格証明書
　　の提示を求め、届け出るべき事項を確認。
　　　資格外活動の許可を受けて就労する外国人労働者については、当該外国人労働者の在
　　留カード、外国人登録証明書及び旅券、在留資格証明書、資格外活動許可書又は就労資
　　格証明書、旅券又は在留資格証明書の提示を求め、確認。
　三　届出の方法・期限
　　　雇用保険被保険者資格を有する外国人労働者の雇入れに係る届出にあっては、雇い入
　　れた日の属する月の翌月10日までに、雇用保険被保険者資格取得届とあわせて、必要事
　　項を届け出ることとし、離職に係る届出にあっては離職した日の翌日から起算して10日
　　以内に、雇用保険被保険者資格喪失届とあわせて、必要事項を届け出ること。
　　　雇用保険被保険者資格を有さない外国人労働者については、雇入れに係る届出、離職
　　に係る届出ともに、雇入れまたは離職した日の属する月の翌月の末日までに、届け出る
　　こと。
　四　確認にあたっての留意事項
　　　事業主は、雇い入れようとする者について、通常の注意力をもって当該者が外国人で
　　あると判断できる場合に、当該者に係る一の事項を確認すること。ここで通常の注意力
　　をもって当該者が外国人であると判断できる場合とは、特別な調査等を伴うものではな

く、氏名や言語などから、当該者が外国人であることが一般的に明らかである場合をいうこと。このため、たとえば、通称として日本名を用いており、かつ、日本語の堪能な者など、通常の注意力をもっては、当該者が外国人であると判断できない場合にまで、確認を求めるものではないこと。なお、確認・届出の必要のないものの取得など、外国人労働者のプライバシーの保護の観点からも、この点に十分留意すること。

第六 外国人労働者の雇用労務責任者の選任

事業主は、外国人労働者を常時10人以上雇用するときは、この指針の第四に定める事項等を管理させるため、人事課長等を雇用労務責任者(外国人労働者の雇用管理に関する責任者をいう)として選任すること。

第七 技能実習生に関する事項

技能実習生については、外国人労働者に含まれるものであることから、事業主は、技能実習の適正な実施および技能実習生の保護に関する基本方針に規定する技能実習の適正な実施および技能実習生の保護を図るための施策に関する事項等の内容に留意し、技能実習生に対し実効ある技術、技能等の修得が図られるように取り組むこと。

第八 職業安定機関、労働基準監督機関その他関係行政機関の必要な援助と協力

事業主は、職業安定機関、労働基準監督機関その他関係行政機関の必要な援助と協力を得て、この指針に定められた事項を実施すること。

事項索引

〈あ行〉

あっせん　*307*
安全配慮義務　*168*
育児休業　*186*
育児休業給付金　*225*
インターンシップ　*106*
請負　*292*
永住　*51,86*

〈か行〉

解雇　*148*
介護休業　*186*
外国人管理制度　*81*
外国人雇用状況　*19*
外国人雇用状況の届出書　*150*
外国人指針　*7,116*
解雇予告　*148*
解雇予告手当　*298*
過重労働　*177*
家族滞在　*12,96*
家族帯同　*42*
帰化　*86*
期間雇用者　*133*
技能検定　*74*
技能実習制度　*69*
休日労働　*173*
協会けんぽ　*224*
競業避止義務　*273*
行政指導　*304*
業務委託契約　*298*
健康診断　*143*
健康保険法　*78*
研修　*96*
源泉所得税　*284*
厚生年金保険法　*78*
厚生労働省　*169*
高度外国人材　*3*

〈さ行〉

高度人材ポイント制　*3*
個人事業主　*296*
雇用保険　*202*

サービス残業　*248*
最低賃金法　*78*
在留カード　*59*
在留資格　*12*
在留資格認定証明書　*73*
在留資格変更許可　*62*
サインオンボーナス　*37*
資格外活動　*21*
時間外労働　*173*
時間外労働の上限規制　*180*
時季変更権　*184*
社会保険　*205*
就業規則　*137*
住民税　*286*
住民税の滞納　*257*
住民登録　*83*
就労資格証明書　*59*
就労ビザ　*80*
出産手当金　*224*
出入国在留管理庁　*52*
試用期間　*146*
使用者責任　*300*
傷病手当金　*236*
職業安定法　*78*
職業紹介事業者　*121*
ストレスチェック　*164*
税金の滞納処分　*257*
誓約書　*137*
整理解雇　*280*
セクシュアル・ハラスメント　*190*
絶対的必要記載事項　*155*
相対的必要記載事項　*155*

事項索引

〈た行〉

ダブルワーク　159
短期滞在　96
中長期滞在　81
懲戒解雇　260
懲戒処分　255
長時間労働　177
定住者　8
特定活動　8
特定技能　10,13
特定技能1号　10
特定技能2号　10
特定技能外国人雇用主　13
特定産業分野　10

〈な行〉

内定　124
内定の取消し　97
入国管理局　66
入国管理法　67
入社誓約書　138
年金事務所　230
年次有給休暇　181

〈は行〉

パートタイマー　133
派遣社員　292
パスポート　59
働き方改革　180
ハローワーク　119
パワー・ハラスメント　194
不法就労　105,111
不法就労助長罪　110
不法滞在者　8
扶養家族　219
フレックスタイム制　244
文化活動　96
紛争解決手段　30
分野別運用方針　14

ホームリーブ　39
募集　116

〈ま行〉

マイナンバー　135
みなし労働時間制　244
身元保証人　139
無期労働契約　134
メンタルヘルス不調　168

〈ら行〉

リファレンスチェック　125
留学　65,96
労基署　154,179
労災かくし　216
労災保険　205
労働基準法　77
労働契約書　130
労働契約法　79
労働者供給事業者　121
労働者災害補償保険法　78
労働者派遣　292
労働条件通知書　130
労働施策総合推進法　78

〈わ行〉

割増賃金　175

317

《執筆者紹介》

本間　邦弘（ほんま　くにひろ）

特定社会保険労務士　都立荏原看護専門学校講師

〔事務所〕　社会保険労務士　本間事務所

〒104-0041　東京都中央区新富 2-5-5　MS ビル 3 F

http://www.sharoushihonma.com/

労務トラブルの予防や解決、就業規則の改善、行政指導などへの対応について、他士業との連携などにより、総合的な視点で解決することを得意とする。働き方改革と業界への影響として具体的な対応をアドバイスするセミナーも好評。

〔主要出版〕　『ケースで学ぶ社員の不祥事・トラブルの予防と対策』（日本経済新聞出版社）、『みんなに役立つマイナンバー詐欺予防のカギ』（労働新聞社）など30冊を超える。

坂田　早苗（さかた　さなえ）

行政書士　東京都行政書士会板橋支部　宅地建物取引士

〔事務所〕　さかたさなえ行政書士事務所

株式会社田園　代表取締役

〒173-0037　東京都板橋区小茂根 5-3-15

http://www.sanae-office.com

英国より帰国後、英語通訳案内業に従事。外務省通訳コーディネーター、JICA通訳コーディネーターを経て、行政書士として外国人在留資格、外国不動産売買手続等の国際業務を中心に活動。

大原　慶子（おおはら　けいこ）／弁護士　米国ニューヨーク州弁護士

渡　　匡（わたり　ただし）／弁護士

〔事務所〕　神谷町法律事務所
　　　　　　〒105-0001　東京都港区虎ノ門 5-1-4　東都ビル 8 F
　　　　　　http://www.kamlaw.com/jp/home.html

　国際的な企業法務を専門とし、外国や日本の企業と外国人労働者などの間の労務関係の仕事を多く手掛け、英語での交渉、契約書作成なども日常的に行う。

　〔主要出版（労働法関係）〕　大原慶子「会社都合で従業員が退職する際に提供
　　　　　　　　　　　　　　　される『アウトプレースメント・サービス』と
　　　　　　　　　　　　　　　は?」月刊ビジネスガイド（日本法令）778号84頁
　　　　　　　　　　　　　　　（2014年）

　〈共同執筆者〉
　　近藤陽子（こんどう　ようこ）弁護士

西川　豪康（にしかわ　ひでやす）

代表税理士

〔事務所〕　らいふ経営グループ　税理士法人西川会計
　　　　　　〒115-0044　東京都北区赤羽南 2-4-15
　　　　　　http://www.nishikawa-kaikei.co.jp/

　中小企業経営者を 5 つの視点（経営の視点、会計の視点、組織の視点、企業防衛の視点、財産防衛の視点）からトータルサポートするらいふ経営グループの代表。「中小企業の発展が自己実現の場である」という言葉を経営理念に掲げ、税理士・経営コンサルタントとして奮闘中。

　〔主要出版〕　『ケース別　会社関係申請・届出マニュアル』（新日本法規出版）、
　　　　　　　　『その時会社が動いた―経営コーチが語る良い会社悪い会社の36の
　　　　　　　　決断』（万来舎）ほか多数。

執筆者紹介

福島　継志（ふくしま　けいじ）

特定社会保険労務士

〔事務所〕　らいふ経営グループ

社会保険労務士法人　らいふ社労士事務所

〒115-0044　東京都北区赤羽南 2-4-15

http://www.nishikawa-kaikei.co.jp/sr/

　会計事務所、行政書士等とのグループ化により、社会保険・労務に加え、税務、許認可の分野など総合的な観点からアドバイスを行い、グループとしてクライアントや相談者を支援している。

〔主要出版〕『クレーマー時代の労務トラブル解決のコツ45』（労働新聞社）、
『今押さえるべきマイナンバー理解のカギ』（労働新聞社）

外国人雇用の実務必携Ｑ＆Ａ〔第２版〕

令和元年 6 月15日　第 1 刷発行
令和元年 9 月14日　第 2 刷発行

定価　本体3,600円＋税

著　　　者　　本間邦弘・坂田早苗・大原慶子・

　　　　　　　渡　　匡・西川豪康・福島継志

発　　　行　　株式会社　民事法研究会

印　　　刷　　株式会社　太平印刷社

発 行 所　株式会社　民事法研究会

　　　〒150-0013　東京都渋谷区恵比寿 3-7-16

　　　TEL 03(5798)7257〔営業〕　FAX 03(5798)7258

　　　TEL 03(5798)7277〔編集〕　FAX 03(5798)7278

　　　http://www.minjiho.com/

落丁・乱丁はおとりかえします。　　　ISBN978-4-86556-296-5　C2032　¥3600E

カバーデザイン　袴田峯男

■事例ごとの適正な懲戒処分が一目でわかる！

懲戒処分の
実務必携Q&A
―トラブルを防ぐ有効・適正な処分指針―

三上安雄・増田陳彦・内田靖人・荒川正嗣・吉永大樹　著

A5判・359頁・定価　本体3,800円＋税

▷▷▷▷▷▷▷▷▷▷▷▷▷▷▷▷▷▷　**本書の特色と狙い**　◁◁◁◁◁◁◁◁◁◁◁◁◁◁◁◁◁

▶懲戒処分を行うにあたり、そもそも懲戒処分を行うことができるのか、また懲戒処分を行えるにしても、どの程度の処分が適正かつ妥当なのか、処分の際にはどのような点に注意しなければならないのか、といった疑問に対して、企業側の労働問題に精通した弁護士が豊富な経験と判例・実務の動向を踏まえてわかりやすく解説！

▶「弁護士からのアドバイス」では、懲戒処分でトラブルに発展しないための具体的なノウハウを開示！

▶巻末には関連書式・事例別判例一覧を掲載！

▶企業の人事・総務担当者はもちろん、企業顧問の弁護士や社会保険労務士にも必携となる1冊！

❖❖❖❖❖❖❖❖❖❖❖❖❖❖❖❖❖　**本書の主要内容**　❖❖❖❖❖❖❖❖❖❖❖❖❖❖❖❖❖

第1部　企業秩序維持と懲戒

第1章　懲戒処分の意義

第2章　懲戒処分の根拠

第3章　懲戒処分の種類

第4章　懲戒処分の有効性

第5章　懲戒処分の留意事項

第2部　職場内で起こりうる非違行為

第1章　企業内事情における懲戒処分

第2章　職場外で起こりうる非違行為

　Ⅰ　刑事事犯（刑事全般）

　Ⅱ　破産・消費者ローン

　Ⅲ　兼業・競業

第3章　不服申立てへの対応

第3部　関連書式・懲戒処分判例一覧

【書式例1】厳重注意書・警告書

【書式例2】呼出し状

【書式例3】自宅待機命令書

【書式例4】懲戒処分通知書

【書式例5】予備的普通解雇通知書

【書式例6】解雇予告除外認定申請書

【書式例7】懲戒処分公表文

【懲戒処分判例一覧】

発行　民事法研究会

〒150-0013　東京都渋谷区恵比寿3-7-16
（営業）TEL. 03-5798-7257　FAX. 03-5798-7258
http://www.minjiho.com/　info@minjiho.com

■人事・労務部門や管理職のための必携の１冊！

Ｑ＆Ａ 関連書式付き
現代型問題社員
対策の手引〔第５版〕
―職場の悩ましい問題への対応指針を明示―

高井・岡芹法律事務所　編

Ａ５判・366頁・定価　本体 4,000円＋税

▷▷▷▷▷▷▷▷▷▷▷▷▷▷▷▷▷ **本書の特色と狙い** ◁◁◁◁◁◁◁◁◁◁◁◁◁◁◁◁◁

▶第５版では、より利用しやすくするために全体構成を見直すとともに、ＩＴ（ＳＮＳ）関係など情報化社会特有の最新の労働問題やハラスメント関係、有期雇用者関係、安全配慮関係など、法改正や技術の進歩により新規の労働問題が生じている分野の事例を追録・充実させ大幅な改訂を施した最新版！

▶97の具体的な設問からみえてくる問題社員対策を、解説文に関わってくる関連書式を収録したことでさらに充実！

▶日々、社員の問題行動対策に悩まされている人事労務担当者、現場の管理職だけでなく、企業法務に携わる法律実務家にとっても必備となる１冊！

＊＊＊＊＊＊＊＊＊＊＊＊＊＊＊＊＊ **本書の主要内容** ＊＊＊＊＊＊＊＊＊＊＊＊＊＊＊＊＊

第１章　募集・採用時の問題（５問）

第２章　雇入れ後の問題
- Ⅰ　労働時間・賃金をめぐる対応（７問）
- Ⅱ　業務命令違反・勤務態度不良をめぐる対応（５問）
- Ⅲ　不正行為をめぐる対応（７問）
- Ⅳ　職場外・私生活上の問題への対応（６問）
- Ⅴ　人事・懲戒をめぐる対応（７問）
- Ⅵ　配置転換・出向・転籍をめぐる対応（７問）
- Ⅶ　有期雇用契約をめぐる対応（４問）
- Ⅷ　安全・衛生をめぐる対応（３問）
- Ⅸ　その他の問題への対応（８問）

第３章　雇用契約終了時・終了後の問題（12問）

第４章　近年特に注目されている問題
- Ⅰ　定年後再雇用をめぐる対応（２問）
- Ⅱ　メンタルヘルスをめぐる対応（７問）
- Ⅲ　ハラスメントをめぐる対応（９問）
- Ⅳ　ITをめぐる対応（８問）

第５章　関連書式（36例）

発行 民事法研究会

〒150-0013　東京都渋谷区恵比寿3-7-16
（営業）TEL. 03-5798-7257　FAX. 03-5798-7258
http://www.minjiho.com/　info@minjiho.com

人事労務に役立つ実践的手引書

従業員による不祥事が発生したときに企業がとるべき対応等を関連書式と一体にして解説！

従業員の不祥事対応実務マニュアル
―リスク管理の具体策と関連書式―

安倍嘉一 著　　　　　　　　　　　（Ａ５判・328頁・定価 本体3400円＋税）

社内（社外）通報制度の導入、利用しやすいしくみを構築し、運用できるノウハウを明示！

内部通報・内部告発対応実務マニュアル
―リスク管理体制の構築と人事労務対応策Ｑ＆Ａ―

阿部・井窪・片山法律事務所　石嵜・山中総合法律事務所　編（Ａ５判・255頁・定価 本体2800円＋税）

就業規則やガイドライン、予防策から事後対応、損害賠償請求まで、SNSの基本的知識も含めて解説！

ＳＮＳをめぐるトラブルと労務管理
―事前予防と事後対策・書式付き―

髙井・岡芹法律事務所　編　　　　　　（Ａ５判・257頁・定価 本体2800円＋税）

ブラックバイトや正社員との待遇格差などのトラブル事例を取り上げ、労働法の基礎知識や具体的解決策を解説！

アルバイト・パートのトラブル相談Ｑ＆Ａ
―基礎知識から具体的解決策まで―

岩出 誠 編集代表 ロア・ユナイテッド法律事務所　編　（Ａ５判・253頁・定価 本体2400円＋税）

働き過ぎによる死亡に対して労災認定と企業賠償を求めるための手続と考え方を解説！

過労死・過労自殺の救済Ｑ＆Ａ〔第２版〕
―労災認定と企業賠償への取組み―

大阪過労死問題連絡会　編　　　　　　（Ａ５判・261頁・定価 本体2200円＋税）

実際に起きた事例をもとに、トラブル対応のノウハウやコンプライアンス経営への職務対応の真髄を伝授！

めざせ！最強の管理職―弁護士が教える賢い労務管理トラブル対応―

三上安雄・間川 清　編著　　　　　　（Ａ５判・350頁・定価 本体2700円＋税）

発行 ㊞民事法研究会

〒150-0013 東京都渋谷区恵比寿3-7-16
（営業）TEL 03-5798-7257　FAX 03-5798-7258
http://www.minjiho.com/　　info@minjiho.com

人事労務に役立つ実践的手引書

訴訟、仮処分、労働審判手続を中心に、書式例を掲げ、実務上の留意点を解説した実践的手引書！

書式 労働事件の実務
―本案訴訟・仮処分・労働審判・あっせん手続まで―

労働紛争実務研究会 編 （Ａ５判・522頁・定価 本体4500円＋税）

労働保全、労働審判、訴訟、相談対応、任意交渉、集団労使紛争等の紛争解決手続と思考過程を解説！

事例に学ぶ労働事件入門
―事件対応の思考と実務―

労働事件実務研究会 編 （Ａ５判・366頁・定価 本体3200円＋税）

労働関係法令を俯瞰しつつ、実務で問題となる論点について、判例・通説を基本に実務指針を解説！

労働法実務大系
平成27年改正派遣法までの法令と2000件を超える判例等も収録！

弁護士 岩出 誠 著 （Ａ５判・970頁・定価 本体9200円＋税）

数多くの判例や厚生労働省の指針改訂（精神疾患による労災認定基準やセクハラ指針）を織り込み改訂！

職場のいじめ・パワハラと法対策〔第４版〕

弁護士 水谷英夫 著 （Ａ５判・362頁・定価 本体3000円＋税）

企業と労働者のトラブルを解決し企業の損失を最小限に抑えるためのノウハウを開示！

ケースで学ぶ労務トラブル解決交渉術

弁護士 安倍嘉一 著 （Ａ５判・283頁・定価 本体2500円＋税）

偽装請負など、派遣労働者採用の際の留意点、適切な請負事業、直接雇用など、労働契約の実務を詳解！

Ｑ＆Ａ労働者派遣の実務〔第２版〕
―派遣元・先企業の実務留意点―

弁護士 五三智仁 著 （Ａ５判・332頁・定価 本体3000円＋税）

発行 民事法研究会
〒150-0013 東京都渋谷区恵比寿3-7-16
（営業）TEL 03-5798-7257 FAX 03-5798-7258
http://www.minjiho.com/ info@minjiho.com

最新実務に役立つ実践的手引書

Vチューバーとの業務委託契約、SNS上の権利侵害やエンタメ業界の労働問題など8設問を新設！

エンターテインメント法務Q＆A〔第2版〕
―権利・契約・トラブル対応・関係法律・海外取引―

エンターテインメント・ロイヤーズ・ネットワーク　編　　（Ａ5判・398頁・定価 本体4200円＋税）

民法（債権法）・民事執行法・商法等の改正を収録するとともに、船舶執行関連の法改正にも対応させ改訂！

書式　不動産執行の実務〔全訂11版〕
―申立てから配当までの書式と理論―

園部　厚　著　　　　　　　　　　　　　　　（Ａ5判・689頁・定価 本体6100円＋税）

宗教法人法・墓埋法・労働関係法・情報関係法・税法、その他日常業務に関連する書式例132件を収録！

宗教法人実務書式集

宗教法人実務研究会　編　　　　　　　　　　（Ａ5判・345頁・定価 本体4000円＋税）

遺産承継業務、法定相続情報証明制度、改正相続法を含めた実務全般に関する必須知識をQ＆A形式で解説！

相続実務必携

静岡県司法書士会あかし運営委員会　編　　　（Ａ5判・326頁・定価 本体3500円＋税）

適格消費者団体における実務経験を有する研究者が、実務上問題となりうる論点を中心に詳説！

詳解　消費者裁判手続特例法

町村泰貴　著　　　　　　　　　　　　　（Ａ5判上製・278頁・定価 本体3200円＋税）

「保育施設」「介護施設」「スポーツ団体」「事業再編の当事会社」などの類型を追録し改訂増補！

判例にみる損害賠償額算定の実務〔第3版〕

升田　純　著　　　　　　　　　　　　　　　（Ａ5判・598頁・定価 本体5400円＋税）

発行　民事法研究会

〒150-0013　東京都渋谷区恵比寿3-7-16
（営業）TEL 03-5798-7257　FAX 03-5798-7258
http://www.minjiho.com/　　info@minjiho.com